集人文社科之思　刊专业学术之声

集 刊 名：周秦汉唐文化研究
主办单位：西北大学"铸牢中华民族共同体意识研究基地"
　　　　　西北大学历史学院
主　　编：陈　峰　李　军
执行主编：白立超

第十二辑

集刊序列号：PIJ-2023-494

中国集刊网：www.jikan.com.cn/ 周秦汉唐文化研究

集刊投约稿平台：www.iedol.cn

周秦汉唐文化研究

陈峰 李军 主编

白立超 执行主编

第十二辑

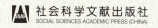

社会科学文献出版社

SOCIAL SCIENCES ACADEMIC PRESS (CHINA)

目　录

宋辽金史研究

大家风范，事业永存：记著名民族学家、历史学家马长寿先生[*]

周伟洲^{**}

摘　要： 本文系统梳理我国著名民族学家、历史学家马长寿先生的生平及学术成就，总结出马先生学以致用，史论结合、论从史出，多学科综合应用，注重实地调查的学术思想。马先生治学方法四个最明显的特点是：旧与新的结合；史与论的结合；博与专的结合；文献与调查相结合。在此基础上，结合马先生所著《碑铭所见前秦至隋初的关中部族》，对此书的著书背景、篇章结构及学术价值做了讨论，从而进一步诠析马先生的学术思想及治学方法。

关键词： 马长寿；学术思想；治学方法；《碑铭所见前秦至隋初的关中部族》

一　生平及学术成就

中国著名的民族学家、历史学家马长寿先生，字松龄，1907 年 1 月 12 日（光绪三十二年十一月二十八日）生于山西省昔阳县西大街北寺巷一个贫苦农民家里。父亲很早去世，其全靠母亲支撑及亲戚接济生活；1915 年勉强到附近私塾读书，后转入小学学习；1923 年，在舅父的帮助下，凑借了十元路费，到太原考官费中学，结果考入了有名的进山中学。1929 年中学毕

---

　　* 本文系国家社科基金铸牢中华民族共同体意识研究重大专项"新发现周秦汉唐西北民族关系史料的整理与研究"（项目编号：23VMZ006）阶段性成果。

　　** 周伟洲，西北大学历史学院暨中华民族史研究中心主任、教授，研究方向为中国民族史、魏晋南北朝史和中外关系史。

业后，又考入南京中央大学社会学系。毕业后，留校三年，然后进入当时的中央博物院筹备处任助理研究员、专员，曾到四川少数民族聚居地区进行民族田野调查。1942年后，他先后在四川的东北大学、金陵大学、中央大学（东南大学前身）、四川大学任教授，从事民族学方面的教学和科研工作。

马长寿先生（1907—1971）

1949年中华人民共和国成立后，他先后在金陵大学、浙江大学、复旦大学任教授，开始由民族学转向民族史的教学和科研工作。1955年，他又调至西北大学历史系，任历史系考古教研室及西北民族研究室主任。关于马先生从复旦大学调到西北大学，一般说是支援西北而来，后来我才知道，事实上并非如此简单。据1997年华东师范大学出版社出版的历史地理学家葛剑雄撰写的《悠悠长水——谭其骧前传》记述，20世纪50年代初，马先生与谭其骧先生同在复旦大学历史系教书，关系很好。后来，复旦大学历史系突然收到一封匿名信，信中揭发马长寿、胡厚宣和谭其骧三人结成"小集团"，经常发表一些反动言论等。当时谭先生在北京组织编制中国历史地图集，故系上对马先生进行多次批判。事后，此事虽然不了了之，但马先生被调往西北。① 尽管"事后复旦大学党委负责同志强调马长寿调动是正常支援西北，与所谓'小集团'无关系"；但是正如传记作者所说："在当时的形势下，引出马长寿因此被贬往大西北的推断并非没有道理。"②

从1955年至1971年，马先生一直在西北大学工作。1971年5月，马先生不幸在南京病逝，过早地离开了人世。

---

① 葛剑雄：《悠悠长水——谭其骧前传》，华东师范大学出版社，1997，第233~234页。
② 葛剑雄：《悠悠长水——谭其骧前传》，第235页。

先生的一生，是勤勤恳恳从事教育事业的一生，是孜孜不倦从事学术研究、著书立说的一生。他的学术生涯，以1949年中华人民共和国的成立来划分，大致可分为两个大的阶段。

1949年前，他在中央博物院和各大学任教期间，主要从事社会学、民族学的研究，以其在大学和实践中学习到的近现代西方的社会学、民族学、人类学等方面的知识，坚持走民族实地调查与文献相结合的路子；不畏艰难困苦，先后深入我国西南彝族、藏族（嘉戎）、羌族等的聚居区，进行民族调查，收集了大批珍贵民族文献和文物。在此基础上，他先后发表了一批厚重的优秀论文，主要有：《中国西南民族分类》《中国古代花甲生藏之起源与再现》（均载《民族学研究集刊》第1期，商务印书馆，1936），《四川古代僚族问题》《四川古代民族历史考证》（均载《青年中国季刊》第2卷第1、2期），《钵教源流》（载《民族学研究集刊》第3期，商务印书馆，1943），《嘉戎民族社会史》（载《民族学研究集刊》第4期，商务印书馆，1944），《康藏民族之分类体质种属及其社会组织》《凉山罗夷的族谱》（均载《民族学研究集刊》第5期，商务印书馆，1946），等等。

这些论文，是先生应用近代民族学、人类学的科学方法，进行民族实地调查，结合文献研究的成果，至今仍具有很高的学术参考价值。如《钵教源流》一文，是先生到嘉戎藏区调查时，根据当地钵教（即藏族本教）僧人口译钵教藏文经典，以现代民族学的观点和方法进行研究，撰写而成。这是国内利用藏文典籍研究藏族原始宗教——本教的一篇重要论文，至今仍广为学者所引用。

《凉山罗夷的族谱》一文，以先生亲自调查的材料为基础，论证了凉山彝族（罗夷）谱系之渊源，从社会发展、经济、风习等方面，说明彝族黑夷（即奴隶主）为了区别黑夷与贱族（白夷，即奴隶），制定了谱系制度。文中还记录和分析了凉山黑夷孤纥和曲聂二大族谱。先生曾两次深入四川大小凉山彝族地区调查，收集族谱30多个，结合收集、调查所得的各种资料，撰成数十万言的《凉山罗夷考察报告》。此稿系用工整的蝇头小楷书成，上附许多如今已无法见到的珍贵照片。

1949年后，先生的学术生涯发生了巨大变化。在复旦大学任教期间，先生努力学习马克思主义理论，初步掌握了马克思主义辩证唯物论和历史唯物论的观点和方法，并以此指导自己的学术研究。同时，由于各种原因，先生从民族学转向了民族史的研究领域。为了教学，先生首先撰写了一部《中国兄弟民族史》讲义（打印稿），作为全国高等学校的交流教材。不久，又撰写了一篇题为"论匈奴部落国家的奴隶制"的论文，发表在《历史研究》1954 年第 5 期上。这是先生以马克思主义唯物史观为指导，研究古代匈奴社会性质的第一篇论文，也是先生用唯物史观研究中国民族史的开创之作。

从 20 世纪 50 年代起至 60 年代初，先生在繁忙的教学工作中，仍然坚持民族社会历史调查，多次深入民族地区（四川凉山彝族地区、陕甘回族聚居地区），勤奋著述，在中国民族史研究领域做出了突出贡献：先后出版了《突厥人和突厥汗国》（上海人民出版社，1957）、《南诏国内的部族组成和奴隶制度》（上海人民出版社，1961）、《北狄与匈奴》（三联书店，1962）、《乌桓与鲜卑》（上海人民出版社，1962）四部专著；发表了《论匈奴部落国家的奴隶制》（《历史研究》1954 年第 5 期）、《论突厥人和突厥汗国的社会变革》（分上、下两部分刊《历史研究》1958 年第 3、4 期）、《"同治年间陕西回民起义历史调查纪录"序言——兼论陕西回民运动的性质》[《西北大学学报》（人文科学）1957 年第 4 期]、《十年来中国少数民族研究工作的成就》（《人文杂志》1959 年第 5 期）等论文。

此外，先生还有一批书稿，在去世之后才得到整理出版，计有《氐与羌》（周伟洲整理，上海人民出版社，1984）、《碑铭所见前秦至隋初的关中部族》（中华书局，1985）、《彝族古代史》（李绍明整理，上海人民出版社，1987）、《同治年间陕西回民起义历史调查记录》（主编，陕西人民出版社，1993），以及《凉山罗彝考察报告》（整理本，李绍明、周伟洲等整理，巴蜀书社，2006）、《凉山美姑九口乡社会历史调查》（主编，李绍明整理，民族出版社，2008）、《凉山罗夷考察报告》（影印本，周伟洲编，陕西师范大学出版总社，2019）。

这些论著大多是在 20 世纪 50 年代末 60 年代初国家经济困难时期完成的，先生治学的刻苦精神和坚韧不拔的毅力，令人感动。据先生的助教王宗维先生回忆：当时先生"白天还要参加各种活动，晚上坐在书案前一坐就是多半夜甚至通宵"。先生曾告诉他："半夜肚子饿得受不了，就把衣服垫在肚子上，用皮带勒紧，肚子实了，心也就不慌了。几次在天亮前两眼发花，伏在书案上，不知不觉就天亮了。"①

---

① 王宗维：《马长寿先生传略》，载王宗维、周伟洲编《马长寿纪念文集》，西北大学出版社，1993，第 80 页。

马长寿先生原本有一个十分宏伟的计划，即写十余部书，将中国古代主要的少数民族历史，按时代顺序先后一本一本地写出来。先生已完成了关于古代的北狄、匈奴、乌桓、鲜卑、氐、羌和突厥、南诏的历史论著。在逝世前，先生正着手准备撰写《藏族史》，已整理笺证了敦煌发现的吐蕃历史文书（王静如先生译稿），并收集了大量的资料。然而，可恶的肺癌过早地夺走了先生的生命，这是中国学界的巨大损失。

关于以上马先生的学术论著，中外学界早有定评，作为马先生的学生，我想从总的方面对先生的学术成就谈一些看法。

首先，从先生整个学术活动来看，他研究的领域十分广阔，又很深入，在许多方面开启了我国民族史研究新的一页。他不仅在民族调查的基础上，对中国西南少数民族的社会、历史、风俗等民族学方面的重大问题提出了一些重要的理论和认识，而且对中国北方民族（如匈奴、乌桓、鲜卑、氐、羌、突厥等）的历史进行了开创性的研究，取得了当时所能获得的最高成就。匈奴学、鲜卑学、突厥学等如今已成为国际学界的专门学科，凡是从事这些方面研究的学者都要参考马先生的有关论著。东北地区的学者曾提出，鲜卑学研究的第二个里程碑，就是以马长寿先生的《乌桓与鲜卑》。①

著名学者林幹先生称先生的《北狄与匈奴》一书，"是解放后第一本具体而微的匈奴史专著，因而此书的出版，为我国史学工作者运用马列主义从事匈奴史研究及撰写匈奴史专著，提供了一个先例"②。

其次，马先生的民族研究，以其独有的学业和努力，融中国史学优良传统和近现代西方社会科学精华于一体，发展成独具一格、自成体系的一个学派。他的论著无论文字风格，还是推理考据，都是中国民族化的。他的文字简洁，有时带有少量的文言成分，流畅生动，考证精当，重视资料的可靠性，继承了清代考据学的优良传统。然而他的论考却没有烦琐考证、艰涩难读之弊，而是引进了西方近现代社会学、人类学、民族学、考古学、语言学等科学方法，以及马克思主义辩证唯物主义，将它们与传统的史学方法结合，充实和发展了传统的中国民族史研究。因此，这一结合

---

① 干志耿、孙秀仁：《关于鲜卑早期历史及其考古遗存的几个问题》，《民族研究》1982年第1期。

② 林幹：《匈奴通史》，人民出版社，1986，"前言"第7页。

使他的论著具有了很高的学术水平和时代特征，是中国传统史学和同时期最新社会科学精华相结合的典范。

以先进的马克思主义唯物史观作指导，以翔实可靠的史实为基础，史论结合，是马先生民族史论著的一大特色。他的论著既有丰富的史实，又有对这些史实的辨析、考证，并力求扎实、严谨、可靠，哪怕是一个重要的年代或一个古地名，也要弄清楚。同时，他并没有停留在这一步，而是用马克思主义唯物史观作指导，对已辨明的史实进行分析、研究，得出一些科学的结论来。如他对匈奴、突厥、南诏社会性质的研究，从对乌桓、鲜卑的研究得出中国古代民族融合的规律，从碑铭研究古代关中地区民族的分布与融合等。

马先生的一生，大多时光在大学里从事教育工作。中华人民共和国成立以前，先后在中央大学、金陵大学及抗战期间在成都的东北大学、华西大学和四川大学教授社会学、民族学及民族调查等课程。中华人民共和国成立后，则先后在金陵大学、浙江大学、复旦大学任教。1955年调入西北大学后，在任历史系考古教研室主任期间，先后聘请全国一流的考古学者，如唐兰、陈梦家、阎文儒、王仲殊、吴汝祚、胡厚宣、宿白、石兴邦等先生到西大授课，并规定学生有一个学期的考古实习。因此，这些年从西大考古专业毕业的学生遍布全国各地，以后大都成为各省、自治区、直辖市的考古工作骨干，有的还成为著名的考古学家。

限于当时的历史环境，马先生到1962年才由教育部批准一次招收了三名中国民族史专业的研究生，我就是其中一个。我是1962年9月从西北大学历史系考古专业毕业后，考上马先生研究生的，专业是中国民族史，方向是藏族史。直到1966年"文化大革命"开始前，都是在马先生直接指导下学习的。先生的耳提面命、谆谆教导，如今仍历历在目。那时，我还是一个二十岁出头、很不懂事的学生，说话、做事多有欠妥之处。经过六十多年的风风雨雨，如今回想起来，真有些追悔莫及；同时，也是感慨万千。

马先生教学认真，全身心投入教学与科研工作之中。虽然"文革"期间受到冲击，但他始终坚持自己的教育事业，从未动摇。就是在南京医院临终回光返照时，还"从病床上起来，说学校要开学了，要马上回去上课"①。

---

① 王宗维：《马长寿先生传略》，载王宗维、周伟洲编《马长寿纪念文集》，第79页。

二 学术思想与治学方法

下面对马先生的学术思想和治学方法谈谈自己的亲身感受和认识。

首先，他的学术研究始终贯穿着一个"学以致用"、为现实服务的思想。这也是20世纪30年代以来爱国学者们共同的学术取向。在20世纪30年代至40年代，马先生主要从事民族学、社会学的调查和研究。最近，我们在整理马先生的遗稿时，又发现了他在那个时代撰写的一些论文，大多是应用人类学、民族学为当时"边政"和民族工作服务的。记得马先生在指导我们研究生时，经常讲："写任何一篇论文都要看他的社会效果如何，写这篇论文的目的何在？"

1963年，我们研究生随马先生到甘肃、青海一带进行民族调查，在调查访问中，我对历史上的民族问题特别感兴趣，笔记也记得很仔细。可是，一谈到现实民族问题，我连笔记也不记。马先生发现了这一情况，批评了我。此事我至今记忆犹新。但是，马先生反对当时流行的那种赶时髦、"紧跟形势"的所谓"古为今用"的论文。他常说："这些论文瞬间就会被历史淘汰，以后再也没有人去翻阅它。"

其次，在学术研究上，马先生特别注重理论的应用，主张"史论结合""论从史出"。他在继承中国优秀的学术传统的同时，还不断学习、引进国外先进的现代理论、体系。最近，王欣同志在整理马先生20世纪40年代发表的一篇论文中，发现马先生当时就介绍了斯大林关于"民族"的定义，这可能是国内较早公开介绍马克思主义关于"民族"概念的论文。1959年春节，马先生购得著名史学家岑仲勉先生的《突厥集史》一书，在此书扉页上，马先生写下了一段话：

> 五九年春节初五日到东大街看影不成，购此书。归来翻读第二页编后再记，岑翁对我前年所出《突厥人与突厥汗国》一小册子多所批评，不胜喜悦之至！目前国人治突厥史者自以岑翁为第一，然繁琐，不能明大义也。余与岑抗战时在李庄一晤，未能多谈，当时尚无搞北方民族史之意。最近拟作一书报岑翁，若干重要问题尚须研究，未可轻易一驳也。
>
> 一九五九年二月十三日西安西北大学新宿舍炉旁小记。正值标点

《汉书·王莽传》时也。寿记。

　　这段话不仅显示出马先生对他人批评所持的正确态度，而且在说及岑先生以传统史学为主的考证的不足之处，是"繁琐，不能明大义也"。即是说，没有理论和指导思想。由此可见，马先生对理论和"史论结合"是多么重视。这正是他学术思想的特色之一。当然，传统的考据学和辩证历史事实，也有其学术价值；但是没有理论（指导思想和观点）也是其欠缺之处。马先生在批改我们的作业时，经常说的一句话是："将史实归纳，上升到理论的高度上来。"林幹先生也说：在马先生的论著中，"虽有丰富的资料，但从不堆砌资料；虽有高深的理论，但却没有空洞的教条"①。

　　再次，马先生的学术研究不仅注重应用国内外先进的理论、体系，而且能综合应用、发挥相关学科的理论和方法。即各学科的综合应用也是马先生学术思想的一大特点。比如，研究民族史，不仅依靠历史学，而且要借鉴、应用相关的民族学、人类学、社会学、考古学、语言学、经济学等理论和方法。这在马先生的论著中表现得十分突出。如他的《南诏国内的部族组成和奴隶制度》对比较语言学的应用，《北狄与匈奴》《碑铭所见前秦至隋初的关中部族》对考古学及文物资料的应用，等等。所以，当时有的史学家或留洋的民族学家说马先生有点"海派"。正如林耀华、陈永龄先生所说，马先生不是"按照传统史学的规范来作学问，但他能突破传统的学术藩篱界限，采长补短，运用多学科的成就，去除跨学科的偏见，而对民族史这块园地有所建树，有所创新（即使是一得之见），又有什么不好呢"？②

　　最后，注重实地调查是马先生学术思想重要的特征。这也许与马先生个人的学业和早期从事人类学、社会学研究有关。就是在 20 世纪 50 年代后，他已转向民族史研究后，仍然十分重视民族实地调查，如 1957 年至 1958 年对清同治年间陕西回民起义的调查、参加国务院组织的凉山彝族的调查等。

　　此外，马先生的学术思想还包括他在学术上的扎实、严谨、求实、创

① 林幹：《论马长寿先生在中国古代北方民族史研究中的杰出成就》，载王宗维、周伟洲编《马长寿纪念文集》，第 34 页。

② 林耀华、陈永龄：《深切怀念民族史学家马长寿教授》，载王宗维、周伟洲《马长寿纪念文集》，第 3 页。

新的学风，简洁、深刻、平易、流畅的文风，以及从不保守、孜孜以求、刻苦努力、安贫乐道的作风，等等。

正因为马先生具有上述的学术思想，且付诸实践，才得以给我们留下了一笔丰富的学术遗产，并发展为独具一格、自成体系的民族史研究学派，展现出近现代史学大家的风范。在中国民族史学研究园地里，马先生占有重要的位置。

马先生的治学方法，是与他的学术思想紧密联系在一起的。30 多年前，在纪念马先生 85 周年诞辰、逝世 20 周年时，我曾总结马先生的治学方法为"四个结合"。

一是旧与新的结合，即中国史学的优良传统与近现代社会科学方法的结合，形成既有中国史学风格，也有近现代最先进的科学方法的新史学。因此，他的学术成果可以说是 20 世纪 50 年代至 80 年代国内民族史研究的代表之作，是当时所能取得的最高成就。

二是史与论的结合，即重视史料的收集、整理、考辨，把史实尽可能地弄清楚、准确，这是继承和发扬传统的治学方法；然而，他并不停留于此，而是以马克思主义唯物史观为指导，从繁杂的史实中，找出历史发展的规律和特点，得出科学的结论，即所谓的"明大义"。史实与理论的结合，史与论的辩证关系，在他的论著中表现得十分详明。

三是博与专的结合，即在学习和研究中，不仅要"专"，即对专业要深入研究，发现和解决问题；而且要"博"，即学习和应用其他相近的学科，如民族学、考古学、语言学、经济学等方面的理论和知识，结合民族的实际，来考虑、研究问题。这样，才能使自己的研究更加深入和系统，才能释难解疑，更上一层楼。

四是文献与调查相结合，即研究民族史，除了尽量收集、整理文献、考古资料之外，还应当进行民族实地调查，特别是研究那些至今还存在的少数民族的历史，实地调查更为重要。民族调查是马先生一生学术和治学的重要特征，他对彝、藏（嘉戎）、羌、回等民族的亲身调查和研究，使他的有关论著多有创新，自成一家之言。

三 试析《碑铭所见前秦至隋初的关中部族》一书

最后，我想以马长寿先生撰写的《碑铭所见前秦至隋初的关中部族》

一书为例，进一步解析马先生的学术思想及治学方法。这本约 8 万字的学术专著，完稿于 1963 年，1965 年即由中华书局排印完毕，准备付印。然而，由于种种原因，此书稿被搁置达二十年之久，至 1985 年才由中华书局正式出版。

1962 年，马先生在撰写《氐与羌》一书的过程中，发现了在陕西省图书馆、陕西省博物馆收藏的二十余种关中地区的碑铭拓片，"不禁狂喜移日"①，潜心研究，企图从碑铭中的题名姓氏、官爵、里居和亲属关系，来阐明关中地区古代民族的名类渊源、地域分布、姓氏变迁、婚姻关系、阶级分化、部落融合，以及北朝时期官制和地理沿革诸问题。最后于 1963 年初夏，撰成《碑铭所见前秦至隋初的关中部族》一书。

以碑铭证史补史为中国传统史学方法之一，从宋代欧阳修以来，行用者何止数百家；然而以碑铭为主撰史者，古往今来则不多。马先生此书即是以碑铭为主，研究中国古代民族史的一部著作。此书根据主要碑铭 23 种，内属前秦者二，北魏者六，北周者十二，隋开皇年间者三。碑铭性质，除前秦《邓太尉祠碑》《广武将军□产碑》及北魏《大代宕昌公晖福寺碑》外，其余皆属佛教造像碑铭之类。碑铭的原立地点在渭河以北的蒲城、耀县（铜川市耀州区）、白水、渭南（渭河以北地）、澄城、富平、宜君、铜川者，计有 17 种；渭河南西安、咸阳者，计有 2 种；其余 4 种，原立地不详。

以如此珍贵、丰富而又相对集中的碑铭作为主要依据，再结合文献记载，来研究前秦至隋初关中民族的分布及关系，其可靠程度及学术价值当非一般论著可比。这也是此书独具的特色。正因为是以珍贵的碑铭为主要依据来研究古代关中少数民族的历史，故此书能够初步解决历史上一些很难弄清楚的问题，大大丰富了学界对于中古时期关中地区各族分布、融合及其相互关系历史的认识。

第一，西晋时，江统在《徙戎论》中说："关中之人百余万口，率其少多，戎狄居半。"② 这些占关中人口半数以上的"戎狄"主要是哪些族，如何分布，史籍记载并不清楚。马先生据前秦《邓太尉祠碑》《广武将军□产碑》铭文及原立地，深入论证了西晋灭亡后，十六国前秦时关中渭河

① 马长寿：《碑铭所见前秦至隋初的关中部族》，中华书局，1985，第 2 页。
② （唐）房玄龄等：《晋书》卷 65《江统传》，中华书局，1974，第 1533 页。

以北各族及其杂居情况。这里的"戎狄"主要有氐、羌（上郡黑羌、白羌、高凉西羌）、屠各、卢水胡、白房（鲜卑）、西域胡（月支胡、龟兹白姓胡、粟特胡）、苦水等族。其分布地区：氐族集中屯聚在三原、九嵏、汧、雍一带，即偏长安西北；羌族主要分布于冯翊郡（治今陕西大荔），即偏长安东北，今渭河北至洛河中下游之地；北地（治今陕西铜川市耀州区）、新平（治今陕西彬县）二郡和冯翊、咸阳二郡，则为屠各、卢水、西羌、北羌等民族所杂居。

第二，自北魏统治西北地区直至北朝时，关中的部族及其分布又发生了一次大的变动。这一变动，史书多缺载。马先生利用北朝时期渭北各州县的造像碑铭，将北朝后期鲜卑杂胡入关中后聚居、散居的情况较为清晰地展现出来。如北周时，关中渭北地区除氐、羌诸族外，北方的鲜卑、高车等亦大量徙入：从碑铭所见的有祖先源于匈奴而向鲜卑转化的贺兰氏、宇文氏、费连氏、呼延氏、破落汗氏、吐胡氏；有属于北方鲜卑的拓跋氏、若干氏、普屯氏、如罗氏；有属于西方鲜卑的和稽氏、俟奴氏；有属于高车的斛斯氏、屋引氏、贺拔氏、乞伏氏、乙旃氏；有属其他鲜卑的吐浴（谷）浑氏、乙弗氏、库氏；有属东夷的乌六浑氏；有属西域胡的支氏、白氏等。其中斛斯、拓跋、宇文、贺兰、若干为五大姓，主要聚居于华州渭南一带，且大多任中下级官吏。

第三，在探讨关中地区部族分布的同时，马先生还据碑铭所题官爵名号，研究这一时期的地方行政制度，也多有发现。如以前秦《邓太尉祠碑》《广武将军□产碑》探讨曹魏至十六国时的"护军制"，指出前秦冯翊护军有所辖的和戎、宁戎、鄜城、洛川、定阳五部及军府属吏名称；论证护军制是与郡县一级相结合的地方军政单位，其所辖地区大多为多民族杂居之地；其下官吏分属军事、地方郡县、民族部落三个系统，管辖的人民又可分为编户（正户）和杂户两大类等。在魏晋十六国时，护军制十分盛行，然而史籍对此制多缺载，通过此书可窥其大略。

第四，此书最有价值的部分，还是在对自汉代以来陆续徙入关中的氐、羌族之汉化过程做了迄今为止最为具体、细致的论述。魏晋南北朝时期是中国历史上民族大融合的时期，然而徙入内地诸族融合的具体过程，因史料阙如，鲜有能道出其原委者。此书利用关中碑铭，不仅道出徙入关中氐、羌分布所在，而且论述了他们融入汉族（即"汉化"）的具体过程。在北朝后期，渭北的蒲城、白水、宜君、铜川、宜川、耀县（铜川市耀州区）等地仍为羌族集中分布地。他们与汉族杂居，形成汉村与羌村犬牙交错的局面。而后，汉、羌两族逐渐产生同村杂居的情况。在唐以前，渭北氐、羌族基本上仍保持着同族异姓的内婚制；唐以后，关中羌族与汉族通婚则成为常见的情况，而其姓氏也由夫蒙、同蹄、钳耳等复姓变为汉式单姓。中唐以后，渭北羌民汉化日深，最后与汉人融为一体，彼此无所区别。到宋、明时，关中虽仍有党、雷、井、屈、和、同、蒙等羌姓，但他们都是汉族，在政治、经济和文化方面已经看不到有丝毫羌族的因素了。

此外，书中由碑铭而涉及这一时期的阶级关系、地理沿革和佛教造像等问题，如关于前秦时关中的杂户与编户、北魏时李润羌聚居的李润镇的地理位置、北魏造像题名的方式等，书中多有新鲜的见解和精辟的分析，给人以启迪。

总之，这部篇幅不大然而内涵丰富、具有很高学术价值的著作，非马先生那样精通历史学、考古学、民族学、人类学、姓氏学、语言学的专家，是不可能完成的。因而，此书出版后，一直是中外史学、考古学界十分推崇的一部优秀著作。日本学者气贺泽保规现已将此书译成日文，不久将在日本出版。而从事中国古代史、民族史、文物考古、文化史研究者，我想都能从马先生这部著作中获得启示和教益。

马长寿先生去世已 50 多年了，原来年轻不懂事的学生，如今也已步入老年，此时也正是频频回忆往事之时，马先生的音容笑貌和言谈举止不时出现在脑海之中。我时常在想：如果马先生在 20 世纪 50 年代后，继续研究民族学、社会学，那么他取得的学术成就会是怎样？如果马先生不是过早地在 1971 年 60 多岁时逝世的话，他的研究成果、学术地位以及他的学生们又会怎样？如果在 20 世纪 80 年代改革开放之后、宽松的学术环境下，马先生在学术上和培养研究生等各方面又会是怎样？然而，这一切问题都不可能有答案。我们只有仰天长叹命运之多舛和无情。

作为马先生的弟子，五十多年来虽力图继承、发扬先生的学术传统和事业，然终因学识、才能远不及先生之项背，愧对老师的教诲和期望。只有期待年轻的一批学子继续努力了。

最后，我要说的是，马长寿先生虽然去世已 50 多年，但他作为学术大家的风范和事业将永世长存！

In Memory of Professor Ma Changshou, a Famous Ethnologist and Historian in China

Zhou Weizhou

Abstract：This paper first systematically reviews the academic experience and achievements of professor Ma Changshou, a famous ethnologist and historian in China. Then, summarized the academic thoughts of him: applying what you have learned, combining history materials and theory elaborations, learning from the history, multidisciplinary and integrated application, paying attention to field investigation. Moreover, this paper also summarized the most obvious characteristics of professor Ma's academic methods: the first is the combination of old and new methods, the second is the combination of history and theory materials, the third is the combination of learned and specialization of different subjects, and the fourth is the combination of literature and field investigation. On this basis, this paper combined with *碑铭所见前秦至隋朝的关中部族*, which was written by professor Ma, studied the background, chapter structures and academic values of this book, and further analyzed Ma's academic thoughts and methods.

Keywords：Ma Changshou; Academic Thoughts; Academic Methods; *碑铭所见前秦至隋朝的关中部族*

（编辑：白立超）

从"呼众人先"成套卜辞看殷代"众人"构成[*]

曲正清[**]

摘　要： 殷墟成套卜辞中的"呼众人先"，与"令/呼某先""令/呼某步"。"𡥼王事"等史料共同揭示，殷代的"众人"与王室贵族、侯伯、职官等，既是王朝要务的重要参与者，也是商王卜问是否胜任王事之人。从"众人"所参与的军事战争、农业生产等具体事务开展情况入手，考察"众人"与卜辞常见人物的关联，解析"众人"的构成，可以认识到"众人"群体内部的复杂性，其中部分属殷王朝重要人物。"众人"的成员，可能还包括妇某、子某、𡊂、雀、望乘、沚𡧤、𣏾般、小尹、我史、侯等。

关键词： 殷代；"众人"；卜辞；殷墟甲骨

　　"众"，或称"众人"，习见于殷墟甲骨刻辞，金文与传世文献亦多有记载。对殷代"众人"的认识和理解，关系到我们对殷周时期国家社会形态、政治制度等问题的深入探索。自郭沫若始，诸多学者对"众"的身份进行过细致讨论。① 可以明确的是，卜辞中的"众"，与现代汉语中泛称

---

　*　本文系"古文字与中华文明传承发展工程"研究项目"商金文与殷墟卜辞综合研究"（G1604）阶段性成果。本文写作承蒙赵鹏、孙亚冰先生与匿名评审专家审阅并提出宝贵修改意见，谨致谢忱！

　**　曲正清，北京大学出土文献与古代文明研究所助理研究员、博士后，研究方向为出土文献与商周史。

　①　可参看：郭沫若《奴隶制时代》，新文艺出版社，1952；陈梦家《殷虚卜辞综述》，科学出版社，1956，第606~611页；朱凤瀚《殷墟卜辞中"众"的身份问题》，《南开学报》1981年第2期；张永山：《论商代的"众"人》，载胡厚宣主编《甲骨探史录》，生活·读书·新知三联书店，1982，第192~264页；裘锡圭《关于商代的宗族组织与贵族和平民两个阶级的初步研究》，载《文史》第17辑，中华书局，1983，第1~26页；杨升南《殷墟卜辞中众的身分考》，载王宇信主编《甲骨文与殷商史》第三辑，上海（转下页注）

的、表示众多人的含义并不完全相同，其所属人群当有特定范围。① 裘锡圭、朱凤瀚等学者将"众人"的意涵进行扩大，指出"众人"不限于平民，在学界产生了重要影响。"众人"既然不是由单一人群组成，何种人群是"众人"的成员，需要进一步讨论。

笔者近日注意到一组内容含有"呼众人先"的典宾类成套卜辞，可以揭示"众人"的成员，学界过去未能给予足够重视。殷墟卜辞中的"呼众人先"可与"令/呼某先"等材料进行对读，为我们认识殷代"众人"群体内部成员提供新的线索和视角。

一 典宾类"呼众人先"成套卜辞

《京津》1030（图1）、《英藏》607（图2）、《合集》41（图3），② 分别是典宾类③成套卜辞中的第一、二、三卜，内容为呼"众人"从事军事活动。该成套卜辞，能够与多版贞卜进行联系，其中所反映的"众人"与相关人物的关系，值得进一步考量，过去学界讨论不多。

三版卜辞全部刻写于骨首位置，正反对贞，辞例均为卜问"呼众人先于戥"之事。其中，《合集》41 由两片卜骨缀合而成，左侧部分为《京津》1031（图4），右侧藏于日本，著录于《龟》1.20（图5）与《东研》416（图6）。④

（接上页注①）古籍出版社，1991，第303~352页；王宇信、徐义华《商代国家与社会》，载宋镇豪主编《商代史》（卷四），中国社会科学出版社，2010，第258~295页。

① 朱凤瀚：《再读殷墟卜辞中的"众"》，原载李宗焜主编《古文字与古代史》第2辑，"中研院"历史语言研究所，2009，第1~38页，收入氏著《甲骨与青铜的王朝》，上海古籍出版社，2022，第1~27页。朱文指出，"众"广义上可理解为"泛指作为王之下属的商人诸宗族成员（及其附庸）"，包括不同等级的贵族与平民阶层等；狭义上则仅指某一特定商人宗族内的部分成员（及其附庸），本文从之。

② 胡厚宣：《战后京津新获甲骨集》，群联出版社，1954，简称"《京津》"；李学勤、齐文心、〔英〕艾兰：《英国所藏甲骨集》，中华书局，1985，简称"《英藏》"；中国社会科学院历史研究所编，郭沫若主编，胡厚宣总编辑《甲骨文合集》，中华书局，1978~1982，简称"《合集》"。其中，《京津》1030即《合集》40、《英藏》607即《合集》39477。

③ 本文卜辞的分类断代，依据李学勤、彭裕商、黄天树先生的相关意见。李学勤、彭裕商：《殷墟甲骨分期研究》，上海古籍出版社，1996；黄天树：《殷墟王卜辞的分类与断代》，科学出版社，2007。

④ 〔日〕林泰辅：《龟甲兽骨文字》（二卷附抄释），商周遗文会石印本，1921，简称"《龟》"；〔日〕松丸道雄：《东京大学东洋文化研究所藏甲骨文字》，东京大学出版会，1983，简称"《东研》"。

图 1

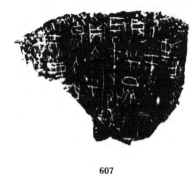

607

图 2

41

图 3

图 4

图 5

图 6

《天理》184（图7、8）藏于日本，[①] 乃卜骨残片，与前引三版内容相关。由拓片、照片可判断《天理》184所示残片应是沿卜兆断裂，臼角朝右。林宏明曾指出《合集》40（即《京津》1030）的臼角朝左，《合集》41与《英藏》607的臼角都朝右。[②] 从臼角朝向及占卜内容的联系来看，《天理》184可能与《合集》41或《英藏》607存在相关性。

图 7 　　　　　　　　　　图 8

从几版卜辞的字体来看，《英藏》607的"巳""众"等字，笔画刻写较为圆转，《合集》41、《天理》184的笔画刻写较为平整，与《英藏》607不应是同一刻手所为。但是，细察《合集》41反贞中的"众"，此字有所倾斜，与《天理》184的"众"字则略有区别。从《天理》184的高

---

① 图8高清图片为台湾中山大学陈逸文先生提供，谨致谢忱！〔日〕伊藤道治：《天理大学附属天理参考馆甲骨文字》，天理教道友社，1987，简称"《天理》"。

② 林宏明：《从成套卜辞看宾组骨首刻辞的先后》，载台湾师范大学国文系编《国科会中文学门小学类92~97研究成果发表会论文集》，第107~130页。

清照片来看，其兆序难以确定。综合来看，《天理》184 兆序不清，与《合集》41 在字体的相似性、占卜内容的相关性两方面尚不足以证明二者可进行遥缀。考虑到《天理》184 卜辞的重要性，暂将摹本附下，以供参考（图 9）。①

图 9

上引《京津》1030、《英藏》607、《合集》41 中的"𡥀"，即"先"，本义为先后之"先"，"止"在"人"之上，会足在人前之意。② "呼众人先于戡"，当是商王让"众人"先行出发至戡地。前引成套卜辞，内容与《合集》6344、8023、8028、8993，以及《缀集》7③、《英藏》162 等多版贞卜相关，均记录商王命令某先于戡地，与上引卜辞不同的是，商王并非

---

① 《合集》41 摹本选自《甲骨文摹本大系》编号 7950，《天理》184 为笔者自作摹本。参见黄天树主编《甲骨文摹本大系》，北京大学出版社，2022。

② "先"字释读成果丰富，暂总结如下：孙诒让最早揭示此字，罗振玉从之；饶宗颐认为"前驱曰先"，此说为徐中舒、罗琨所继承；姚孝遂指出"止在人前，故有先义，卜辞均用先后之先"，李学勤赞同，季旭昇进一步提出"先"会人前进之意；白川静论证部分卜辞中的"先"是先行之意，其本来任务为确认道路安全。参看（清）孙诒让《名原》，1905 年 11 月，自刻本，又，上海千顷堂书局翻印本，线装；罗振玉《殷虚书契考释》，东方学会石印增订本，1927，第 64 页；饶宗颐《殷代贞卜人物通考》，香港大学出版社，1959，第 976 页；于省吾主编，姚孝遂按语《甲骨文字诂林》，中华书局，1996，第 829 页；徐中舒主编《甲骨文字典》，四川辞书出版社，2006，第 976 页；季旭昇《说文新证》，艺文印书馆，2014，第 693 页；〔日〕白川静《汉字的世界》（上），陈强译，四川人民出版社，2018，第 175 页；罗琨《殷墟卜辞中的"先"与"失"》，载《古文字研究》第二十六辑，中华书局，2006，第 52~57 页；李学勤主编《字源》（上），天津古籍出版社，2012，第 761 页。

③ 蔡哲茂：《甲骨缀合集》，乐学书局，1999，简称"《缀集》"。

"呼众人先"而是"呼妇妌先"。据学者讨论，这些卜辞主要记载商王朝与舌方的战事，[①] 妇妌是此次征伐活动的主要参与者。妇妌与"众人"见于相同结构，二者之间可能存在关联。此外，商王也曾卜问自殷在戠地的活动（《合集》7361），可见在戠地活动的具体人物都是王朝对外战争的重要人物。

殷金文中小子蠹卣（《集成》5417，商代晚期）也有相似记录，[②] "子令小子蠹先以人于堇"表示在与人方的征伐中，子命令小子先行。西周、春秋时期亦有类似情况，如昭王时期"安州六器"中的中甗（《集成》949，西周早期）、中方鼎（《集成》2751，西周早期）铭文见"王令中先省南国，贯行"。周王命令中先行，是为王南下通贯行程，做前哨准备。[③] 文献中同样有如此记述，《左传·襄公十年》载："齐崔杼使太子光先至于师。"[④] 可见，在征伐活动中，让某人先行的方式，大体自殷商延续到春秋时期。[⑤] 成套卜辞反复卜问是否让"众人"先行至戠地，说明商王十分重视此项事务，"众人"作为王之先锋需先行准备，类比昭王时期器，可能"众人"的任务还包括确认此行道路是否安全。

二 卜辞中"众人"的数量及与"人"的区别

"呼众人先"卜辞展示了"众人"参与的是受商王重视的军事活动，同样在戠地活动的贵族是妇妌，似乎"众人"并不特指平民。如前揭学者所论，"众人"的内涵既非"众多的人/平民"，那么如何区别"众人"与"人"就是接下来要探讨的问题。了解殷代"众人"成员的大致数目，是讨论"众人"身份地位及其构成的先决条件和重要依据。从卜辞本身的记录来看，殷代"众人"的数量并不是很多。

（1）己酉卜，争贞：収众人，呼从爰，由王事。五月。

《合集》22，宾三

---

① 孙亚冰、林欢：《商代地理与方国》，载宋镇豪主编《商代史》（卷十），第94~96页。
② 中国社会科学院考古研究所编《殷周金文集成》（修订增补本），中华书局，2007，简称"《集成》"。
③ 朱凤瀚：《论西周时期的南国》，《历史研究》2013年第4期。
④ （清）阮元校刻《十三经注疏》，中华书局，1980，第1948页。
⑤ 春秋以后同见此情况，本文不详述。

（2）辛亥卜，争贞：奴众人，立大史于西，奠叚舟。

《合集》24，宾三

（3）甲申卜，争贞：勿呼妇好先奴[人] 于庞。

《缀三》① 722，典宾

（4）丁卯卜，贞：王其令宰奴众于北。　　《屯南》② 2260，历二

（5）丁未贞：王令宰奴众伐，在河西兆。　　《屯南》② 4489，历二

（6）呼多射奴人于皿。　　　　　　　　　《合集》5742，宾出

（7）丁酉卜，㱿贞：今早王奴人五千征土方，受有祐。

《合集》6409，典宾

（8）贞：勿冒人三千。　　　　　　　　　《合集》7344，典宾

（9）寅卜，㱿贞：冒三千人伐。　　　　　《合集》7345，典宾

（10）庚寅卜，㱿贞：勿冒人三千呼望方。　《合集》6185，典宾

（11）己未卜，㱿贞：王登三千人，呼伐□方。

《合集》6643，宾一

（12）a 癸巳卜，㱿贞：奴人[呼伐]舌方，受有祐。

（12）b 丙午卜，㱿贞：登人三千[呼伐舌方，受有祐]。

《拼集》③ 98，典宾

（13）子贞：牧告椒□永，王登众，受□　　《屯南》149，历二

卜辞中的"奴人""冒人""登人"，都有集合、征集武装力量征战之义，三类材料为我们区别"众人"与"人"提供了一些信息。④ "大史"，为王朝职官；"多射"，是射手组织。⑤ 学者曾注意到"奴人""登人"二者存在差异，认为"奴人"多为临时之举，因人员众多，所以不便以明确人数表示；"登人"则是召集正规军队，有固定的建制与人数，所以常明

① 蔡哲茂：《甲骨缀合三集》，"中研院"历史语言研究所，2022，简称"《缀三》"。
② 中国社会科学院考古研究所编《小屯南地甲骨》，中华书局，1980，简称"《屯南》"。
③ 黄天树主编《甲骨拼合集》，学苑出版社，2010，简称"《拼集》"。
④ "登"字，陈剑认为用作"聚集"义时，当读为"鸠"。参看刘钊《卜辞所见殷代的军事活动》，载《古文字研究》第十六辑，中华书局，1989，第94页；蔡哲茂《甲骨缀合集》，第419页；陈剑《殷墟甲骨文"从㠯从奴"之字重议》，载杜晓勤主编，李宗焜执行主编《中国古典学》（第5卷），北京大学出版社，2024，第173~188页。
⑤ 林沄：《商代兵制管窥》，原载于《吉林大学社会科学学报》1990年第5期，后收入氏著《林沄文集·古史卷》，上海古籍出版社，2019，第86~98页。

言三千、五千之数。① 从相关卜辞来看，"奴人""登人""冒人"三者体现出的特点，有如下三点：第一，"奴"的主要对象是"众"和"人"，而"冒"与"登"的主要对象是"人"，且"冒人""登人"的具体数量均较大；第二，"奴众"基本不言数量，"登众"仅辞（13）一见，亦未言及具体数量，涉及"众"时一般不表明具体数字；第三，"奴人""冒人""登人"，多为针对某敌方开展的大规模军事征伐活动，而"奴众"则是一些具体的军事部署和安排，如组织"众人"跟从受的领导、组织"众人"参与立史之事等。这些比较具体的安排，所需人数明显少于征伐某方的大型军事活动。上述史料再次说明，集合的"众人"与广义的"人"是相对的，并非"众多人"之义。"众人"是指部分特定群体，作为集合性群体称谓出现，无须用数字来明确统计。无论是"奴""冒"还是"登"，有明确征集数量的，卜辞不言"众人"而言"人"。这些"人"，当包括大量的平民。② 当然，也有一些卜辞材料体现了"众人"的具体数量。

（14）☑叀众百，王弗悔。　　　　　　　《合集》26906，无名

（15）□戌卜，□贞：奴众宗工。　　　　　《合集》19，典宾

（16）甲寅［卜］，事贞：多工无忧。　　　《合集》19433，事何

（17）癸未卜：有忧百工。　　　　　　　　《屯南》2525，历一

（18）丧工。　　　　　　　　　　　　　　《合集》97 正，典宾

（19）贞：多射不失众。　　　　　　　　　《合集》69，宾出

（20）贞：多射不雉众。　　　　　　　　　《东研》1168，宾三

（21）乙酉卜：王叀三百射令。　　　　　　《合集》34136，历二

卜辞言"叀众百"，揭示"众人"可能以"百"来计。辞（15）中的"众宗工"，与辞（17）的"百工"，似可与《尚书·酒诰》中的"百宗

---

① 王宇信、徐义华：《商代国家与社会》，载宋镇豪主编《商代史》（卷四），第284~285页。
② 朱凤瀚曾指出"众，也可称作众人，是因为众也属于人，故在卜辞中特定的某种语法环境下，也偶以'人'来指称'众'，但在多数情况下使用'人'时，其范围就可能大得多，或包含'众'在内，或所指并不包含'众'，仅指具体的某一种人（如卜辞习见卜问用牲时所言'羌人'）"。据前文所论，我们认为卜辞中的"众人"与"人"，应为两类群体，前者是特定人群，后者可能是除"众人"外的平民，包括束人、我人等各族氏之人，可能还包括羌人、寇等被俘获的异族之人。参看朱凤瀚《再读殷墟卜辞中的"众"》，载氏著《甲骨与青铜的王朝》，第1~27页。

工"进行联系：

> 越在内服，百僚、庶尹、惟亚、惟服、宗工，越百姓、里居……
> 越献臣，百宗工，矧惟尔事。 《尚书·酒诰》①

　　卜辞所见的"工"，有职官名的用法，"百工"，是具有手工业技术群体的统称；"叹众宗工"，乃是集合担任宗工的具有手工业技术的众人。②"众宗工"之"众"，可能指"众人"中担任宗工之职的成员；而"百工""百宗工"之"百"，指数量是以"百"计，并非实指一百之数。"丧工"之"工"，就是"众人"成员担任的"工"，所以商王关心他们的安危。辞（19）（20）言"多射"不会损失"众人"，说明"多射"中或有一部分"众人"的成员，或者全部由"众人"组成，"射齿"，曾是他们的统领。③卜辞所见的射手组织，"三百"是其最大数目。如"众人"组成了所谓的"多射"，那么"众人"的数量，是否可能也不会超过三百人，值得思考。

---

① （清）阮元校刻《十三经注疏》，第207页。
② "百工"有职官与手工业者泛称两说，另有孙亚冰指出"工"为官吏泛称。张永山认为"叹众宗工"是征集众在宗庙里做工，孙亚冰以为"叹众宗工"是征集供奉于"众宗"的供品，实际上是考虑到"众人"身份可能包含平民，其并无资格担任"工"，邓飞提出"宗工"是具有一定人身自由和社会地位的参与宗庙祭祀、典礼等活动的人。参看陈梦家《殷虚卜辞综述》，第519页；肖楠《试论卜辞中的"工"与"百工"》，《考古》1981年第3期；李学勤《论陶觥及所记史事》，载李学勤主编《出土文献》第七辑，中西书局，2015，第1~3页；王贵民《商周制度考信》，河北教育出版社，2014，第129页；王宇信、杨升南《甲骨学一百年》，社会科学文献出版社，1999，第458页；朱凤瀚《新见商金文考释（二篇）》，载复旦大学出土文献与古文字研究中心编《出土文献与古文字研究》第六辑，上海古籍出版社，2015，第123~142页；董珊《新见商代金文考释四篇》，载复旦大学出土文献与古文字研究中心编《出土文献与传世典籍的诠释》，中西书局，2019，第1~16页；张永山《论商代的"众"人》，载胡原宣主编《甲骨探史录》，第192~264页；孙亚冰《从甲骨文看商代的世官制度——兼释甲骨文"工"字》，载宋镇豪主编《甲骨文与殷商史》新四辑，上海古籍出版社，2014，第26~38页；邓飞《商代"宗工"考》，《考古与文物》2011年第5期；谢明文《商代金文研究》，中西书局，2022，第798页。
③ "雉众"，学界讨论颇多，有伤亡、编理等观点。参看王贵民《申论契文"雉众"为陈师说》，《文物研究》第1期（1985）；沈培《卜辞"雉众"补释》，载《语言学论丛》第二十六辑，商务印书馆，2002，第237~256页；刘义峰《无名组卜辞缀合十例》，载宋镇豪主编《甲骨文与殷商史》新一辑，线装书局，2008，第323~332页；朱凤瀚《再读殷墟卜辞中的"众"》，载氏著《甲骨与青铜的王朝》，第1~27页。我们赞同朱凤瀚的意见，不能否定"雉众"是讲夷伤、损失"众人"。

三 “令/呼某先”等卜辞中的“某”可能是 “众人”的成员

前辈学者主要依据卜辞所见的“王众”“某（族名）众”“丧众”“雉众”“以众”“叹众”等材料，及“众人”参与的殷代农业、征伐等活动，结合西周金文如曶鼎（《集成》2838，西周中期）、师旅鼎（《集成》2809，西周中期）等，并联系《尚书》《诗经》等传世文献中的相关记载，来论证殷代“众人”的身份。然而，除上述材料外，殷墟卜辞中还有“令/呼某先”“令/呼某步”等内容，既见“众人”，也见具体人物，或可增进我们对“众人”成员的认识。

殷墟卜辞中，商王卜问“令/呼某先”的情况很多，典型材料列举如下：

（22）□午卜，勿呼□眔雀先来。　　　　　　《合集》4305，师宾间

（23）□辛卜，贞：呼雀先。　　　　　　　　《合集》6948 正，典宾

（24）庚子卜，㱿贞：令子商先涉羌于河。　　《合集》536，宾一

（25）甲午卜，㱿贞：呼𡧪先御燎于河。　　　《合集》4055，典宾

（26）呼妇先。　　　　　　　　　　　　　　《合集》6145，典宾

（27）□□卜，㱿贞：呼妇妌以𦥑先于𡄝。　　《合集》6347，典宾

（28）辛卯卜，㱿贞：勿令望乘先归。九月。《合集》7488，典宾

（29）□□卜，㱿贞：☑令望乘先归。　　　　《合集》4002，典宾

（30）乙酉卜，争贞：今夕令敄以多射先陟自☑

　　　　　　　　　　　　　　　　　　　　　《合集》5738，典宾

（31）a 壬辰贞：呼［子］效先步。

（31）b 癸巳贞：呼子效先步，在旬。

　　　　　　　　　　　　　　《合集》32782+《合补》6625①，历一

（32）☑辛亥㱿令束人先涉。　　　　　　　《合集》33203，历二

---

① 周忠兵：《历组卜辞新缀》，载宋镇豪、唐茂松主编《纪念殷墟 YH127 坑南京室内发掘 70 周年论文集》，文物出版社，2008，第 95~99 页；彭邦炯、谢济、马季凡：《甲骨文合集补编》，语文出版社，1999，简称“《合补》”。

（33）☒令束人先涉。　　　　　　　　　　《英藏》2415，历二

（34）呼我人先于暜。　　　　　　　　　　《合集》6945，宾一

（35）其呼马先，兑☒　　　　　　　　　　《合集》27965，无名

（36）叀戍先呼立于涂，王弗省。　　　　　《合补》10347，无名

辞（22）中的"眔"，为连词，与甲骨文"比"① 字义相近，"比"有联合、会同之义，卜辞内容即商王卜问不要某人与雀先来，辞（23）则是贞卜雀先来。辞（22）~（33）诸辞中出现的人物，有子商、子效、皋、雀、望乘等，都是卜辞常见人名，他们是地位较高、能征善战的王室贵族和异族方国首领，部分还习见于商金文（如王妇、子某等）。② 辞（30）中的敄为王朝外服之侯，侯是具有军事性质的职官，地位也较高。③ 辞（32）~（34）中的"束人"与"我人"，一般认为是束族之人、我族之人。④ 辞（35）

① 林沄：《甲骨文中的商代方国联盟》，载《古文字研究》第六辑，中华书局，1981，第67~92 页；刘源：《殷墟"比某"卜辞补说》，载《古文字研究》第二十七辑，中华书局，2008，第111~116 页。

② 上引卜辞所见人物的研究，可参看李学勤《论"妇好"墓的年代》，《文物》1977 年第11 期；朱凤瀚《商周家族形态研究》，商务印书馆，2022，第77~86 页；赵鹏《殷墟甲骨文人名与断代的初步研究》，线装书局，2007，第99~107 页；王宇信、徐义华《商代国家与社会》，载宋镇豪主编《商代史》（卷四），第128~148 页；韩江苏、江林昌《〈殷本纪〉订补与商史人物征》，中国社会科学出版社，2010，第500~504 页；刘源《殷墟甲骨卜辞与〈左传〉中"子某"之对比研究》，载李宗焜主编《古文字与古代史》第5 辑，"中研院"历史语言研究所，2017，第43~146 页；李宗焜：《卜辞中的"望乘"——兼释"比"的辞意》，载陈昭容主编《古文字与古代史》第1 辑，"中研院"历史语言研究所，2007，第117~138 页；李宗焜《妇好在武丁王朝的角色》，载李宗焜主编《古文字与古代史》第3 辑，"中研院"历史语言研究所，2012，第79~106 页；刘源《论殷金文的特征体系》，《故宫博物院院刊》2020 年第11 期。

③ 关于殷代"侯"的研究，可参看裘锡圭《甲骨卜辞中所见的"田"、"牧"、"卫"等职官的研究——兼论"侯"、"甸"、"男"、"卫"等几种诸侯的起源》，载《文史》第19 辑，中华书局，1983，第1~14 页；王贵民《商朝官制及其历史特点》，《历史研究》1986 年第4 期；王宇信、杨升南《甲骨学一百年》，第463~464 页；刘源《"五等爵"制与殷周贵族政治体系》，《历史研究》2014 年第1 期；朱凤瀚《殷墟卜辞中"侯"的身分补正——兼论"侯"、"伯"之异同》，载李宗焜主编《古文字与古代史》第4 辑，"中研院"历史语言研究所，2015，第1~36 页。

④ 学界对"束人"有不同理解，如曹大志认为"束人"是管理"积"（存储积聚之物的设施）的官员。可参看王子杨《"束"的本义及甲骨金文中的束族》，载《民俗典籍文字研究》第7 辑，商务印书馆，2010，第184~190 页；曹大志《族徽内涵与商代的国家结构》，载北京大学震旦古代文明研究中心编《古代文明》第12 卷，上海古籍出版社，2018，第71~122 页；陈絜、聂靖芳《甲骨金文中的束族与商周东土族群流动》，《史学月刊》2022 年第1 期。

（36）所见的"马"与"戍"为军事组织。① 商王"令呼/某先"所做之事涉及"步（行军）""涉河""陟""立""来""归"等具体活动。② 前述"呼众人先"中的"众人"，并非众多人之意，应是与"束人""我人"性质相同，是集合称谓，指代特定范围的群体。

"令/呼某先"卜辞揭示，当"某"为个体对象时，一般指地位较高、与商王关系密切的贵族、首领及王朝职官；"某"为集体对象时，一般为军事组织或某族之"人"。商王派遣这些对象，完成先行、先涉、先立等活动，当是基于对他们的信任，以及"某"拥有较强的能力，如作战能力。成套卜辞"呼众人先"之"众人"，也当包括与王关系密切、有一定能力之人，即"众人"这一群体中很可能包括"令/呼某先"之"某"。

除"令/呼某先"外，卜辞中的"令/呼某步""屮王事"等材料，也涉及了"众人"，值得重视。

（37）壬戌卜，殸贞：气令我史步伐方，受［有祐］。

《合补》1804，典宾

（38）己亥卜：叀四月令豢步。　　　　《东研》109，宾一

（39）己卯卜，贞：令沚戜步。七月。　　《合集》25，宾三

（40）丙［寅卜］，贞：翌丁卯令子画步。　《英藏》130，宾三

（41）辛亥贞：生月令辈步。　　　　　《屯南》599，历二

（42）☑令小尹步。　　　　　　　　　《屯南》601，历二

（43）戊寅贞：王令𢀳翌己卯步。　　　《屯南》508，历二

（44）贞：翌乙亥令黄步。　　　　　　《合集》7443，典宾

（45）贞：今日□令多□步。　　　　　《合集》19081，宾出

（46）☑勿呼𢀳步，又☑　　　　　　《合集》4312，师宾间

（47）甲辰卜，宾贞：今日勿呼雀步。　《合集》4121，宾一

---

① 陈梦家曾将"戍"列为武官，参看陈梦家《殷虚卜辞综述》，第521页。商金文中见有戍某作器，戍某当为戍之长官名某者，戍单独使用时，应理解为军事组织，"戍+私名"中的戍，理解作职官名较为妥当。

② 步，用于军事上可能指行军，参看李宗焜《沚戛的军事活动与敌友关系》，载李宗焜主编《古文字与古代史》第2辑，第82页。

（48）□□卜，贞：今四月多子步画。二　　　《合集》3246，宾出

（49）其呼万步。　　　　　　　　　　　　《合集》29163，无名

（50）☑今五月呼众人步☑　　　　　　　　《合集》37，典宾

（51）☑令众☑步☑　　　　　　　　　　　《合集》38 正，典宾

“令/呼某步”，当为商王委派贵族出征之义。[①] 上引相关卜辞涉及对象众多，有臬、雀、子效、𝟙、黄、沚咸等地位较高的王室贵族和方国部族首领，及小尹、我史等职官。[②] 辞（50）（51）则是商王呼、令“众人”出征。需要说明的是，“步”与“伐”是有区别的，前者是军事征伐活动中的具体行动，而后者指“征伐”。“步”与“先”，都是指一项具体安排。所“步”之“众人”，可能也包括上述“令/呼某步”之某，即身份较显赫的贵族与方伯。

（52）□辰卜：令雀往，出王事。　　　　　《合集》5444，师宾间

（53）甾正化，出王事。　　　　　　　　　《合集》150 正，典宾

（54）贞：夬出王事。　　　　　　　　　　《合集》177，典宾

（55）a 贞：臬出王事。

（55）b 贞：臬弗其出王事。　　　　　　　《合集》5480 正，典宾

（56）壬寅卜，争贞：强出王事。　　　　　《合集》667 正，典宾

（57）乙亥卜，宾贞：侯出王事。

　　　　　　　　　　　　　　《合集》3343+《乙补》6724[③]，典宾

---

① 辛悦：《殷墟“王令某步”卜辞探讨》，《中国史研究》2020 年第 1 期。

② 卜辞所见人物研究可见前引参考文献，及陈絜《郳国墓地所出毕仲簠与殷墟卜辞中的毕族》，《文史》2020 年第 2 辑；胡厚宣《殷代的史为武官说》，《全国商史学术讨论会论文集》（《殷都学刊》增刊），1985，第 183~197 页；朱凤瀚《商周家族形态研究》，第 50~74 页；韩江苏、江林昌《〈殷本纪〉订补与商史人物征》，第 477~482 页；蔡哲茂《伊尹（黄尹）的后代——武丁卜辞中的黄多子是谁》，载宋镇豪主编《甲骨文与殷商史》新五辑，上海古籍出版社，2015，第 8~21 页；李宗焜《沚戛的军事活动与敌我关系》，载李宗焜主编《古文字与古代史》第 2 辑，第 71~97 页；胡其伟：《也论商代卜辞之“史”》，载宋镇豪主编《甲骨文与殷商史》新十二辑，上海古籍出版社，2022，第 196~215 页。

③ 杨熠：《甲骨缀合第 101—150 则》，https://www.xianqin.org/blog/archives/15570.html，访问日期：2023 年 2 月 11 日；钟柏生：《殷虚文字乙编补遗》，“中研院”历史语言研究所，1995，简称“《乙补》”。

（58）a 丁巳卜，贞：令王族比廪弖，屮王事。

（58）b 贞：叀令尹比廪弖，屮王事。

（58）c 贞：叀多子族令比廪弖，屮王事。 《合补》4152，宾三

（59）己卯卜，贞：令多子族比犬侯璞周，屮王事。

《合集》6812 正，宾三

（60）贞：令多子族比犬眾廪弖，屮王事。 《合集》6813，宾三

（61）□辰贞：令犬侯以☒屮王事。 《合集》32966，历二

（62）癸未卜，争贞：令旗以多子族璞周，屮王事。

《合集》6814，宾三

（63）贞：㠱般屮王事。 《合集》5466，典宾

（64）丙午卜，宾贞：旨弗其屮王事。 《合集》5478 正，典宾

（65）□□〔卜〕，□贞：翌□□□令央☒子方☒并，屮王事。

《合集》5622，宾三

（66）己酉贞：山屮王事。 《合集》32967，历二

（67）a 贞：行弗其屮王事。二 二告

（67）b 贞：行屮王事。 《合集》5454，典宾

（68）己酉卜，争贞：奴众人，呼从爰，屮王事。

《合集》23，典宾

"屮王事"，一般理解为"胜任王事"，此类材料涉及人物众多，有卜辞多见、非常活跃者，还包括军事将领。[1] 上引诸辞中的雀、㠱正化、尖、皋、子某、爰、廪弖等，也为地位较高之王室贵族、异族首领，其中㠱正化多单称"㠱"，"尖"曾担任管理"众人"的小臣（《合集》5597），皋、雀亦是经常参加征伐等活动的重臣，都是商王室之贵族，[2] 爰同为武丁时

---

① 陈剑：《释"屮"》，载《出土文献与古文字研究》第三辑，复旦大学出版社，2010，第1~89页。

② 韩江苏、江林昌认为㠱是异姓贵族。岛邦男认为尖、皋都是重臣，尖是内政官，地位相当于"冢宰"。参看张秉权《卜辞㠱正化说》，载《"中研院"历史语言研究所集刊》第29本（下册），"中研院"历史语言研究所，1958，第775~792页；于省吾主编，姚孝遂按语《甲骨文字诂林》，第225~229页；朱凤瀚《商周家族形态研究》，第77~86页；韩江苏、江林昌：《〈殷本纪〉订补与商史人物征》，第299页；〔日〕岛邦男《殷墟卜辞研究》，濮茅左、顾伟良译，上海古籍出版社，2006，第916页。

期重要贵族。① "尹" 则是政务官，自般为军事长官，犬侯是为侯官。②
"旨" 曾任西史（《合集》5637）、"山" 为司工（《合集》32967）。③ 辞
（61）（62）中的 "以" 字，是率领之义。④ 从卜辞来看，商王常会占卜王
族、多子族等群体是否 "屮王事"，辞（67）（68）中 "屮王事" 的对象，
当为爱及其率领的 "众人"，非指爱自己独自 "屮王事"。⑤ 商王卜问 "众
人" 是否胜任王事，结合前述诸多贵族，也从侧面说明 "众人" 中不乏能
力较强、地位较高之人。辞（67）（68）中的 "众人"，应是与 "王族"
"多子族" 类似的群体性称谓。"屮王事" 涉及的主要对象，与前文论及
"令/呼某先""令/呼某步" 的 "某"，是具有相似性的，他们基本上是当
时的重要贵族与大臣。

> 盘庚迁于殷，民不适有居，率吁众戚……王命众悉至于庭。王若
> 曰：格汝众……绥爱有众……念敬我众……   《尚书·盘庚》⑥

《尚书·盘庚》篇中多次出现 "众"，有 "汝众""我众" 等，"率吁
众戚" 的 "众戚"，有贵族近臣、众贵戚之义。⑦ 这与我们所推测的 "众
人" 所包含的成员也是相合的。同篇亦有 "汝万民" 之语，这里的 "万
民"，应当是包含 "众戚" 的，与卜辞中 "人" 与 "众" 的关系相类。

---

① 姚孝遂指出爱为武丁时人，严志斌认为其与商王朝关系紧密。姚孝遂、肖丁：《小屯南地
甲骨考释》，中华书局，1985，第 114 页；严志斌：《商代青铜器铭文研究》，上海古籍
出版社，2017，第 299~300 页。

② 王贵民提出尹为政务官。王贵民：《商朝官制及其历史特点》，《历史研究》1986 年第 4
期；张惟捷：《晚商人物 "师般" 史迹考述——兼论文献中 "甘盘" 的相关问题》，载宋
镇豪主编《甲骨文与殷商史》新八辑，上海古籍出版社，2018，第 176~213 页。

③ 孙亚冰认为 "令山司我工" 的 "我" 是商王自称，参看孙亚冰《从甲骨文看商代的世官
制度——兼释甲骨文 "工" 字》，载宋镇豪主编《甲骨文与殷商史》新四辑，第 26~38
页。陈剑认为廪门，可能为龄伯之私名，参看陈剑《释 "屮"》，载《出土文献与古文
字研究》第三辑，第 1~89 页。

④ 可参看王子杨《谈甲骨文 "以" 的一种用法》，载李学勤主编《出土文献》第十辑，中
西书局，2017，第 25~34 页。

⑤ 齐航福：《殷墟甲骨文宾语语序研究》，中西书局，2015，第 67 页。

⑥ （清）阮元校刻《十三经注疏》，第 168 页。

⑦ 杨升南：《殷墟卜辞中众的身分考》，载王宇信主编《甲骨文与殷商史》第三辑，第 303~
352 页；顾颉刚、刘起釪：《尚书校释译论》，中华书局，2005，第 900~992 页；杨筠如
著，黄怀信标校《尚书覈诂》，凤凰出版社，2022，第 112 页；何晋：《尚书新注》，中
华书局，2022，第 197 页。

四 其他有关“众人”的材料

卜辞、金文所见的臣、小臣，是殷周官制的重要内容，学者多有讨论。[①]“众人”与臣、小臣间的关系也可帮助我们理解“众人”的构成。

（69）▨令▨収▨臣▨　《合集》39518，典宾

（70）爯册□収王臣。　《合集》39830，典宾

（71）▨収▨王臣▨　《合集》647，宾出

（72）癸巳卜，古贞：令𠂤般涉于河东［兆］，央于□収王臣。　《合集》5566+3826[②]，典宾

（73）贞：弗其以王臣。　《合集》5567，典宾

前面我们曾谈到卜辞中有“収众”“収人”，此外，辞（70）（71）亦见有“収王臣”。辞（72）商王卜问先令自般涉河，而后尖集合王臣，这些王臣应当也包括涉河之自般。从辞（72）来看，尖可“収”王臣，也可以率领王臣。卜辞中所见的王之“臣”有沚或（《合集》707正）、子效（《合集》195乙）、子商（《合集》638）等。“众人”、王臣与“人”，都是群体称谓，但前两者的数量是远小于后者的。王臣与“众人”均会被“収”，反映了这两个群体可能具有一定的相似性，他们都包含不少卜辞中常见的贵族。卜辞见有商王、皁、畄、自般、子画等率领“众人”，而仅尖

① 学界对臣、小臣的研究已非常成熟，例如，郭沫若指出“臣”乃古之奴隶，白川静认为小臣地位高于臣、众，于省吾根据卜辞材料揭示小臣地位有高有低，王贵民讨论大多数“某臣”应为奴隶，各类小臣是管理王朝事务的官员，钟柏生认为一些小臣职级并不低，权力相当大，高明讨论臣来自奴隶，但从选拔为臣开始便成为官吏。近年汪宁生、韩江苏、王进锋等学者也有深入探讨。参看郭沫若《释臣宰》，载氏著《甲骨文字研究》，大东书局石印本，1931；〔日〕白川静：《小臣考——殷代奴隶制社会说の一个问题》（上、下），《立命馆文学》第116、117号，1955；于省吾：《释小臣的职别》，载于省吾主编，姚孝遂按语《甲骨文字释林》，中华书局，1979，第308~310页；汪宁生：《“小臣”之称谓由来及身份》，《华夏考古》2002年第1期；韩江苏：《商代的“小臣”》，《夏商周文明研究·六——2004年安阳殷商国际学术研讨会论文集》，社会科学文献出版社，2004；王进锋：《臣、小臣与商周社会》，上海人民出版社，2018。

② 张惟捷、陈逸文：《甲骨新缀第二十五则》，https://www.xianqin.org/blog/archives/2641.html，访问日期：2023年2月11日。

可率领王臣。王臣的数量少于"众人",但地位明显高于"众人",可能是包含于"众人"的所谓"官僚集体"。

(74) 贞:叀央呼小众人臣。　　　　　　　　《合集》5597,宾出

(75) 己亥卜,贞:令央小耤臣。　　　　　　《合集》5603,宾出

(76) 贞:叀小臣令众黍。　　　　　　　　　《缀集》350,宾三

(77) 癸丑卜,争贞:央以射。　　　　　　　《合集》5761,典宾

(78) 癸亥,小臣𪽷赐百工王,作册叡友小夫丽。赐圭一、琦一、璋五。陶用作上祖癸尊彝。惟王口司册,在九月必日。　《铭续》893①

　　辞(74)(75)是任命央担任管理"众人"的小臣,以及管理农业的小臣,证明小臣的地位当高于"众人"。②辞(76)亦为农事占卜,虽未言小臣之私名,但很可能指的就是"小臣央"。辞(77)说明央可率领射手组织,前文我们讨论到,射手组织的成员是包括"众人"的。此外,央亦能率领多马亚"省廪"、率领子某(《屯南》4366)等。辞(78)所见殷代陶觥铭文,其中的"小臣𪽷赐百工王",当为"小臣𪽷赐百工于王"的省略,小臣𪽷可被赏赐"百工",说明其政治地位较高。③以上诸材料揭示,央作为地位较高之人,既担任王朝的小臣,管理"众人"、管理农事,又能集合并率领王臣、率领射手和子某等。央所担任的小臣,也可能涉及管理百工。

(79) a □王大令众人,曰:劦田,其受年。十一月。

(79) b [乙巳]卜,㱿贞:不其受年。　　　　《拼集》133,典宾

(80) □王大令众人,曰:劦田,其受年。十一月。

　　　　　　　　　　　　　　　　　　　　《合集》2,典宾

(81) [王大令众]人,曰:劦田□　　　　　《合集》3,典宾

---

①　吴镇烽主编《商周青铜器铭文暨图像集成续编》,上海古籍出版社,2016,简称"《铭续》"。

②　卜辞见有诸多职别的小臣,如"小耤臣""小丘臣""马小臣""小多马羌臣"等,参看王进锋《臣、小臣与商周社会》,第108~111页。

③　关于陶觥此句铭文的理解,李学勤认为是小臣赐百工,朱凤瀚等提出是王赐予小臣百工,我们赞同后一种观点。参看李学勤《论陶觥及所记史事》,载李学勤主编《出土文献》第七辑,第1~3页;朱凤瀚《新见商金文考粹(二篇)》,载复旦大学出土文献与古文字研究中心编《出土文献与古文字研究》第六辑,第123~142页;董珊《新见商代金文考释四篇》,载复旦大学出土文献与古文字研究中心编《出土文献与传世典籍的诠释》,第1~16页;谢明文《商代金文研究》,第793~803页。

（82）□□卜，殻贞：王大令众人，曰：［劦田，其］受［年］。

《合集》5，典宾

（83）a 贞：王大令。

（83）b 贞：王大令。

（83）c 贞：☑于☑　　　　　　　　　　《合集》5034，典宾

（84）a 丙午卜，殻贞：王大令。

（84）b 贞：王勿大令

（84）c 戊午卜，宾贞：令☑　　　　　　　《缀集》355，典宾

农业是殷王朝生存和发展的基础，卜辞中有大量关于农业生产的内容。从屮担任农官并可管理王臣、"众人"的情况来看，农官在殷代职官系统中居于较高地位。① 辞（79）~（82）均为"劦田"相关材料。"劦田"是播种前的翻土，乃农耕的首要工作。② 商王反复占卜，体现了"劦田"的重要性，明确了"众人"的构成，更容易理解"劦田"卜辞，其应是商王主持的开耕仪式，"众人"所劦之田也就是王田。③ "众人"参与此仪式，一是因商王重视农业生产，二是"众人"中的一些成员善于农耕。殷代的"劦田"与西周时期的"耤田"有相似之处。《国语·周语》云："王耕一垈，班三之，庶人终于千亩。"④ 尽管"耤田"是王、贵族臣僚及庶人共同参与的活动，但王与贵族的亲耕是一种象征性的仪式活动，是耤田的关键。⑤ 而庶人所终之"千亩"，并非一时一日之功。《诗经·周颂·臣工》亦载有劝诫农官的内容："嗟嗟臣工……命我众人，庤乃钱镈。"⑥ "工"即是官名，"命我众人"就是命令贵族群臣等人前往，以示对农业的

---

① 郭沫若曾认为"众"字作"日下三人形"，是有道理的。"众人"群体主要由殷王室贵族，领导"众人"的也主要是殷王室成员，农业在殷代又占据主要地位，所以殷人以"日下三人形"来表示贵族群体。参看郭沫若《十批判书》，人民出版社，2012，第13页。

② 裘锡圭：《甲骨文中所见的商代农业》，载氏著《裘锡圭学术文集·甲骨文卷》，复旦大学出版社，2015，第233~269页。

③ 裘锡圭认为劦田可能是在冬天举行，朱凤瀚提出卜辞中的十一月大概相当于农历三月。参看裘锡圭《甲骨文中所见的商代农业》，载氏著《裘锡圭学术文集·甲骨文卷》，第233~269页；朱凤瀚《试论殷墟卜辞中的"春"与"秋"》，载氏著《甲骨与青铜的王朝》，第245~258页。

④ 徐元诰：《国语集解》，中华书局，2002，第18~19页。

⑤ 杨宽：《西周史》，上海人民出版社，2016，第288~303页。

⑥ （清）阮元校刻《十三经注疏》，第590~591页。

重视。① 辞（83）（84）中的"大令"，仅见于"叠田"卜辞，学界过去理解为所命令范围较广或所令人数较多、农业规模较大。② 我们认为，言"大"，乃是为了突出叠田仪式的重要性。

西周金文师旂鼎、智鼎、应侯簋等铜器铭文中也有"众"字，其中智鼎（《集成》2838，西周中期）中的"众"与"臣"相对，学界多理解为庶民与家臣。③ 说明至少在西周中期以前，"众人"的指代群体很可能已经发生了变化。东周以后，"众人"的内涵逐渐演变成现今人们所熟知的"众多人"之义了。④

小　结

殷墟典宾类成套卜辞"呼众人先"，及"令/呼某先""令/呼某步""山王事"等卜辞材料，揭示了殷代"众人"的构成可能与妇某、子某、㐱、雀、望乘、沚蔑、自般、小尹、我史、侯等地位较高之王室贵族、方国首领、王朝职官等有密切联系。"众人"与这些贵族，同样参与王朝具体事务的执行，与此同时，也都是商王任命王事的共同对象。卜辞中出现的高等级贵族、方国首领、王朝职官是商王朝重要人物，他们可能是殷代具有特定范围之称的"众人"的一个组成部分，即《尚书·盘庚》所载"率吁众戚"之贵族近臣、众贵戚。⑤

"众人"是殷商王朝的骨干力量，王臣很可能自"众人"当中选拔；⑥卜辞显示，"众人"的数量可能并不多，单以"百"计，未必超过三百人。

---

① 林森：《商周时期"百工"研究》，《史学集刊》2014年第1期；程俊英、蒋见元：《诗经注析》，中华书局，1991，第953~956页。

② 中国国家博物馆编《中国国家博物馆藏文物研究丛书·甲骨卷》，上海古籍出版社，2007，第162页；杨升南、马季凡：《商代经济与科技》，中国社会科学出版社，2010，第167页。

③ 智鼎铭文的讨论，可参看陈梦家《西周铜器断代》，中华书局，2004，第197~203页；上海博物馆商周青铜器铭文选编写组《商周青铜器铭文选》（三），文物出版社，1986，第171页。

④ 朱凤瀚：《再读殷墟卜辞中的"众"》，载氏著《甲骨与青铜的王朝》，第1~27页。

⑤ 顾颉刚、刘起钎：《尚书校释译论》，第900~992页；何晋：《尚书新注》，第197页。

⑥ 王进锋曾提出小臣是商代统治集团的后备人员，商王朝从小臣中选拔重要官员。我们认为，多数小臣的地位是很高的，特别是《合集》5597所载"小众人臣"及相关史料表明小臣很可能选自"众人"，形成"众人"—小臣—重臣的职官进阶路线。参看王进锋《臣、小臣与商周社会》，第137页。

"众人"与王室或有血缘关系、或有利益统属，故商王不仅重用"众人"，也关心"众人"的安危。明确"众人"的构成，对于我们继续深入了解商周社会阶层仍有重要意义。

Viewing the Members of the Yin Dynasty *"Zhong Ren"* from the Complete Set of Oracle Bone Inscriptions

Qu Zhengqing

Abstract：The historical materials such as "*Hu*（呼）*Zhong Ren*（众人）*first*", "*Ling*（令）/*Hu*（呼）*someone Bu*", and "屮 *Wang shi*"（王事）in the complete set of oracle bone inscriptions from the Yin Ruins are jointly revealed that the *Zhong Ren* of the Yin Dynasty, along with the royal nobles, nobles, and officials, were not only important participants in the specific affairs of the dynasty, but also the people who inquired whether the Shang King was competent in royal affairs. Starting from the specific affairs such as military warfare and agricultural production in which the *Zhong Ren* participated, this study examines the connection between the *Zhong Ren* and common characters in oracle bone inscriptions, analyzes the composition of the *Zhong Ren*, and recognizes that the internal composition of the *Zhong Ren* is complex, with some being important figures of the Yin Dynasty, it may include *Fu*（妇某）, *Zi*（子某）, *Bi*（皀）, *Que*（雀）, *Wang Cheng*（望乘）, *Zhi Ge*（沚戓）, *Shi Ban*（自般）, *Xiao Yin*（小尹）, *Wo Shi*（我史）, *Hou*（侯）, etc.

Keywords：Yin Dynasty；"*Zhong Ren*"；Oracle Bone Inscriptions

（编辑：辛悦）

商代"子某"名号内涵再认识

——兼论"子某"身份[*]

辛　悦[**]

摘　要： 大量存在于甲骨文、金文中的"子某"是商文明有别于其他政治文明的显著特色，该群体人数众多、活动多样，其身份与获得方式颇受学界关注。随着甲骨文字体分类断代的广泛应用，有学者依据"子某"与同名"某"的使用先后指出"子某"身份应是后天获取，此新说引发热议。本文延续前人研究方法，比对子某群体（"子某""某"）相关名号的使用情况，再探"子某"与"某"的联系，思考"子某"之"子"的内涵，为现有子某群体身份获取方式的研究作以补充。

关键词： "子某"　省称　身份获得

商代甲骨文、金文中有百余位"子"冠于某一名号前的人物，学界称之为"子某"。[①] 自董作宾《甲骨文断代研究例》《五等爵在殷商》两文揭示"子某"以来，"子某"及其相关问题日渐成长为商代史研究的重要议题。众多"子某"是商王朝统治的重要支柱之一，他们的军政活动、群体往来关系是考察商代宗法贵族社会的必要途径。"子某"身份获得方式更是近年的研讨重心所在，旧有研究大多认可"子某"与商王室存在血缘关系，"子"是与生俱来的身份。新近研究利用甲骨文字体

* 本文系国家社会科学基金青年项目"甲骨金文中的子与殷周政治制度研究"（24CZS002）阶段性成果。本文承刘源、孙亚冰、王子杨诸位先生指教，谨致谢忱！

** 辛悦，西北大学历史学院讲师，陕西省高校青年创新团队"中华民族交往交流交融史研究创新团队"成员。

① "子某"一称，由董作宾提出，为学界所广泛接受。"子某"称名定义，参见朱凤瀚《商周家族形态研究》，商务印书馆，2022，第53页。

分类考察"子某"与"某"相关史料的先后顺序，阐明部分"子某"身份可能属后天获得的非血源性身份，① 更有学者进一步指出商代末期的"子某"称号体现当时并存有时王近亲"血缘性"子称与小宗族长"社会性"子称。②

可见，"子某"与"某"二者在卜辞材料中的关联是研究子某群体时无法回避的关键性问题，有必要对相关史料作细致梳理。同时，这个问题也直接关系到"子某"之"子"究竟是何身份，重新审视"子某"名号相关史料，从甲骨字体分类角度全面排比材料，辨明"子某"名号的使用情况，或可为这一问题提供更为清晰的解读。

一 "子某"个人名号可省称作"某"

商代甲骨文、金文中常见"子某"与同名"某"，二者的关系是讨论"子某"称名与身份的重要前提。商金文中可资参考的信息较少，故以下借助甲骨刻辞的对应关系，作以解释说明。商代甲骨文中的"某"，通常被认为是"子某"的省称，如子画省称为画、子强省称为强、子渔省称为渔等。新近研究指出，"某"的称名在使用上应早于"子某"，推测先称"某"、后称"子某"，"子"为后天获得的身份，故冠之于前。此结论的得出，遵循甲骨字体分类断代，以下作以简要介绍。

孙亚冰考察殷墟卜辞中的子强③（下文写作"强"）发现：武丁中、晚期时，强为其个人名号；武丁晚期至武庚时代则以子强为个人名号，此时出现了"良子强"一称，即名为强的良族族长。她认为，子强在还未成为族长时（或册命继承其父官前）称强，就任良族的族长后称良子强，继而省称作子强，即所谓子强的称名顺序为：强→良子强（全称）/子强（省称）。不同时期的称名对应子强个人经历，分作两大阶段，未成为族长时，参与的军事征伐活动为低职锻炼，成为族长后，继承其父的乐官之

① 孙亚冰：《从甲骨文看商代的世官制度——兼释甲骨文"工"字》，载《甲骨文与殷商史》新4辑，上海古籍出版社，2014，第26~38页；莫伯峰：《通过字体分类来看甲骨卜辞中"子"的身份属性》，载《古文字研究》第31辑，中华书局，2016，第84~90页。

② 张惟捷：《武丁时期人物"子商"史迹疏证》，《台大历史学报》2022年总第69期，第225~273页。

③ 此字旧释"弘"，后改释"强"。裘锡圭：《释"弘""强"》，《裘锡圭学术文集》（甲骨文卷），复旦大学出版社，2015，第184~189页。

职，参加王室祭祀、奏乐等重要活动。① 该研究明确指出，以子强为代表的部分"子某"可能会继承父职，世袭祖辈的官职及族长身份。

此后，莫伯峰比较学界对"子某"身份认识的分歧，提出诸多学界观点矛盾的症结在于子的身份是先天具备还是后天获取的。他借助甲骨文的字体分类断代、历时考察"子某"称名使用情况，举例分析子强、子效、子𪊴、子雍等贵族的"子某"名与"某"名的使用频率，认为"某"称先出、"子某"后出，"子"是一种通过战功等方式获取的后天获得性身份。据此指出，商代社会的血缘关系尚不能决定身份地位，卜辞中大量"子某"并非生来就具有"子"的身份。当时的国家统治中可能已将个人贡献与身份地位相结合。②

上述研究不约而同地将"子某"称名的多种形式纳入历时性考察，辨析称名的独立使用情况，比对不同阶段人物所从事社会活动之间的差别。这说明，考察"子某"的称名使用情况，能够辅助辨析"子某"与同名"某"的关系，甚至进一步确定"子某"之"子"的内涵。该研究方法较之过去，有利于辨析"子某"的身份获得方式。但是，在前述讨论中仍有几点问题需要做进一步思考：其一，子某群体人数众多，仅考察寥寥几位难以全面把握群体的称名情况，也较难得出合乎子某群体身份来源途径的结论；其二，子某群体中既有生人也有已过世之人，未考虑到女性"子某"及作为祭祀对象的"子某"等群体的称名使用情况；其三，多数"子某"从未参与征伐、祭祀等重要活动，很难从军功、继承等角度单一解释"子"的身份来源。

有鉴于此，下文也将采用这一方式研读殷墟甲骨刻辞中的"子某"名与同名"某"，继续讨论"子某"与"某"的称名使用，判断称名产生与使用的先后，进而明确"子"的性质。

传统观点认为，"子某"可以省称作"某"，这一论断在卜辞中能够找到诸多例证。以下是直接表明"某"为"子某"省称的辞例，说明部分"某"确为简省的人名：

---

① 孙亚冰：《从甲骨文看商代的世官制度——兼释甲骨文"工"字》，载《甲骨文与殷商史》新4辑，上海古籍出版社，2014，第37页。

② 莫伯峰：《通过字体分类来看甲骨卜辞中"子"的身份属性》，载《古文字研究》第31辑，第90页。

（1）丙申卜，争贞：令出以商臣于盖。　《合集》[①] 636［宾三[②]］
（2）丁丑卜，争贞：大以子商臣于盖。一　《合集》637［宾三］
（3）☐以子商臣于盖。　《合集》638［宾三］
（4）a 丁□卜，㱿贞：弜御子𡚸𦞅☐王占曰：吉。𡚸亡不若。
（4）b 于妣己祼子𡚸𦞅。一　《合集》3187［典宾］
（5）a ☐子甫立。
（5）b ☐唯甫立。　《合集》9526［典宾］
（6）□［酉］卜，贞：子渔侑𣪘于娥，酚☐二
《合集》14780［典宾］
（7）□未卜，㱿贞：渔侑御［于］娥☐二《合集》14782［典宾］
（8）辛丑卜，御子妥己妣。三　《合集》20038［𠂤历间］
（9）辛丑卜，御妥妣己。　《合集》20039［𠂤历间］
（10）子阦贞。一　《花东》[③] 33
（11）阦贞。二 三　《花东》205

上举例（4）a、（4）b、（5）a、（5）b 为同版贞卜，均属“子某”名（子𡚸、子甫）直接省称为“某”（𡚸、甫）之例；例（1）~（3）、（6）~（11）则为异版之占卜，贞卜内容多为相同或相近事项，如致送或率领子商/商的家臣于盖地，子渔/渔向娥举行侑祭，为子妥/妥举行御祭，子阦/阦作为贞人参与占卜活动等，在这些辞例中“子某”（子商、子渔、子妥、子阦）同样省称作“某”（商、渔、妥、阦）。上述出现的人物，有卜辞材料较为丰富的子商、子渔、子𡚸，也有记录偏少的子妥、子阦、子甫等。

“子某”与“某”名于同版中同占的用例，足证卜辞中存在“子某”直接省称作“某”的用法，其他几例相同或相近事项的异版占卜也表明“某”应是“子某”的省称，一定程度上说明，这种现象并非仅见于个别“子某”，而是较为常见的人名记录方式。上述 11 例卜辞，很难支撑“子某”与“某”称名在使用上存在时间先后关系的说法，反倒充分说明部分

① 郭沫若主编，胡厚宣总编辑《甲骨文合集》，中华书局，1978~1983 年，简称“《合集》”。
② 本文对甲骨的分组、分类主要依据黄天树《殷墟卜辞的分类与断代》，科学出版社，2007。此外，为方便排印，甲骨释文采用宽式，释文中未有定论者以星号（*）标示。
③ 中国社会科学院考古研究所编著《殷墟花园庄东地甲骨》，云南人民出版社，2012，简称“《花东》”。

与"子某"同名的"某"，确实是省称的用法。

那么，"子某"为什么可以省称作"某"呢？参照殷墟甲骨卜辞中的人名结构使用情况，可窥见一二。赵鹏将殷墟甲骨文中男名结构总结为单一形式、复合形式两大类别，复合形式中包含"某+爵称+某""职官名+某/某+职官名""某+身份+某""国族地名+某""排行+子"与其他等六种，女名结构划分为单一形式与"身份+某"的复合形式。① 前人已指出，单一结构的人名在卜辞中占较大比重，笔者认为所谓的单一形式中有不少是复合称名的简省形式。对照以上几种复合称名形式，列出如下省称之例：

（12）☑其用卢方伯濼☑王侃。大吉。 《屯南》667［无名］

（13）丁亥卜：濼其征𦍒，弜王唯☑ 《屯南》765［无名］

（14）☑危 * 伯氂于之及［伐］望。 《合集》28091［无名］

（15）☑取氂御史于之及伐望。王受祐。获，用。吉。三

《合集》28090［无名］

（16）乙酉卜，𣪘贞：射𪊽获羌。二 《合集》165［典宾］

（17）己酉卜，𣪘贞：𪊽获羌。十一月。一 《合集》166［典宾］

（18）a 辛酉卜，𣪘贞：王比戚。四

（18）b 辛酉卜，𣪘贞：王唯沚戚比。四 《合集》6485 正［典宾］

例（12）~（15）属"某+伯（方伯）+某"称名结构，一般认为伯后之"某"为私名，两组均省称作私名，特别是（14）、（15）所贞卜之事相同，省去危 * 伯氂全称，人名省称一贞与全称一贞相较，"及伐望"的内容更为详尽；例（16）、（17）异版同占获羌之事，属"职官+某"的称名形式，负责管理弓箭手的职官射𪊽省称作𪊽；例（18）同版占卜中称名结构为"国族地名+某"的沚戚直接简省作戚。由上可知，甲骨文中复合形式的人名大多存在省称用法，"子某"作为复合称名的其中一种形式，自然也可遵例简省作"某"。

这种广泛存在于殷墟卜辞中的人名省称惯例，同样反映了晚商时期甲骨文的特点。商代文字，特别是晚商时期的甲骨文，虽是最早的成熟文

① 赵鹏：《殷墟甲骨文人名与断代的初步研究》，线装书局，2007，第56~116页。

字，但因象形化程度高，刻写过程中存在诸多不便，相较于正体字的殷金文，① 屡见省略笔画、偏旁、部分形体的现象。② 这样的情况在贞卜过程中也有所体现，占卜记录有时会略去部分内容，仅保留关键信息，③ 这种刻写上的特殊呈现，一方面是为守兆，另一方面也受限于文字刻写的客观条件。人名的刻写同样如此，人名结构形式的复杂多样性，特别是简省结构大致也受此影响，诸多现象生动体现了成熟文字在应用上的"不成熟"性。

二 "子某"称名所见身份获取途径考辨

厘清"子某"与"某"的关系，有助探讨群体身份，是进一步了解当时国家形态、社会结构的有效方式。若上揭 11 组"子某"简省作"某"之例，与甲骨文中的人名省称惯例不足以说明百余位"子某"称名的使用情况，那么遵循既有研究的思路方法，从字体分类角度着手，梳理"子某"的称名（"子某"名及同名"某"）使用情况能够全面把握"子某"称名结构。分析初次使用时间、使用频次等的差异，可为身份来源途径的研究提供更多实证，也为辨析"子某"是不是血缘性身份及其阐发的"某"之内涵作以重要补充。

下文将全面排比殷墟甲骨刻辞中"子某"与同名"某"，考察"子某"称名究竟属"某"的衍生称名，还是"某"为"子某"的省称。笔者拟按以下标准统计称名情况：一是计入名号完整者，"子某"名号完整，包括称名完整或可据残画补全称名者，能够准确判断出"子某"或"某"的刻辞，刻辞内容缺失较多或无法判断是否由缺字造成的单称"某"暂不作考察；二是不计入祭祀对象，祭祀对象的称名内涵与生人存在区别，其称名的使用情况无法反映"子某"与同名"某"的历时变换，据此排除子丁、子癸、子庚、子京、子宋、子龏、子鹰、子亩、子散、子弢、子己、

---

① 裘锡圭：《文字学概要》（修订本），商务印书馆，2013，第 47~48 页；刘源：《试论甲骨文是殷代正规文字的一种变体》，载《古文字研究》第 34 辑，中华书局，2022，第 87~92 页。

② 甲骨文字构形中的形体省略研究，参见刘钊《古文字构形学》（修订本），福建人民出版社，2011，第 31~36 页。

③ 刻辞内容的简省现象，呈现"边面对应""首扇对应"等不同形式，空间充足处刻写完整卜辞，为守兆于空间狭小处刻写提纲式的关键信息。

子更 12 位 "子某"。排比子某群体称名材料时，就 "子某" 称名与 "某" 称名两部分独立考察，每部分下辖的村北系王卜辞，村中、南系王卜辞与非王卜辞三个类别分别统计。需要说明的是，因甲骨文史料保存状况不一，诸多刻辞阙文较多，笔者无法准确补全其完整内容或 "子某" 名号。就前述的统计标准而言，势必有一些单称 "某" 者因刻辞残缺无法判定而被排除在外，有待新缀合的出现弥补这一疏漏。

经整理，"子某" 与 "某" 称名的分布存在巨大差异，称名使用大多集中出现于表格的左半部，即使用 "子某" 之称者众多（见表 1）。

表 1　"子某" 称名与 "某" 称名分布比较

	"子某" 名	"某" 名
村北系王卜辞	子画、子商、子渔、子强、子央、子汰、子犹、子效、子不、子辟、子𥄂、子𪚔、子彝/𪚞、子美、子害、子利、子𡥈/妁/䢂/宁/𡝩/窒、子雍、子峕、子衙、子衎、子㝬、子𩵦、子奠、子卬、子漟、子孼、子倈、子皋、子束、子发、子𡥈、子奂、子束、子蝠、子𨑛、子阁、子𡐩、子𨑛、子㛫、子𡒸、子方、子目、子眉/媚、子昌、子𡧑、子寝、子并、子兄、子姃、子甫、子何、子盤、子同（興）、子妥、子臀、子启、子𠁁、子逸、子𢀟、子克、子八、子𡩋、子异、子安、子区、子𡦲、子𠓥、子权、子𦏧、子兒	画、商、渔、强、汰、犹、效、利、雍、𩵦、卬、漟、孼、甫、臀
村中、南系王卜辞	子画、子商、子渔、子效、子𩵦、子俏、子戈、子𨑛、子𠓥、子方、子牧、子妥、子愛	画、利、妥
非王卜辞	子画、子商、子汰、子害、子利、子雍、子目、子眉/媚、子同（兴）、子妥、子臀、子𩵦、子启、子堂、子亳、子隹、子𢀟、子肩、子彭、子跃、子具、子衎、子涉、子匿	画、犹、利、臀、肩、启、跃

符合统计标准的 "子某" 总计为 89 位，其中有 69 位从未单称 "某"，仅使用 "子某" 称名。兼用 "子某" 与 "某" 两种称名的有子画、子商、子渔、子强、子汰、子犹、子效、子利、子雍、子𩵦、子卬、子漟、子𩵦、子甫、子妥、子臀、子启、子肩、子跃等共计 19 位。

既有研究对使用两种称名形式的 "子某" 予以重点关注，针对这 19

位"子某",以下拟就人名所属字体组类做进一步历时分析,① 详见表2。

表 2 "子某"两种称名历时比较

序号	"子某"	初次出现			使用时间下限	
		"子某"名早于"某"名	"子某"名晚于"某"名	"子某""某"名交叉出现	"子某"名	"某"名
①	子画			√	出二（祖甲）	宾出（武丁晚至祖甲初）
②	子商	√			宾出（武丁晚至祖甲初）	宾三（祖庚）
③	子渔	√			历二（祖庚）	典宾（武丁晚）
④	子强		√		出一（祖庚初至祖甲初）	宾出（武丁晚至祖甲初）
⑤	子甗		√		出一（祖庚初至祖甲初）	宾三（祖庚）
⑥	子妥	√			典宾（武丁晚）	𠂤历间（武丁中至武丁晚）
⑦	子效		√		历一（武丁至祖庚初）	典宾（武丁晚）
⑧	子𩛥		√		无名（康丁至武乙、文丁之交）	典宾（武丁晚）
⑨	子利			√	宾出（武丁晚至祖甲初）	宾出（武丁晚至祖甲初）
⑩	子㪣	√			宾一（武丁中）	自宾间（武丁中）
⑪	子启			√	妇女（武丁中）	妇女（武丁中）
⑫	子汏			√	典宾（武丁晚）	典宾（武丁晚）
⑬	子狄			√	典宾（武丁晚）	典宾（武丁晚）
⑭	子雍			√	宾出（武丁晚至祖甲初）	宾出（武丁晚至祖甲初）
⑮	子渼			√	典宾（武丁晚）	典宾（武丁晚）
⑯	子甫			√	典宾（武丁晚）	典宾（武丁晚）
⑰	子臀			√	典宾（武丁晚）	典宾（武丁晚）
⑱	子肩			√	花东（武丁中晚）	花东（武丁中晚）
⑲	子疾			√	花东（武丁中晚）	花东（武丁中晚）

---

① 甲骨分期断代分类分组对应时代意见,参见黄天树主编《甲骨拼合续集》,学苑出版社,2011,第606页。

19 位共用两种称名形式的"子某"中,过半难辨最早使用的某一称名形式;剩余 8 位中,"子某"称名或"某"称名最早使用的情况各占据一半。从使用时限上来看,也就是某一称名的使用时间下限,10 位的两种称名最晚使用时代一致。结合称名使用情况与历时比较,恐难得出某一称名形式早于另一称名形式出现、使用的定论,在此基础上论述"子某"之"子"得名由来未免失之偏颇。

细察以上诸称在甲骨刻辞中的使用情况,大体可分作两个类别。第一大类是个人名号的省称,其中根据身份的不同,又可细分作两种。其一,个人名号省称,即"子某"省称为"某"。如渔(见《合集》14782),与同文卜辞《合集》14780 比对,同为向娥祭祀之事项,占卜内容相近,是将子渔简省为渔;狀(见《合集》829 正),与同文卜辞《合集》3186 的子狀也属相同的省称用法,为子狀祛除灾祸向父进行祭祀;子效、子澤、子启与前文讨论过的子甫、子妥、子肩、子阱同理,都是将"子某"省称作"某"。王卜辞、非王卜辞中同见子臂,由《花东》336 可知子臂是花东类占卜主体"子"的子辈,与王卜辞中的子臂似是同一人,其身份并非时王王子,也非族长,推测其使用也是个人名号简省。其二,族长的个人名号省称,如子画、子强、子雍、子彔、子甗等。上举诸位"子某"中子画、子强曾大量向王室贡纳,见《合集》9194 反、9223 反等;子雍主持为时王举行的祭祀活动,见《合集》331,此主祭人仅见其一位,宗法地位颇高;商王贞卜子画、子雍封地的年成收获,见《合集》9811 正、9798;子甗则被委以重任,有协助管理四方之记录,见《合集》3087;子彔在卜辞中的记录相对较少,但商金文中存有大量信息,其所有的铜器中包含有觚、爵组合,贡纳所简称的彔应是其同名封地。以诸位情况来看,他们具备较强的经济实力或较高的宗法地位,具备族长身份。考虑到这几位族长的铜器铭文同样使用全称而不是省称,他们的称名应是由个人名号转变为族氏名号,故而卜辞中的"某"是其个人名号的简省,不是族、地名之省,其所属地之名由其名而来。鉴于甲骨文中人、地、族名"三位一体"同名现象较为常见,此几例明确有封地者,能够将人名与族、地名进行系联,其他未判定为族长者,不可将表族、地名的同名"某"与人名"某"作机械式对应,反证人名"某"身份为族长。第二大类则是特殊用法,以上人物中还有部分称名存在特殊情况。如子卬,《合集》17176 贞卜他死后埋葬地所在,《合集》14938 记述他为祭祀活动的发起者,《合集》

536 简称一例则反映与祭祀相关的占卜，两种称名使用集中在同一时段，由生人转变为祭祀对象，其称名的使用情况可提供的信息较少。

以上诸位"子某"中，还有两例较为特殊，即子画、子强。二者的称名上可以得出的认识是，子画与画之名难辨使用早晚，而强则早于子强出现，同时画、强的使用频次高于子画、子强。观察刻辞可知，画的大量出现有赖于"画入某"的记录，即子画的纳贡活动，除去这一部分，其余刻辞中子画与画的使用频次相当，这种情况也见于其他族长。就这一问题，宋镇豪已作出很好地解答，他统计商代子名（包含"子某"与"某子"）、人地同名者共90例，这些"子某"已相继在特定的社会条件和社会政治经济关系中，与一定的地域相结合，受有一块土地为其生存之本，子名因受土分宗立族和世功官邑，在许多场合已与族氏封号难分难解。① 贡纳占卜用龟甲兽骨的来源，用画来标示，既表明由子画进贡，也说明其物出自子画的封地。贡纳过程中单称画，明确其确有封地，可能是强调贡纳物来自封地，与子画从别处征集而来作以区别。"子某"作族长的称名使用中，有时会省称为"某"，林沄以雀为例，指出"子某"独立成立分支家族后，不再称"子某"，② 而是省去"子"称号单称"某"。上引族长的称名情况与此判断基本一致，纳贡、封地收成等情况说明这些"子某"拥有独立领邑，已从王族或子族分支独立，具备族长身份。值得注意的是，并非所有族长都省去"子"身份标识，还存在部分称名的混用，这种情况当与林沄所指的子商近似，即其家族尚处于将立未立的过渡阶段，虽已分支但还未成长为强族，有时还需对外强调"子"称以表明身份。子强的两种称名在具体应用上，使用时间并不完全覆盖，强自典宾类使用至宾三类，子强自宾三类至出一类，占卜事项上，强称名多见于征伐，如"（王）令强比贵族做某事"，协同联合某位贵族作战等事项，子强称名则大多用于祭祀或贞卜疾病情况，在事类上确实存在明显区隔。笔者认为，见于对外军事活动时，称强用以表明家族分支、军事才能突出，对内祭祀及疾病健康，称子强用以昭示和商王的关系。前人研究中与子强文字相关的"良子强"一称，按例理解作良族族长强没有疑义，但良子强与子强是

---

① 宋镇豪：《夏商社会生活史》（上），中国社会科学出版社，2005，第264～266页。
② 林沄：《再论殷墟卜辞中的"多子"与"多生"》，载李宗焜主编《古文字与古代史》第3辑，"中研院"历史语言研究所，2012，第116～117页。

不是同一人，即子强是否为良子强之省称，鉴于商周时期同名现象普遍存在，笔者认为还存在疑问。赵鹏曾提出子强与良子强并非同一人，典宾类卜辞中的良子强是良族家族长，宾三及出一类中的子强是商王室成员，[①]可从。如是，子画、子强两者的称名使用，同样难以说明先称"某"、后称"子某"的前后逻辑关系。

就上文的统计分析而言，子某群体在"子某"与"某"称名的使用上相互混杂，单独使用"子某"者、"子某"与"某"通用者都很常见。共用两种称名的"子某"，有在时间线上无明显分界的（即两种称名混合使用），也有两种称名使用时间完全一致者，总体上并无明确先后规律可言。从使用频次上来看，"子某"与"某"称名并无明显区别，初始使用时间上有各有早晚者，也见使用一致者。从统计结果反映的情况来说，确有个别"子某"在称名的使用中，较早使用"某"而较晚使用"子某"。整体观察子某群体的称名情况，绝大多数"子某"在卜辞中从未被称作"某"。

总览子某群体的称名使用情况，兼用"子某""某"称名的贵族，除由生人转化为祭祀对象的 1 例外，其余 18 位不论是不是族长，"某"均是由个人名号省称而来，与同名的族、地名并不直接相关。子某群体相关古文字史料揭示，"子某"与"某"这两种称名中不存在所谓先有"某"称，后因身份变化而改称"子某"的现象。结合整体情况而论，子某群体在"某"与"子某"称名的使用上未能呈现绝对的先后关系。

诚然，甲骨文作为特殊载体上的文字，只能反映部分商代社会，统计的史料很难全方位还原子某群体称名使用的原貌，仅就现有刻辞来说，"子"身份通过后天获得是与上述统计结果背道而驰的。换言之，通过"子某"与"某"称名的初次出现时间、使用频次和时限，推测"子某"身份来源于后天存在明显缺陷，排比全部材料同样不支持这一论断。就"子某"与同名"某"的记载在字体分类框架中的分布，不宜认为"子某"是同名"某"获得身份后的称呼，"某"还应理解为"子某"的省称。

据此，从称名角度考量，认为"子"身份是后天获得的观点不合于相关史料，恐难成立，仍以旧说"子"是先天的血缘性身份更佳。

---

① 赵鹏：《从弘、商谈商代时代相近的同名》，《南方文物》2014 年第 4 期。

三　"子"之身份探讨

上文已就"子某"的称名情况作以全面梳理,确定"子"是"子某"的省称。一方面是前述排比的相关称名材料中,不能得知"子"是后天获取的身份;另一方面,子某群体中以军事才能见称的寥寥无几,凭借战功获得身份地位的推论与卜辞记录相去甚远,且群体中存在不少女性(如子眉、子目)或从不参与作战等军事活动的"子某"(如子渔),称"子"为以军功获得或继承而来的身份,与卜辞材料等史料信息不合。由此,可以提出一个新的问题,"子某"为何称"子"?

"子某"中的"某",一般都理解作人名,但"子"如何理解,则众说纷纭,莫衷一是。董作宾最早揭露"子"当为武丁之子,①几乎同时,日本甲骨学家岛邦男论证"(子)为后世子爵的滥觞",②此"王子说"与"子爵说"提出后,引发诸多讨论,陆续又出现了王室贵族成员说、族长、派生族氏等多种观点。现今学界对"子某"的身份认知,诚如莫伯峰所论,根据是否与商王室存在血缘关系,归为两大派系,一派认为与商王存在血缘关系,如王室贵族成员、同姓族长③、派生族氏④、商王男性亲属泛称等多种看法;另一派则认为"子"是爵称、地方氏族长、领主等。殷墟甲骨文反映,武丁时代,"子某"颇受商王的关注,除了雀等称"亚"的重臣外,也有部分"子某"参与祭祀先王、对外征伐等国家大事。如子雍为时王举行禳灾之祭(《合集》331),子渔主持祭祀"大示"⑤(《合集》14831),子画、子商、子强等征伐舌方、基方等敌对部族(《合集》6834正、《合补》⑥522等),子央检视占卜用的甲骨并亲随武丁狩猎(《合集》

---

① 董作宾:《甲骨文断代研究例》,载《庆祝蔡元培先生六十五岁论文集》(中研院历史语言研究所集刊·外编第一种),1933,第379~389页;《五等爵在殷商》,《中研院历史语言研究所集刊》第6本第3分,1936,第422~429页。

② 〔日〕岛邦男:《殷墟卜辞研究》,濮茅左、顾伟良译,上海古籍出版社,2006,第859页。

③ 林沄:《从武丁时代的几种"子卜辞"试论商代的家族形态》,载《古文字研究》第1辑,中华书局,1979,第323页;《甲骨文中的商代方国联盟》,载《古文字研究》第6辑,中华书局,1981,第85页。

④ 于省吾:《从甲骨文看商代社会性质》,《东北人民大学人文科学学报》1957年第2、3期。

⑤ "大示"内涵所指,参见朱凤瀚《论殷墟卜辞中的"大示"及其相关问题》,载《古文字研究》第16辑,中华书局,1989,第36~48页。

⑥ 彭邦炯、谢济、马季凡:《甲骨文合集补编》,语文出版社,1999,简称"《合补》"。

11170 臼、10405 正等），等等。将上述"子某"之"子"解释为王子或强族之长都合于辞例，难以界定孰是孰非。

近年来，学界针对"子某"是否与商王存在血缘关系，又有了新的研究思路，即从甲骨文字体分类角度将相关史料排出先后顺序，探讨"子某"之"子"这一称呼是与生俱来，还是后天获得。如前文中的孙亚冰、莫伯峰等认为甲骨文中是先出现人名"某"，再出现"子某"称号，所以子是后天获得的非血缘性身份。张惟捷提出时王近亲的血缘性子称与小宗族长的社会性子称并存于晚商时期，这些新的意见受到了学界关注和重视。我们照此研究方案，从字体分类角度逐一考察所有的"子某"和与之对应的"某"，却发现二者从初次出现、使用频率等角度来看，并不存在绝对的先后时间关系，二者混用的情况更为普遍。此外，在同一块甲骨上占卜相同事情时，"子某"也会简称为"某"，此种简称做法也出现在异版占卜相近事项的卜辞史料之中。换言之，客观考察甲骨文材料可知，很难以后天获取的政治身份说明"子某"之"子"，进而也无法断定其为爵位。与之相反的是，"子某"省称为单字"某"的情况不在少数，这一结果显然有利于传统的王子说，即"子某"与商王存在血缘关系仍是目前较为妥当的观点。

事实上，"子"这个字本义就是儿女、子息，在商王的卜辞中"子某"之"子"本来就指其子、女，如《合集》94 所示"妇好有子"，更有"子某"生育的记载（《合集》3201 正、10982 反、17999 等）。此外，非王卜辞中的"子某"，部分是指贵族家族内部的子辈（如《花东》409 等所见子臧）。所以，血缘性身份是"子某"之"子"的本来意义，同时少数"子某"确实具备族长身份，如子画给商王贡龟，且驻守于东方边疆（《合集》952 反、6665 正等），应有很强的经济、军事实力。这类成长为强族的"子某"，往往也省去"子"，单称其名，如子画称画、子强称强，族长身份是一部分"子某"的第二层社会属性。可以说，王卜辞的"子某"本来都曾是商王的子女，非王卜辞的"子某"则为其占卜主体"子"之儿女，但未必都是族长，只有部分发展为强宗大族之长，成为殷商王朝对外征战的将领。

"子某"作为与商王有血缘关系的群体，人数众多，武丁、祖庚时期频繁被记录在卜辞之中，他们在商王朝社会中的地位与作用，备受学者关注。美国著名甲骨学者吉德炜（David N. Keightley）指出当时存在严格的等级制度，王室内部可分为王族即王与王子们，子族即王室后裔，其他有权望的贵族如臯、雀、并、戈等共三个层级，共同构成统治集团。① 日本学者贝塚茂树、伊藤道治也有类似观点，认为王子们及其子孙出于军事目的集结成为"多子族"，② 是商王朝的核心组织与核心统治力量。徐中舒、王贵民、朱凤瀚、刘源等学者也强调"子某"是商王朝统治的中坚力量。③ 不过，对此主流意见，也有学者提出异议，如日本学者落合淳思就认为"子某"并非王朝统治的重要支柱，而是势力单薄的小领主，他们通常居于王畿与侯、伯等远方大领主之间，很少受到商王关注。④ 对于上述学界传统认知与新说，我们还应系统考察"子某"史料，方能揭示商文明的面貌。

（19）癸巳卜，殻贞：子渔疾目，祼告于父乙。一

《合集》13619 ［典宾］

（20）a 贞：御子🐾于父乙。一 二告 二 三 四

（20）b 疾，唯父乙害。

（20）c 不唯父乙害。

（20）d 王占曰：唯父乙咎。　　　　　　　　《合集》6032 正 ［典宾］

（21）贞：来乙丑弜呼子🐾侑于父乙。　　　　《合集》3111 ［典宾］

（22）壬辰卜，殻贞：呼子窒御有母于父乙，皿窜，曹乃三、垂

五窜。　　　　　　　　　　　　　　　　　《合集》924 正 ［典宾］

---

① David N. Keightley, "The Temple Artisans of Ancient China, Part One: The Kung and To-Kung of Shang," *the Modern Chinese History Project Colloquium*, University of Washington, 1975; "The Shang State as seen in the Oracle-Bone Inscriptions," *Early China*, vol. 5, 1979-1980, pp. 25-34; "Kinship and Kinship: The Royal Lineage of Late Shang," Mimeograph, *International Conference on Shang Civilization*, East-West Center, Honolulu, HI., 1982.

② 〔日〕贝塚茂树、伊藤道治：《古代中国》，讲谈社，2000，第174页；〔日〕伊藤道治：《古代殷王朝の謎》，讲谈社，2002，第140~142页。

③ "子某"在商王朝中的政治地位与作用，有诸多研究探讨，本文暂列如下，不再逐一举出。参见徐中舒《先秦史论稿》，巴蜀书社，1992；王贵民《试论商代的社会和政权结构》，《中州学刊》1986年第4期；朱凤瀚《商周家族形态研究》；刘源《殷墟甲骨卜辞与〈左传〉中"子某"之对比研究》，载李宗焜主编《古文字与古代史》第5辑，"中研院"历史语言研究所，2017，第43~146页。

④ 〔日〕落合淳思：《殷——中国史最古の王朝》，中央公论新社，2015，第122~132页。

（23）贞：呼子画以敦新射。二　　　　　《合集》5785+① ［典宾］

（24）a 甲辰贞：呼［子］效先步。

（24）b 己丑贞：呼子效先捷，在尤。一月。

（24）c 癸巳贞：呼子效先步，在尤。一月。一

　　　　　　　　　　　　　　　　　　《合集》32782+② ［历一］

（25）a 贞：唯子画呼伐。

（25）b 贞：唯𠂤般呼伐。

（25）c 贞：唯强呼伐舌。

（25）d 贞：唯王往伐舌。　　　　　　　《合补》522 ［典宾］

（26）癸丑卜，争贞：旬无忧。三日乙卯允有艰。单丁人䦆㞢于
录☐丁巳兔③子𡆥㞢☐鬼亦得疾。四日庚申亦有来艰自北，子𤔲告曰：
"昔甲辰方犯④于蚁，俘人十有五人。五日戊申方亦围，俘人十有六
人。"六月，在章。　　　　　　　　　　　《合集》137 反 ［典宾］

（27）壬戌，子央示二屯。岳。　　　　　《合集》11171 白 ［典宾］

（28）画示四屯。亘。　　　　　　　　　《合集》17585 白 ［典宾］

　　有关"子某"行为活动的材料数量众多，恕难逐一列出。就以上内
容，可得出几点认识。其一，子某群体普遍受到商王的关怀，商王常占卜
其疾病与健康状况，如例（19）、（20）。其二，"子某"参与的社会活动，
主要为王朝祭祀、战争和占卜事务。"子某"能够主持或参与对先王祖丁、
祖乙、小乙，先妣妣辛、妣庚、母庚，以及兄丁、娥等王室祖先的祭祀，
见例（21）、（22），如前所揭子雍、子渔主持的祭祀规格很高，主祭者通
常是时王，显然说明"子某"与商王之间有着十分密切的血缘关系，部分

① 合集 5758+合集 19486，为崎川隆缀合。〔日〕崎川隆：《宾组甲骨新缀五组》，www.xianqin.
org/blog/archives/1685.html，访问日期：2024 年 6 月 17 日。
② 合集 32782+合补 6625，为周忠兵缀合。周忠兵：《历组卜辞新缀续》，载宋镇豪、唐茂
松主编《纪念殷墟 YH127 甲骨坑南京室内发掘 70 周年论文集》，文物出版社，2008，
第 95 页。
③ 释"兔"，参见单育辰《甲骨文所见动物研究》，上海古籍出版社，2020，第 47~53 页。
④ "䦆"，旧释"围"，参于省吾主编，姚孝遂按语《甲骨文字诂林》第 1 册，中华书局，
1999 年，第 790~809 页。陈剑提出"䦆"作田猎动词用法，读作"围"；用于军事战
争类，其所表之词为侵犯之犯，则读为"犯"，陈剑《寻"词"推"字"之一例：试说
殷墟甲骨文中"犯""围"两读之字》，《中国文字》2020 年冬季号。

“子某”宗法地位颇高。其三，例（23）～（26）展现出在对外战争过程中，部分担任强宗大族之长的“子某”，会全程深度参与军事活动的各个环节。如在筹备阶段，他们向王室提供武装力量、带领军队前往指定地点备战；在作战中，多次参与武丁时期西土爆发的重大战役，担任军事将领；此外，作为外服邦伯与王畿的中介及时传递军情。其四，在占卜活动中，例（27）、（28）所见的“子某”和妇（《合集》390 臼、6233 臼、15314 臼等）一样，与阜、邑、史等王朝重臣共同担任“示者”（《合集》493 臼、7381 臼、17556 反等），① 负责核验保管卜用龟甲兽骨的工作，完成甲骨占卜流程的重要一环。

综观子某群体方方面面的活动，可以看到他们对政治社会生活的参与度极高，基本涉及国家机器运转的各个重要环节。值得注意的是，牵涉“子某”的这些祭祀、军事、占卜等事务之开展，依赖自上而下的不同层级贵族，其顶端领导者是商王。另外，“子某”与王妇、王朝重臣的职事多有重叠，存在着一人任多职、多人协作完成王事的现象。这说明晚商政治体系仍具有显著的家国同构特征，治国理政依靠王室贵族，形成以商王为主导的血缘性统治集团。西周、春秋前期，也基本延续了商王朝这种重视任用王室宗法贵族的统治方式。

结　语

以上借由“子某”在卜辞中的省称现象与不同称名的使用情况两方面的考察，已充分说明同名“某”当是“子某”的省称。“子某”称名结构中的“子”应就其本义，王卜辞中的“子某”普遍与商王存在血缘关系，血源性身份是子某群体的基本身份，其中部分“子某”因军政才能突出、宗法地位较高从而具备族长这样的第二层附加社会性身份。“子某”称名及其内涵自晚商时期沿用至西周，西周时“子”作为宗子或族长的称谓，同样是血源色彩浓厚的先天性身份。及至春秋时期，“子”仍然是普遍存在并使用的贵族称谓，②

---

① “子某”承担“示者”工作，参与占卜环节的讨论，参见辛悦《谈谈“示屯”中的“子某”》，《殷都学刊》2022 年第 4 期。

② 春秋金文中“子”的使用情况，参见朱凤瀚《关于春秋金文中冠以国名的“子”的身份》，载李宗焜主编《古文字与古代史》第 5 辑，“中研院”历史语言研究所，2017，第 147～168 页。

《左传》《国语》等文献中人名的使用①也给予我们启示，周天子的继承人可称太子某，如襄王未继位时称作"太子郑"，其他的儿子则称王子某，如王子克、王子带等，孙辈亦循此规，见王孙满等称；诸侯国君之子、之孙称谓同理，称作公子、公孙，如公子喜、公孙敖等。

结合甲骨文史料与传世文献的记载来看，"子某"为子、女（王卜辞中为王子、王女）之说更贴合相关记录。"子某"是认识武丁时期乃至整个商王朝的重要途径之一，商金文中同样频现"子某"之名或族氏铭文，部分晚商"子某"族氏铭文如子画等，至西周时仍继续使用。"子某"是商人重要的政治文明创造，其群体身份地位独特性有别于其他文明，以子某群体为抓手了解商周宗法贵族社会变迁，需对"子某"称名、身份等相关问题的研讨引起足够重视。

---

① 葛刚岩指出先秦文献中以"子+某"为名、字的人，祖上一般与天子、国君存在血缘关系，参见葛刚岩《先秦名、字现象与周代称谓制度——从"子列子"称谓的解读谈起》，《西北师范大学学报》（社会科学版）2022年第4期。

Rethinking the Connotation of the "Zi Mou"（子某）Designation in the Shang Dynasty
—With a Discussion on the Identity of the "Zi Mou" Group

Xin Yue

Abstract：The recurrent appearance of the "Zi Mou"（子某）designation in oracle bone and bronze inscriptions constitutes a defining characteristic of Shang civilization, distinguishing it from other contemporaneous political systems. This prominent group, which played diverse sociopolitical roles, has long been a focus of scholarly inquiry, particularly regarding the nature of its identity and the mechanisms of its acquisition. Recent developments in oracle bone script paleography, particularly through typological dating methodologies, support the proposition that the "Zi Mou" appellation represented an acquired rather than inherent status. This conclusion derives from systematic analysis of temporal variations in the usage patterns between the full "Zi Mou" designation and its abbreviated "Mou" form. This proposition has stimulated considerable academic debate. By systematically analyzing the usage patterns of these related designations ("Zi Mou" and "Mou"), this study seeks to clarify their relationship and reassess the semantic and functional implications of the prefix "Zi" in "Zi Mou." In doing so, it offers a nuanced contribution to the ongoing discourse on the social and political processes underlying identity formation within the Shang elite.

Keywords："Zi Mou"（子某）；Abbreviated Form；Identity Attainment

（编辑：杨一波）

周人月相纪日法问题研究

黄怀信[*]

摘　要： 据月相纪日是早期周人所发明的一种特殊的纪日方法，迄西周末废置不用，遂成绝学。历史上自西汉人刘歆开始涉猎，迄晚清人俞樾再作纠正，结论皆未可信。王国维提出"四分月相说"，一度为学界所信奉，实则亦非。另有所谓"定点说"，亦不能成立。夏商周断代工程曾设专题进行研究，结果亦未得其实。分析这些研究的具体观点，可知其致误的基本原因是对词义把握不准。从文字训诂的角度重新分析，可以得出完全不同的结论。以此结论处理具体的文献及金文材料，对于确定武王克商的具体日期，乃至西周十二王年代的最终判定，有着决定性的意义。

关键词： 月相；既生霸；既死霸；既望；纪日法

所谓月相，就是月亮的相貌、形象。附月相词语纪日是早期周人的发明，我们称之为月相纪日法。由于当时尚无"朔日"概念，人们纯以干支轮回纪日，有时候难免混沌不清，不够明确。作为农业民族的周人，经过长期观察，发现月相的变化及轮回有一定规律，于是又在纪日的干支前附加月相词语，使其所纪之日更加明确具体。而这种纪日方法，至少到西周晚期"十月之交，朔日辛卯"（《诗经·十月之交》）出现，又逐渐被废弃了。所以，后人只能不断进行猜测性的探索。

一　前人的认识与得失

西汉晚期刘歆为了推明西周年代，第一次对文献中的月相词语进行揭

* 黄怀信，曲阜师范大学孔子文化研究院教授，研究方向为中国古代史、古籍整理和儒家文献。

示，提出"死霸，朔也；生霸，望也"①之说，显然已不知"霸"为何物。《说文解字》解之曰："霸，月始生霸然也。承大月，二日；承小月，三日。从月䨣声。"②显然也没有说清楚"霸"是什么。三国曹魏时学者孟康曰："月二日以往，明生魄死，故言死魄。魄，月质也。"③《古文尚书·武成》"哉生明"孔传以旁死魄为月二日，以魄生明死为在十五日以后，以哉生魄为十六日。这些认识并没有得到后人的认同，说明这些说法还是有问题的。

问题出在哪里？逐一分析之。以刘歆之说，既然生霸就是望，那么既生霸与既望又如何区别？已见其不能成立。刘歆的错误，关键是其没有从根本上搞清"霸"是什么。许慎虽然从文字学角度解释了"霸"即"月始生霸然也"，从䨣声，但什么叫"月始生霸然也"，意思还是不够明确。孟康所谓"月二日以往，明生魄死，故言死魄。魄，月质也"，也只是对前人说解的进一步申释，且谓"明生魄死，故言死魄"，"魄"是什么，也没有说清楚。而且"魄"既然已死，明又从何而来？显然，其解释也是不对的。《尚书》孔传以旁死魄为月二日，是据其前后日数推出，不知书中之"旁死霸"本是"旁生霸"之误（说详后）。十五日以后月明更显，怎么能说是明死？而以魄生在十五日、哉生魄为十六日，"魄"似乎又是月圆、满月。《说文解字》："魄，阴神也。从鬼、白声。"④是其本义。而孟康以下，又皆不知"魄"为"霸"之借字。

晚清人俞樾始作《生霸死霸考》，纠正刘歆之说，认为："惟以古义言之，则霸者月之光也。朔为死霸之极，望为生霸之极。"接着又说："一日既死霸；二日旁死霸；三日载生霸，亦谓之朏；十五日既生霸；十六日旁生霸；十七日既旁生霸。……夫月明生为生霸，则明尽为死霸，是故晦日者死霸也。晦日为死霸，故朔日为既死霸，二日为旁死霸。"⑤

谓霸者月之光也，朔为死霸之极，望为生霸之极，似乎说明了"霸"是什么，但也没有从根本上解决问题，尤其是对诸日的称谓。因为既然"霸"为月之光，为什么十五日才叫既生霸？可见已经不可解，何况还有

① （汉）班固：《汉书·律历志下》引刘歆《世经》，中华书局，1962，第1015页。
② （东汉）许慎：《说文解字》卷七上，中华书局，1963，第141页。
③ 《汉书·律历志下》颜师古注引，第1016页。
④ （东汉）许慎：《说文解字》，第188页。
⑤ （清）俞樾：《俞樾全集》第八册《曲园杂纂》卷十，浙江古籍出版社，2017，第162页。

旁死霸、旁生霸的问题。可见还是跟随刘歆之说，没有走出"死霸，朔也；生霸，望也"的圈子。

二 王国维"四分月相说"

以上各家，观点虽稍有不同，但基本上都是以月相为定点。直到晚清王国维，对月相词语进行专门研究，重作《生霸死霸考》①，提出了著名的"四分月相说"，才算有了新的认识。文章曰：

> 《说文》："霸，月始生魄然也。承大月二日，小月三日。从月霏声。《周书》曰'哉生霸'。"此所引者，乃壁中古文。《汉书·律历志》引古文《尚书·武成》亦作"霸"。其由孔安国写定者，则从今文作"魄"。马融注古文《尚书·康诰》云："魄，朏也。谓月三日始生兆朏，名曰魄。"此皆古文《尚书》说也。《法言·五百》篇："月未望，则载魄于西；既望，则终魄于东。"《汉书·王莽传》："太保王舜奏：'公以八月载生魄庚子奉使朝，用书。'"此平帝元始四年事。据《太初术》，是年八月己亥朔，二日得庚子，则以二日为载生魄。《白虎通·日月》篇："月三日成魄。"（本《礼·乡饮酒义》及《孝经援神契》）。此皆今文家说，与许、马古文说同。是汉儒于生霸、死霸无异辞也。
>
> 《汉志》载刘歆《三统历》，独为异说曰："死霸，朔也。生霸，望也。"孟康申之曰："月二日以往，明生魄死，故言死魄。魄，月质也。"歆之说《顾命》曰："成王三十年四月庚戌朔，十五日甲子哉生霸。"则孟康之言，洵可谓得歆意者矣。伪古文《尚书》用其说，故于《武成》篇造"哉生明"一语，以配哉生魄。伪《孔传》用其说，故以旁死魄为月二日，以魄生明死为在十五日以后，以哉生魄为十六日。相承二千年，未有觉其谬者。

以上所言，基本没有问题，唯《武成》篇中除了"哉生明"，别无"哉生魄"，可见也并非为了配"哉生魄"。当然，伪《孔传》的解释确不

---

① 王国维：《观堂集林》卷一，中华书局，1959。

合理，不烦再说。

王氏又曰：

近德清俞氏樾作《生霸死霸考》，援许、马诸儒之说以正刘歆，其论笃矣。然于诸日名，除哉生魄外，尚用歆说，如以既死魄为一日、旁死魄为二日，既生魄为十五日、旁生魄为十六日，既旁生魄为十七日。此皆与名义不能相符。余谓《说文》"霸，月始生魄然也"；"朏，月未盛之明也"。此二字同义，声亦相近。故孔融曰："魄，朏也。"霸为月始生，为月未盛之明，则月之一日，霸死久矣。二日若承大月，则霸方生，谓之旁生霸，可乎？十五日以降，霸生已久，至是始谓之既生霸，不已晚乎？且朔与望，古自有初吉、既望二名。又召鼎铭先言"六月既望"，复云"四月既生霸"。一器之中，不容用两种记日法，则既生霸之非望，决矣。以既生霸之非望，可知既死霸之决非朔；而旁死霸之非二日，旁生霸之非十六日，又可决矣。

以上所言，亦基本没有问题，唯谓朔与望自古有初吉、既望二名，则非，因为周初尚无朔日概念。正因为没有朔日概念，不知何日为朔，才有月相纪日之法。所以，不得谓朔日为初吉。当然，金文中有时候初吉确指朔日，这是因为其日紧邻月生霸，而不是因为知道其为朔。若知朔，则无须发明月相纪日法矣。

王氏又曰：

余览古器物铭，而得古之所以名日者凡四：曰初吉、曰既生霸、曰既望、曰既死霸。因悟古者盖分一月之日为四分：一曰初吉，谓自一日至七、八日也；二曰既生霸，谓自八、九日以降至十四、五日也；三曰既望，谓十五、六日以后至二十二、三日也；四曰既死霸，谓自二十三日以后至于晦也。八、九日以降，月虽未满，而未盛之明则生已久。二十三日以降，月虽未晦，然始生之明固已死矣。盖月受日光之处，虽同此一面，然自地观之，则二十三日以后月无光之处，正八日以前月有光之处，此即后世上弦、下弦之由分。以始生之明既死，故谓之既死霸。此生霸、死霸之确解，亦即古代一月四分之术也。

初吉非月相，则一月四分自不能成立。且自八九日前后、二十三日前后，普通百姓实难区辨，是不得有一月四分之术亦明矣。

王氏又曰：

> 若更欲明定其日，于是有"哉生魄"（《书·康诰》及《顾命》）""旁生霸"（《汉书·律历志》引古文《尚书·武成》、《逸周书·世俘解》，均作"既旁生霸"，"既"字疑衍）"旁死霸"（古文《尚书·武成》及《周书·世俘解》）诸名。哉生魄之为二日或三日，自汉已有定说。旁者，溥也，义进于既。以古文《武成》差之，如既生霸为八日，则旁生霸为十日；既死霸为二十三日，则旁死霸为二十五日。事与义会，此其证矣。凡初吉、既生霸、既望、既死霸，各有七日或八日；哉生魄、旁生霸、旁死霸，各有五日若六日，而第一日亦得专其名。

所谓"旁者，溥也，义进于既"，本身并不合理。《说文解字》云："旁，溥也"；"溥，大也"。然则旁生霸者，大生霸也。所以王氏又说义进于既。而如此，则旁生霸当指望日。可是在文献及金文中，旁生霸与望日绝对是两个不同的概念。可见《说文解字》"旁，溥也"之释有问题，至少与旁生霸、旁死霸不能适用。那么"旁"又是什么意思？我们说：此"旁"，当读为"傍"，古今字。傍，必在前而不能在后。所以，旁生霸，当指生霸之前一日；旁死霸，当指死霸之前一日（按：实际应用中极少用到）。而初吉既非月相，则一月不得为四分，更不得有凡初吉、既生霸、既望、既死霸各有七日或八日亦明矣。"哉"，犹才也。哉生魄者，才生霸、刚生霸也。既然"哉"犹才，"旁"读为傍，则哉生魄、旁生霸、旁死霸，不得各有五、六日亦明矣。唯谓第一日亦得专其名，于既生霸、既望、既死霸则无问题。

王氏又曰：

> 书、器于上诸名，有作公名用者，如《顾命》："惟四月哉生魄，王不怿。甲子，王乃洮颒水。"哉生魄不日，至甲子乃日者，明甲子乃哉生魄中之一日。而王之不怿，固前乎甲子也。《静敦》云："惟六月初吉，王在蒡京。丁卯，王命静司射。"《免簠》云："惟六月初吉，

王在郑。丁亥，王格大室。"《邾敦》云："惟二年正月初吉，王在周邵宫。丁亥，王格于宣榭。"初吉皆不日，至丁卯、丁亥乃日者，明丁卯、丁亥皆初吉中之一日。至王在莽、在郑、在周邵宫，固前乎丁卯、丁亥也。更证之他器，则《虢季子白盘》云："惟王十有二年，正月初吉丁亥。"案宣王十二年正月乙酉朔，丁亥乃月三日。《吴尊》云："惟二月初吉丁亥。"末云："惟王二祀。"案：宣王二年二月癸未朔，则丁亥乃月五日。《师兑敦》云："惟三年二月初吉丁亥。"案：幽王三年二月庚辰朔，丁亥乃月之八日。是一日至八日均可谓之初吉也。《师虎敦》云："惟元年六月既望甲戌。"案：宣王元年六月丁巳朔，十八日得甲戌，是十八日可谓之既望也。《兮伯吉父盘》（亦称兮田盘）云："惟五年三月既死霸庚寅。"此器有伯吉父之名，有伐猃狁之事，当即《诗·六月》之文武吉甫所作，必宣王时器，而宣王五年三月乙丑朔，二十六日得庚寅。又如《颂鼎》《颂敦》《颂壶》诸器，皆云："惟三年五月既死霸甲戌。"此诸器自其文字辞命观之，皆厉、宣以降之器，而宣王三年六月乙亥朔，三十日得甲戌，是二十六日、三十日皆得谓之既死霸也。此为用公名者也。

既生霸、既望、既死霸有时作公名用，没有问题。而"初吉"非月相，自不得有公名、专名之分。文献及金文凡含"初吉"者，皆不再有月相词语，是重在其"吉"，而不重其具体月相也。且所谓宣王五年三月乙丑朔、宣王三年六月乙亥朔，以今考之皆非是。

王氏又曰：

其用为专名者，如古文《武成》云："惟一月壬辰旁死霸，若翌日癸巳。"又云："粤若来二月既死霸，粤五日甲子。"又云："惟四月既旁生霸，粤五日庚戌。"《召诰》云："惟二月既望，越六日乙未。"此皆以旁死霸、既死霸、既旁生霸、既望等专属第一日，然皆不日。惟《武成》之旁死霸独日，顾不云"旁死霸壬辰"，而云"惟一月壬辰旁死霸"者，亦谓旁死霸自壬辰始，而非壬辰所得而专有也。故欲精纪其日，则先纪诸名之第一日，而又云"粤几日某某"以定之，如《武成》《召诰》是也。否则但举初吉、既生霸诸名，以使人得知是日在是月之弟几分，如《顾命》及诸古器铭是也。苟由此说以考书器所纪月日，皆四达而不悖。

月相词之专指其第一日固可，而于"旁死霸"、"旁生霸"及"初吉"则基本上皆不存在。传世文献及金文凡言某月"旁生霸"及"初吉"，绝大部分专指其中之一天，无所谓第一。而"既旁生霸"，则为必无之辞。今《武成》之"既旁生霸"和《世俘》之"既旁死霸"，皆为"既望"之误，可以肯定。而其"惟一月壬辰旁死霸"，又是"旁生霸"之误，《逸周书·世俘》亦可证之。

王氏又曰：

何以证之？古文《武成》云："惟一月壬辰旁死霸，若翌日癸巳，武王朝步自周，于征伐纣。"又云："粤若来二月既死霸，粤五日甲子，咸刘商王纣。"又云："惟四月既旁生霸，粤五日庚戌，武王燎于周庙。"由旧说推之，既以一月二日为壬辰、二月五日为甲子，则四月中不得有庚戌。史迁盖不得其说，于是移武王伐纣于十二月，移甲子诛纣于正月。今《史记·周本纪》作"二月甲子昧爽"，徐广曰："二月一作正。"刘歆不得其说，于是于二月后置闰。然商时置闰皆在岁末，故殷墟卜辞屡云"十三月"。武王伐纣之时，不容遽改历法。此于制度上不可通者，不独以既死霸为朔、旁死霸为二日，既旁生霸为十七日，为名之不正而已。若用今说，则一月戊辰朔，二十五日壬辰旁死霸，次日得癸巳，此武王伐纣兴师之日也。二月戊戌朔，二十三日庚申既死霸，越五日至二十七日得甲子，是咸刘商王纣之日也。三月丁卯朔，四月丁酉朔，十日丙午既旁生霸。十四日得庚戌，是武王燎于周庙之日也。于是《武成》诸日月，不待改月置闰而可通。此旁生霸为十日，既死霸为二十三日，既旁死霸为二十五日之证也。或曰：如子说，则戊午为二月二十一日，一月无戊午。而《太誓序》言"一月戊午，师渡孟津"。然则《书序》非欤？曰：史迁、刘歆之失，正由牵合《武成》与《太誓序》之故。《太誓序》言戊午在一月，于是不得不以《武成》之"二月既死霸"为二月朔。二月朔为庚申，则四月无庚戌。于是或改月、或置闰以通之。然史迁于《太誓》本有二说，《周本纪》以为武王十一年伐纣时作，《齐太公世家》以为九年观兵时作。

谓二月五日为甲子则四月中不得有庚戌，不知其"四月"系周人"改正朔"所称，实即旧历之三月也。后人有误，自可不顾。当然，其"甲子"是否确为五日，又当别论。谓一月戊辰朔、二月戊戌朔、三月丁卯朔、四月丁酉朔，与历确有可合者（如公元前 1071 年），唯以二十五日为旁死霸、二十三日既死霸、十日为既旁生霸，二十七日得甲子，则不可。原因是其所定之朔日不可信。谓如其说则一月无戊午，又推为史迁、刘歆之失，亦敷衍之说也。故其所推皆不可信。

又曰：

> 今以前说就《武成》本文考之，一一符合。不当以系年不定之序乱经，是可决矣。又曶鼎纪事凡三节，第一节云"惟王元年六月既望乙亥"，下纪王命曶司卜事，曶因作牛鼎之事，次两三节皆书约剂。次节云"惟王四月既生霸辰在丁酉"，则记小子讼事。三节则追纪匡人寇曶禾后偿曶之事。弟三节之首，明纪"昔馑岁"，则首次两节必为一岁中事。今以六月既望乙亥推之，假令既望为十七日，则是月己未朔，五月己丑朔，四月庚申朔，无丁酉，中间当有闰月。此器乃宗周中叶物。周置闰不在岁终，由《召诰》《洛诰》三月十二日为乙卯，十二月有戊辰知之。若《武成》在武王伐商时，固不得改闰法也，则四月当为庚寅朔。八日得丁酉，此既生霸为八日之证也。要之，古书残阙，古器之兼载数干支而冠以生霸死霸诸名者，又仅有曶鼎一器。然据是器，已足破既生霸为望、既死霸为朔之说。既生霸非望，自当在朔望之间。既死霸非朔，自当在望后朔前。此皆不待证明者。而由是以考古书古器之存者，又无乎不合，故特著之。后之学者，可无惑于刘、孟之言说矣。

曶鼎"惟王元年六月既望乙亥"与"惟王四月既生霸辰在丁酉"，确为同年事。而谓以六月既望乙亥推之而假令既望为十七日，是月己未朔，五月己丑朔，四月庚申朔，则不可信。既望为一时段，假令为十七日已不合理，由之所推逐朔日，岂能恰当？当然，据以破既生霸为望、既死霸为朔之说则无问题。而谓周置闰不在岁终，由《召诰》《洛诰》三月十二日为乙卯，十二月有戊辰知之，更不可信。《召诰》《洛诰》三月十二日为乙卯，十二月有戊辰，没有问题，但并不能证明周之置闰不在岁终。

以上可见，王氏之说多不可信。所以，"四分月相说"不能成立，亦明矣。

然而，王说毕竟影响极大，其后一些著名学者，如新城新藏、吴其昌、郭沫若、周法高、白川静、倪德卫、戚桂宴等，都遵从其说并以之处理金文材料，并影响至今，不能不说是一大遗憾。今人仍有从信者，皆未深究之故也。

三 "定点说"述评

前面已经指出，王国维以前的种种说法，以及刘歆、俞樾等人的观点，其实都属于定点说。这里我们所指的，是王国维提出"四分月相说"以来的定点说。主张此说者最早为董作宾。董先生首先指出：

> 在殷代，月与日之间关系尚疏。……至周初，载籍乃有生霸。生霸之名，定其在太阴月中之某一日，即某一点。其时所用之名称，已不尽为月相。至金文，乃更有"初吉"之一名，以代替"死霸"。是明易不吉之词为吉语也。至汉以后，乃专以朔日为月始之定点，而更有二日至二十九或三十日之排次。①

认为定点月相，异名分为三组。第一定点：既死霸是月相名，朔是人起的名，初吉是易不吉为吉语，都是初一。第二定点：旁死霸是月相名，朏是人起的名，承大月二日，承小月三日。第三定点：既生霸是月相名，望是人起的名，十五日；第四定点：旁生霸，近于生霸之日，是月相名，既望是人起的名，谓已过望日也。

谓金文"初吉"之名代替"死霸"是为了易不吉之词为吉语，实未可信。因为"既死霸"一词，在金文中始终存在。谓既死霸是月相名，朔是人起的名，基本没有问题，但既死霸、既生霸、既望中之一个"既"字，本身说明其不可能只有一日。谓旁生霸"近于"生霸之日，并不确切，应该说是"旁（傍）临"生霸或死霸之日。可见还是不知"旁"读为

---

① 董作宾：《"四分一月"说辩正》，《董作宾先生全集·甲编》第一册，艺文印书馆，1977，第 6 页。

"傍"。当然，文献或金文中月相词语确有定点者，但有并不等于全部。

接着有陈梦家先生，他在其《西周铜器断代（二）》中总结说：

> （一）月相应该是定点的，表示月中魄之盈亏生死；（二）既死霸是初一，月魄死尽了；（三）月吉、初吉是初三朏，月魄始生未盛；（四）既生霸是十二、三日，月魄始生而未满；（五）既望是月魄生满。[①]

谓月相表示月中魄之盈亏生死，基本没有问题。谓既死霸是初一，月魄死尽了，也基本可以接受。而月吉、初吉，首先从字面上看就不是月相，且实际文献和金文中，其也并非专指初三朏，或月魄始生未盛。尤其是所谓既生霸是十二、十三日，月魄始生而未满，更有问题：月魄是什么？怎么十二、十三日始生？谓既望是月魄生满，也不大确当，因为一个"既"字，就已经表明是在"望"以后。

陈先生之后，提出代表性意见的学者主要是刘启益先生。刘先生认为：

> "月相必指固定的一天"，"初吉：即朏的这一天，当阴历初二或初三；既生霸：月出的次日，当阴历初三或初四；既望：月圆的次日，当阴历十六、十七，有时十八；既死霸：即月底，当阴历二十九、三十。"[②]

其后又有劳榦、张汝舟等多名学者提出类似的说法。再后彭裕商也提出："我们认为金文中月相的定点应该是：初吉：每一月初一，即朔。既生霸：上弦后一日。既望：望后一日。既死霸：下弦后一日。"[③] 等等。

月相专指固定的一天，似乎可为《逸周书·世俘》等材料所证实。可见"定点说"确有一定道理。但是，月相并非指固定的一天，也已为其他文献材料及铜器铭文所证实。可见，正如王国维所提出的，当时有所谓

---

① 陈梦家：《西周铜器断代（二）》，《考古学报》1955年第2期。
② 刘启益：《西周金文中月相词语的解释》，《历史教学》1979年第6期。
③ 彭裕商：《关于金文月相的一点意见》，《中国文化研究》1999年第2期（夏之卷）。

"公名"与"专名"之分,即一般纪时用"公名",精确纪时用"专名"。至于所谓初吉即朔,实不可能,因为当时尚不知"朔"为何物。正因为不知朔,所以才有月相纪日之产生与应用。又谓既生霸谓上弦后一日,既死霸为下弦后一日,也不可能,因为采用观象纪时,本来就出于或者为了方便,而对于一般百姓而言,上弦、下弦,显然是不好把握的。所以,以上弦、下弦区分,此中还有一个前提,就是:"初吉"并非月相。

以上可见,上述各家对于月相纪日法的认识,皆未确当。

四 "夏商周断代工程"专家组的观点

1. 基本观点

正因为前人对月相纪日的认识皆未确当,所以"夏商周断代工程"为之设立专题进行研究。《夏商周断代工程报告》(以下简称《报告》)①第二部分"西周年代学研究"之第三节"构建西周金文历谱的基础"之第3小节,为"'月相'含义的讨论"②。该讨论第(1)小节即"关于'月相'含义的讨论"。开头介绍曰:

> 西周青铜器铭文中,常见"初吉""既生霸""既望""既死霸"等名词,被称为纪时词语,习称"月相",是周人记述月内日序的一种方法。此外,在《尚书》《逸周书》等传世文献中,还有"朏""旁死霸""既旁生霸"等。……"月相"的含义,学术界至今意见分歧,纷争不休,形成了多种学说,大别之有"四分说""定点说""二分一段说""二分二点说""二分一点说"等,细节又有若干不同。

接着分别大致介绍了"四分说"和"定点说"的基本观点。然后曰:

> 在诸"月相"词语中,争论最多的是"初吉"。"四分说"与"定点说"虽然认识不同,但都肯定"初吉"是月相。但"初吉"究

---

① 夏商周断代工程专家组编著《夏商周断代工程报告》,科学出版社,2022。以下简称"《报告》"。

② 《报告》,第42~55页。

竟与日序或月相有没有关系，这个问题仍没有定论。例如，黄盛璋主张"初吉"并非月相，他认为西周历法以既望分前后两半月，前半月为既生霸，后半月为既死霸，既望为十六、七日，三者皆为月相而非定点。初吉为初一到初十，非月相，也非定点，这是"二分一段"说。

接着又介绍：

> "二分二点说""二分一点说"又称"点段结合说"。其中"二分"指"既生霸"和"既死霸"表示一个时段；"二点"指两点："初吉"和"既望"；"一点"则只指"既望"为定点。例如，张培瑜认为"生霸、死霸分别表示上下半月的月相。初吉、既望是朏月、满月的称呼"，这是"二分二点说"。①

第（2）小节为"'月相'范围的估计"。《报告》认为：

> 由上可知，西周人对月相究竟持怎样的看法，单纯从训诂角度很难得出公认的结论。如果不先将某种"月相"概念做一个前提，而是给一个能为多数学者所接受的、稍宽松的日辰范围，比如将"既生霸"在月初之后望之前，"既望"在合望以后几日内，而"既死霸"在"既望"后至月末，属下半月中晚段的时间内。这样，用金文历日与文献中的历日根据合天历表做综合研究，得出一个较为妥当的结论（即得出一个较科学的西周编年系统）后，从作为其依据的合历的金文与文献的历日、"月相"资料中，也可以对诸种"月相"究竟指一月之中的某日或某几日做出一个初步的判断。这种判断因为有合历的检验，故而可能更接近实际。

又曰：

> 还可以设想，如果能够找出足够多的金文，在一件中具有两条或

---

① 《报告》，第42~44页。

更多的历日，都包含"月相"，或者两件或者更多的金文，彼此有不容争议的关系，又都具有包含"月相"的历日，就有可能通过"月相"间距离的推算，归纳出"月相"的范围。曾有学者在这方面进行过有益的试探，但他们列举的材料，有些是可以有不同的解释的。

于是，研究者选出4件符合其条件的金文进行试探。认为其中每一件都具有两条或更多的历日，并且包含"月相"，都有"既望"。认为：

> 望在十五日或十六日是明确的，因而可既望的可能范围当以望为上限，其他"月相"不应到望或将望包括在内。至于既望，如非定点的，其下限不能直接推出，但肯定不会晚过下弦，即二十三日左右。由既望这样的可能范围出发，可推知其他"月相"的可能范围。①

可见是顾及了前人观点的方方面面。

事实上从其标题"'月相'范围的估计"我们就可以知道，其以下所论只是一种估计。显然，这不是科学研究的态度。认为单纯从训诂角度很难得出公认的结论，显然也是不正确的说法。古汉语的词语必须通过训诂，才能知其本义。又谓"如果不先将某种'月相'概念做一个前提，而是给一个能为多数学者所接受的、稍宽松的日辰范围"，也是不科学的态度。既然概念已给出前提，还有什么好研究的？而给一个能为多数学者所接受的、稍宽松的日辰范围，也并不能代表这个结论就是科学的。科学的结论，必须是经得住考验的。多数学者能接受，并不能说明结论就是正确的。比如谓"既望"在合望以后几日内，而"既死霸"在"既望"后至月末，属下半月中晚段的时间内，就明显是"四分说"和"定点说"的混合观点，虽然有可能为"四分说"和"定点说"者共同接受，但也不代表就在多数学者所能够接受的范围。所以，以此为前提而用金文历日与传世文献中的历日，根据所谓合天历表做综合研究，得出的结论必不能妥当，更不会科学，何况所谓"合历"，本身也是建立在不科学的断代前提之下的。所以，其结论也就不可能更接近实际。至于所谓找出足够多的金文，在一件中具有两条或更多的历日，都包含"月相"，或者两件及更多的金

---

① 《报告》，第44页。

文，彼此有不容争议的关系，又都具有包含"月相"的历日，就有可能通过月相间距离的推算，归纳出"月相"的范围，这也是完全不可能的，因为"曾有学者在这方面进行过有益的试探"。如果认为他们列举的材料有些是可以有不同的解释，又怎么能保证自己列举的材料不会有不同的解释呢？显然，这种方法本身是不可行的。所以，其结论之科学性也就可想而知了。

2. 所举四例

针对以上观点，《报告》举有四例。

（1）作册夨卣

　　二月既望乙亥
　　四月既生霸庚午

《报告》认为：乙亥到庚午之间55天。二月、三月可能都是大月，也可能是一个大月、一个小月。如果都是大月，二月初一与四月初一干支相同。如果是一个大月、一个小月，四月初一较二月初一干支序号小1。又列表以示，最后结论是："所以，如果既望乙亥的范围是十五日到二十日，则既生霸庚午的范围是初十到十六日。如果既望乙亥的范围是十五日到二十三日，则既生霸庚午的范围是初十到十九日。考虑到既生霸不能晚过望，此卣表明既生霸的可能范围是十一日到十四日。"

（2）曶鼎

　　惟王元年六月既望乙亥
　　惟王四月既生霸辰在丁酉

又如法经过详细的论证，结论是："如果曶鼎的四月既望在前，元年六月既望乙亥在后，则既生霸的范围是初一到初八。如果四月既生霸丁酉在后，六月既望乙亥在前，则既生霸丁酉的范围是十二日到二十一日。既然既生霸不能到望，上述后一结果应修正为十三日到十四日。"

（3）晋侯稣钟

　　惟王三十又三年
　　正月既生霸戊午

二月既望癸卯

二月既死霸壬寅

三月方（旁）死霸

六月初吉戊寅

丁亥

庚寅

《报告》认为："钟铭历日从叙事内容看均属同一年，不能分到两年，因此'二月既望癸卯'和'二月既死霸壬寅'不能协调，其间必有一误。"接着通过多种假设推测，最后还是说："只要二月壬寅和癸卯二者中有一个正确，且无论其为何月相，限制的结果都是严格的。"

（4）静方鼎

惟十月甲子

八月初吉庚申

月既望丁丑

又通过假设，《报告》的最后结论是：从静方鼎得出的初吉范围是初一到初六。然后总结说："由上述四件青铜器的铭文得出的初步结论是：初吉可能在初一至初八之间（这接近初旬吉日之说），既生霸可能在初一至十五日之间，既死霸可能在二十四日至三十日之间，而既望如所设定在既生霸、既死霸的中间；初吉和既生霸的前面部分是重叠的，既生霸、既望、既死霸三者则相连续，没有重叠的部分，而且其次序也不能改变。"

今按：以作册夨卣的材料，证明"如果既望乙亥的范围是十五日到二十日，则既生霸庚午的范围是初十到十六日。如果既望乙亥的范围是十五到二十三日，则既生霸庚午的范围是初十到十九日"，显然假设成分太多。得出的结果明明是初十到十六、初十到十九，怎么还能说"考虑到既生霸不能晚过望，此卣表明既生霸的可能范围是十一日到十四日"？那么还要此例证做什么？可见并不合理。智鼎的材料，结论也还是连用几个"如果"进行假设，结果既生霸丁酉的范围还是十二日到二十一日。最后又考虑到"既生霸不能到望"，将结果修正为十三日到十四日。如此研究，显然不具备科学性。晋侯稣钟的材料既然有误，就不能直接以之为证。静方鼎也只证明了"初吉范围是初一到初六"。而其最后结论，谓"既生霸可能在初一至十五日之间"，初一怎么能叫既生霸？"既死霸可能在二十四日至三十日之间"，显然还有王国维"四分说"的成分在其中。"而既望如所设定在既生霸、既死霸的中间"，岂是科学结论？"既生霸、既望、既死霸三者则相连续，没有重叠的部分，而且其次序也不能改变"，似乎也是常识，没有实际意义。由此可见，问题不仅没有解决，似乎还有所倒退。而问题的根源，就在于追求"能为多数学者所接受的、稍宽松的日辰范围"。显然，这是不可取的，因为真理并非只在多数人手里。

五　我们的观点

以上可见，各家对月相词语及月相纪日的认识无一完全合理。所以，必须进行再探讨。事实上早在当年"夏商周断代工程"之前及工程进行之时，我们就已对此问题进行过反复研究，发表的相关文章主要有：《〈世俘〉、〈武成〉月相辨正——兼说生霸、死霸及西周月相纪日法》①；《关于西周月相纪日法》②；《"关于西周月相纪日法"补说》③；《周人月相纪日法探实》摘要④；《月相词词义分析》⑤；《周原与月相纪日法》⑥；《由〈武成〉、〈世俘〉与〈利簋〉看武王伐纣之年》⑦；《周人月相纪日法探实》⑧等，只是未能受到专家们的关注。这些文章的主要结论与观点，基本是一致的。这里重作分析并介绍如下。

1. "初吉"非月相词语

关于"初吉"一词的含义，黄盛璋先生认为："初吉"即"初干吉日"，包括上旬十日。⑨ 刘雨先生以为："初吉"即"大吉"。云："'初'，又与'大'通。盂爵：'隹王初桒于成周。'献侯鼎：'隹成王大桒于成

---

① 见《西北大学学报》（哲学社会科学版）1992年第3期。

② 收在陕西历史博物馆编《西周史论文集》，陕西人民教育出版社，1993。

③ 见《西北大学学报》（哲学社会科学版）1998年第3期。

④ 见《"夏商周断代工程"简报》第四十二期。

⑤ 见《中国文化研究》1999年第2期。

⑥ 见《首届岐山周文化学术讨论会论文集》，油印本。

⑦ 见《西北大学学报》（哲学社会科学版）1999年第3期。

⑧ 见《文博》1999年第5期。

⑨ 黄盛彰：《释初吉》，《历史研究》1958年第4期。

周.'‘初奉’者，‘大奉’也。故，‘初吉’者，‘大吉’也。"①

今按：以"初干吉日"释"初吉"，无疑有"增字解经"之嫌，因而不可从。以"大吉"释"初吉"，从词义学的角度看并不合理。"初"之训"大"，经籍未见，断然不可。盂爵与献侯鼎二铭所记，一在宗周，一在成周，显非一事。前者言"初"，谓首次、第一次行。正因为前已有之，故后不再言初。"大"，大其规模，与前者之"初"绝不相同。可见"初奉"并非"大奉"。所以，其说亦误。

我们认为，"初吉"之"初"，是始、第一个、首个、头一个的意思。"吉"，即吉日之吉。"某月初吉"，即某个月的头一个吉日。实际上，也等于是指最大的吉日、最吉善的日子。而这个吉日，除过人们共同认定的日辰如丁、庚、午、亥等日之外，主要由主人自己的主观意愿决定，如果主人认为哪一天最吉，就称哪一天为初吉。所以，"初吉"可以是一个月中任何一天，不必只在上旬。不过既言"初"，而且一个月按情理不可能只有一个好日子，所以"初吉"当以在前半月或上旬者居多。由于人们办事总想图个吉利，必然选择最好的日子，谁也不会选个次好的日子，也不愿承认自己选的日子次吉，所以也就不会有"次吉"一类的字眼出现。而正因为人们只言"初吉"而不言"次吉"之类，所以"初吉"到了春秋晚期、战国时代，便直接演变成"吉日"。总之，"初吉"与战国铜器之"吉日"当基本同义。

初吉在前半月的例证，前人列举已多。如王国维谓指一日至七、八日，陈梦家谓即朏，指每月初三日，刘启益谓是初二或初三，黄盛璋谓包括上旬十日等，均是，这里不烦再举。

"初吉"在下半月的例子，刘雨先生举了《静簋铭》一例，这里再作转举。该铭曰：

> 隹六月初吉，王在莽京。丁卯，王令静司射学宫。小子𣌭服小臣𣌭夷仆学射。雪八月初吉庚寅，王以吴来、吕刚……卿射于大池……②

---

① 刘雨：《金文"初吉"辨析》，《文物》1982 年第 11 期。
② 刘雨：《金文"初吉"辨析》，《文物》1982 年第 11 期。

这是目前所见唯一一篇出现两个"初吉"的铭文。铭文之"八月"，显然是承上"六月"言的，所以必为同年。又此前一"初吉"与干支"丁卯"之间有"王在莽京"一语，不相连接。刘雨先生指出：

> 按金文惯例，"初吉"或"既生霸"、"既死霸"、"既望"之后如有干支日（此干支日前又无年月连属），则不管中间是否插入其他词语，该干支日应属于前面"初吉"等记日词语，免尊、免卣"隹六月初吉，王在郑，丁亥，王各于大室"；班簋"唯八月初吉，在宗周，甲戌，王令毛伯更虢城公服"；应侯见工钟"隹正二月初吉，王归自成周，应侯见工遣王于周。辛未，王各于康"；鄘簋"隹二年正月初吉，王在周邵宫，丁亥，王各于宣廊"；师旋簋"隹王元年四月既生霸，王在减应。甲寅，王各庙，即位"。以上诸例，从铭文内容看，"在郑""在宗周""王在周邵宫"等都是把记地词语插入记时词语中，并不表示记地词语前后的记时词语是不连贯的。金文中年月日分书几处的例证尚多，不得随意指成不同的年或月。如剌鼎"隹五月，王在初，辰在丁卯，王禘"；叔专父盨"隹王元年，王在成周，六月初吉丁亥，叔专父作郑季宝钟六"；保卣"乙卯，王令保及殷东国五侯……在二月既望"；帚鼎"庚午，王令帚薅省北田四品，在二月。"像这种颠倒各分句次序的现象，与颠倒句子中主语宾语位置的现象一样，同属周代金文的特殊语式，不足为奇。①

今按，其说可信。因而，此铭"丁卯"当属"六月初吉"。丁卯距庚寅24天。两个初吉相距24天，那么即使把一个初吉定在月初第一天（当时尚无朔日概念，月初从朏日即初二或初三算起），那么另一个初吉至少亦必到二十五、二十六日；即使把六、七两月都定为小月，亦必到二十三、四日。所以刘雨先生云："一个初吉必然是二十五至三十中之一日。"其说不差。可见"初吉"可以是下半月的一天。尽管这里只是一个个例，但毕竟也证明"初吉"可以在下半月。显然，这两个"初吉"，都是记事者本人主观认定的。总之，"初吉"是一个不代表固定日辰的词语。而《夏商周

---

① 刘雨：《金文"初吉"辨析》，《文物》1982年第11期。

断代工程 1996—2000 年阶段成果报告》（简本）① 中所列西周金文历谱中，共收西周金文 66 篇，其中含"初吉"者就有 30 件，可见其未能确定。因而，所排之表也就没有意义，不能说明问题。

2. 月相词义分析及月相纪日法

除过"初吉"，月相词语自然就只剩下"既生霸""既望""既死霸"三个。至于所谓"旁生霸""旁死霸"以及"朏"，实际上都只是具体的描写之辞，严格地说并不属于月相词语，所以这里先说三个真正的月相词语——"既生霸""既望""既死霸"之中，它们都有一个"既"字。从至今仍在使用的"既望"一词我们就可以知道，"既"是已经、过后的意思，而不能有别的意思。这也正好可以从其本义得到印证："既"在古文字中，是一个踞跪在盛食物的瓦豆前而头扭向后方的人形，表示已经食罢、吃过。可见其本来就有已经、过后的意思。

再说"生""死"。"生"，是出有、显现的意思。《文选·魏都赋》李注引刘瓛《易义》曰："自无出有曰生。"自无出有，即本来没有，开始变有。那么，所谓生霸，就是"霸"由看不到变得能够看到。"死"，与"生"相反，是消亡、无有或自有变无的意思。《荀子·大略》"恶言死焉"，杨注："死犹尽也。"② 《管子·势第四十二》"死死生生因天地之形"，房注："死生，犹隐显也。"③ 均其证。那么，"生霸"，就应该是"霸"开始显现、能够看到；"死霸"，就应该是"霸"尽、隐去，或由能够看到变为看不到。

"霸"是什么？《说文解字·月部》："霸，月始生霸然也，承大月二日，承小月三日。从月䨊声。"④ 字在"月"部，说明是专为形容月相而造的字。为什么从"䨊"声？"䨊"是什么意思？《说文解字·雨部》："䨊，雨濡革也。从雨从革。"⑤ 雨濡革，就是雨水打湿了皮革。见到过的人都知道，皮革被雨水打湿，就会虚起，形成不平整的斑驳，所以段玉裁注也说："雨濡革则虚起，今俗语若仆。"⑥ 可见"䨊"的本义，是指被雨水打

① 《夏商周断代工程 1996—2000 年阶段成果报告》（简本），世界图书出版公司，2001，第 30~35 页。

② 《荀子》卷二十，上海古籍出版社《二十二子》本，1986，第 357 页。

③ 《管子》卷十五，上海古籍出版社《二十二子》本，1986，第 150 页。

④ （东汉）许慎：《说文解字》，第 242 页。

⑤ （东汉）许慎：《说文解字》，第 63 页。

⑥ （清）段玉裁：《说文解字注》（影印景韵楼本），上海古籍出版社，1981，第 573 页。

湿的皮革的形相。许慎将"霸"解成从月霎声的形声字,其实霎还应声中兼意,就是说它应该是个亦声字,即从月从霎,霎亦声。不然,怎么会独取霎做为声符呢?所以,作为从月从霎霎亦声而造的"霸"字,本义必然是指月亮像被雨水打湿而虚起的皮革一般。而月亮的这种形相,又无非人们用肉眼所能看到的月亮中的阴影,即今人所谓环形山。而这种阴影,只能是在能够看到月亮的前提下才能看到。所以,所谓"霸",实际上还是指月亮的形貌。古人以之代表肉眼所看到的月亮,不也是非常恰当吗?古人之所以称生、死"霸"与不称生、死"月",说明他们知道月亮本身并没有生、死。

在今文学文献中,"生霸"和"死霸"又作"生魄"和"死魄",除过音近外,恐怕也有词义本身的原因。"魄",《说文》:"阴神也。"[1] 引申有形、体之义。《左传·昭公七年》"人生始化曰魄"杜注、《国语·晋语》"其魄兆于民矣"韦注、《太玄·视》"成魄"李注,并云:"魄,形也。"形即体,故《礼记·祭义》疏云:"魄,体也。"是其证。人们从地球上能够看到的月亮形、体,实际上也还是月亮有光的部分。光,就是明。晚出《武成》将"哉生魄"称为"哉生明",也正是这个原因。可见所谓"生霸""死霸",确是月亮生、死时人们能够看到的形、体或光、明。

再说"望",今人所谓"既望"或"望日"之"望",一般是指月圆,意思自然没有错,但从字之本义来说,则"望"字本身就是一个人站在土墩之上举目望月的形象。望日之月、满月,至今是人们喜欢观望的对象。那么,古人为之专造一字,也就是情理中事。所以,"望"指满月,自然也没有问题。

如若以上分析不误,则"既生霸"就应是每个月人们用肉眼所能看到的月亮的形、体或光、明生出以后,换句话说,就是新月出现以后;"既望",就应是月圆以后;"既死霸",就应是月亮的形、体或光、明消失或隐去之后,换句话说,就是说残月隐去、消失之后。而既然皆是以后、之后,就不可能只指一天。可见从词义角度分析,三个月相词语不可能只代表一天。所以,从词义上讲,"既生霸""既望""既死霸",只能是各代表一个时段。

---

① (东汉) 许慎:《说文解字》,第188页。

众所周知，月生霸的时间，正如《说文》所云，上承大月在二日晚，上承小月在三日晚。望的时间，一般在十四日或十五日晚上。死霸的时间，一般在二十九日或三十日早晨。那么，"既生霸"的时间范围，就应该是初三、初四至十四日、十五日白天，共计十二三天。"既望"的时间范围，就应该是十五日、十六日白天至二十八日、二十九日白天，共计十四五天。"既死霸"的时间范围，就应该在二十九日、三十日白天至下一月"生霸"（初二、初三）之前，共计只有两三天。总之，每逢晚上没有月亮（阴雨天例外）的日子，都可称为既死霸。定点说者把既死霸定在二十九或三十这一天，犹同把既生霸定在朏后的一天、既望定在满月后的一天一样，没有道理。可见三个月相词语所指的日数是不相等的。王国维"四分月相说"等而分之，显然是不对的。

表示月亮出显，还有专字"朏"。《说文》云："朏，月未盛之明也。从月、出。"① 按：字从月、出，当会月出之意，许解当非。《尚书》数有"某日朏"之语，表示这一天新月出显，实际上与生霸、生魄同义。所以马融《古文尚书·康诰》注云："魄，朏也，谓月三日始生兆朏，名曰魄。"② 《汉书·律历志》引《古文月采篇》曰："三日曰魄。"《白虎通·日月篇》云："月三日成魄。"可见汉人是知道生霸（魄）在月初二日或三日的。但"朏"毕竟是说新月生出，而"霸"则形容月相。可见还是有所不同的。

谈到这里，或许有人会问："既死霸"既然只有二三天，为什么《逸周书·世俘解》及《武成》有"越若来二月既死霸越五日甲子，朝至接于商，则咸刘商王纣"之语？既死霸越五日，岂不已不属于既生霸的日辰了吗？这个问题，定点说者也回避掉了。其实这是一个很好的问题。我们说，这是由于当时天气阴（雨），未看到生霸、既生霸月相的缘故。因为史官比较实际，前面只看到了死霸，后来没有看到生霸、既生霸，所以就以既死霸连续纪日，而不言既生霸。由此也可以知道，武王克殷的甲子以前，至少已连阴了三四天，或者下雨也未可知。此一问题，恰好文献中有两个很好的佐证，《国语·周语下》载：

（周景）王将铸无射，问津于伶州鸠。对曰："……昔武王伐殷，

---

① （东汉）许慎：《说文解字》，第141页。
② （清）王谟：《汉魏遗书钞》，嘉庆三年刻本。

岁在鹑火。……（武）王以二月癸亥夜陈，未毕而雨……"①

是说当时武王布阵未毕而雨，说明此前肯定是阴天。又《诗经·大雅·大明》末章亦云：

凉彼武王，肆伐大商，会朝清明。②

其中"会朝清明"句，意思是正好赶上一大早天气放晴，说明之前天气阴雨。或许正是因为当时正好赶上一大早天气放晴，所以《利簋》才有"甲子朝，岁贞（中）"（看到了岁星中天的天象）的记载。总之此前确实天阴。既然天阴，自然就看不到月亮，所以就只有继前一月相而纪日了。这就是《逸周书·世俘解》及《武成》曰"越若来二月既死霸越五日"的原因，可见并不代表既死霸可有五日。

综上可知，月相词语"既生霸"确当指每月新月出显至望（月圆）前，共十二三天；"既望"确指望（月圆）至残月隐去，共十四五天；"既死霸"指残月隐去至次月新月初生，共两三天时间。这与西周金文实际所见44件有年月而含月相词语记载中，"既生霸"22见、"既望"20见、"既死霸"5见的实际情况基本一致。可证我们的分析是合理的。

另外，表示月尽还有专字"晦"。《说文》云："晦，月尽也。"③ 月尽，即死霸。可见死霸就是晦。月亮每个月自有变无，也即晦的时间，一般在二十九日或三十日早晨。正如刘启益先生所说："这一天，一线残月在早上出来，时间不长，由于太阳出来，月亮的光辉被太阳淹没了。"④ 被淹没而晦暗，故曰"晦"。

至于所谓"旁生霸""旁死霸"，王国维谓"旁甚于既"，认为旁死霸在既生霸后，没有道理。《说文解字》"旁"字解为"溥也"。溥，确有广、大的意思。然而月亮广生霸、广死霸或大生霸、大死霸又是什么形状，无法说清。而且与既生霸、既死霸又如何区别，显然也是极为困难的事。建立在观象基础之上的用词，古人想必也不会那样使用。所以我们曾

---

① 《国语》，上海书店，1987，第45~48页。

② 程俊英、蒋见元：《诗经注析》，中华书局，1991，第757页。

③ （东汉）许慎：《说文解字》，第188页。

④ 刘启益：《西周金文中月相词语的解释》，《历史教学》1979年第6期。

说，这里的"旁"当读"傍"，谓傍临。"傍"从"旁"得声，说明二字本同音，所以相借是不会有问题的，而且"旁"本来就有傍临的意思，说明"旁"与"傍"本是一对古今字。总之月相词语之"旁"，必须读"傍"音，如同"阿旁宫"之"旁"读"傍"一样。那么，"旁生霸"，就必然在生霸之前。而"旁死霸"，严格说是本不存在的月相用词，因为"死霸"的时间在早上，傍就傍在了夜晚。加上"既死霸"本来总共就只有两三天时间，中间似乎没有必要再制一名词。而且王国维所本之《武成》，与《世俘》本来就是同一文献的不同传本，"武成"二字，取自《世俘》首句"维四月乙未（丁未）日，武王成辟"句，符合《尚书》各篇命名规律，即可为证。《世俘》之名，只是因《书》内别有其名而另取。总之二者本为同篇，而《武成》之"旁死霸"，《世俘》则作"旁生霸"，而且《武成》有误辞"既旁生霸"，也正好证明其所涉之前辞本亦作"旁生霸"。那么"旁生霸"，就必是傍临生霸的那一天，可见是在前而不在后。

总而言之，月相诸词语的意思应该是：

生霸，谓月初月牙开始出现（上承大月在初二晚、上承小月在初三夜）。

旁（傍）生霸，专指生霸前一天（上承大月在初一、上承小月在初二日）。

哉（才）生霸，同始生霸，指生霸的旦日，既生霸第一天。

既生霸，从生霸的旦日至望前一日（初三、初四至十三、十四日）。

望，指满月（十五或十六日夜，偶尔在十四日夜）。

既望，指满月以后至死霸前一日（十五、六日或十七、十八至二十七、二十八日）。

死霸，谓月末残月隐去不见（小月在二十九日晨、大月在三十日晨）。

方死霸，指死霸当天。

既死霸，指死霸以后，即晦日至次月生霸前一日（二十九、三十至初一、初二日）。

需要注意的是，这里我们只是讲到"应该"，而实际材料中，也不排除有个别的特例，比如因天气或其他原因导致的误判之类。

以上是我们对有关"月相"问题的全部认识。有了这个认识，理解文献和金文中的相关材料，就要方便很多，而且会起到关键性的作用。

Research on the Lunar Phase Calendar System of the Zhou People

Huang Huaixin

Abstract：The lunar phase calendar system, an early method invented by the Zhou people for recording dates, was abandoned by the end of the Western Zhou period and thus became lost. Historical research on this topic began with Liu Xin of the Western Han Dynasty, and was later corrected by Yu Yue of the late Qing Dynasty, but neither conclusion was credible. Wang Guowei proposed the "quarter lunar phase theory" which was once revered in academia but was also incorrect. There is also the so-called "fixed point theory," which is also untenable. The "Xia, Shang, and Zhou Chronology Project" once conducted a special study on this topic, but the results did not yield a correct conclusion. Analyzing these views, it can be seen that the fundamental reason for the errors is an inaccurate grasp of the meaning of the words. Re-analyzing from the perspective of textual exegesis, a completely different conclusion can be drawn. Applying this conclusion to specific documents and inscriptions on bronze artifacts is of decisive significance for determining the exact date of King Wu's conquest of the Shang, and even for the ultimate judgment of the years of the twelve kings of the Western Zhou period.

Keywords：Lunar Phase；Jishengpo（既生霸）；Jisipo（既死霸）；Jiwang（既望）；Chuji（初吉）

（编辑：杨一波）

出土文献与先秦时期楚地易学传承考辨

冯　立[*]

摘　要： 先秦时期楚地儒学发展兴盛，楚地易学兼具黄老思想与三才思想的特殊性，与孔子南下楚地的儒学传承以及孔门易学传承具有相关性。孔门南下的儒学传承共有四派，分别是子贡学派、子游学派、澹台灭明学派和荀子学派。先秦时期楚地传承孔子易学的至少有三系，分别是曾子—子思—荀子一系、子游一系、商瞿—馯臂子弘一系。结合近年来新出王家嘴楚简《孔子曰》、安大简《仲尼曰》、海昏侯墓汉简《论语·知道》，以及海昏侯墓出土的"孔子衣镜"所见的图像及其注释足以发现，先秦时期楚地易学传承的主流是子游学派，次之为荀子学派，其思想传承影响到秦汉时代楚地的易学发展。

关键词： 简帛；孔门后学；易学；楚地；学派

先秦时期易学发展史是思想史研究的重点问题，先秦时代百家争鸣的诸子学派源流历代学者多有讨论。20世纪初期冯友兰在《原儒墨》中就曾有探讨。[①]《史记》记载孔子"晚而好易"，可知孔子在易学传承过程中具有重要地位，也可获知孔子早期弟子并不重视易学相关思想，其晚期受教之弟子甚至再传弟子之中存留何种派别传承易学，目前学界研究仍呈混沌之态，值得深入考究。

《国语·楚语上》曾提及楚庄王与申叔就教化民众应使用何种文献进行过讨论，其中涉及《诗经》《乐经》等儒家经典，《史记·孔子世家》

---

* 冯立，中国社会科学院历史理论研究所助理研究员，研究方向为先秦史、秦汉史与历史理论。

① 冯友兰：《原儒墨》，《清华学报》1935年第2期。

记载直到楚庄王六代之后的楚昭王时期，孔子才"使子贡至楚"，由此说明在孔子之前的先秦时期楚地儒学发展已粗具规模。陈来先生曾指出战国时期儒家的易学研究有三个发展过程，解易方法与学易宗旨不同，传承易学的主要流派，分别是鲁儒易学、齐儒易学和楚儒易学。① 战国时期，鲁国为楚国所灭，由此说明楚地儒学的发展过程中存在多条易学传承路线。近半个多世纪以来，长沙马王堆帛书《周易经传》、湖北王家嘴楚简《孔子曰》、安大简《仲尼曰》、江西海昏侯墓汉简《论语·知道》，以及海昏侯墓出土的"孔子衣镜"所见的图像及其注释文字等出土文献的问世，为楚地易学传承的路线提供了全新的证据，本文以出土文献为切入点，结合传世文献中所见的诸子学术源流，以思想史的研究方法，就孔门后学的南下传承、孔门易学传承与楚地思想源流三方面分析论证，拟对这一问题加以探讨。

一 "四科十哲"与孔门后学南下传承考辨

关于楚地易学的传承问题，先要考订孔门后学南下传承、孔门易学传承与楚地儒学传承三方面的路线问题，就传世史料所见，其中较为明晰的是孔门后学的南下传承路径。《史记》记载，孔子众多弟子当中有三位具有明确游学江南的轨迹，虽然三位游历的时段不同，对南方儒学的传承影响难以估量，但不可否认三位均被看作孔子思想南传的代表，他们分别是子贡、子游和澹台灭明。

关于子贡适楚的记载，《史记·孔子世家》载，孔子"使子贡至楚"表达了求见楚王的要求，但后来被拒绝，继而《史记·仲尼弟子列传》载，子贡曰："君按兵无伐，臣请往使吴王，令之救鲁而伐齐，君因以兵迎之。"田常许之，使子贡南见吴王。之后子贡与吴王对谈，再之后又去越地，游说越王。可见子贡在春秋时期的楚、吴、越三国都曾游历过。众所周知，战国时期，越先灭吴，继而被楚国吞并，不能否认在战国时代的楚地存留子贡学派传承儒学的路径。

更为明确的入楚传播儒学的是孔子晚期弟子澹台灭明，《史记·仲尼弟子列传》指出他比孔子年轻三十九岁，"南游至江，从弟子三百人，设

① 陈来：《帛书易传与先秦儒家易学之分派》，《孔子研究》1999 年第 4 期。

取予去就，名施乎诸侯。孔子闻之，曰：'吾以言取人，失之宰予；以貌取人，失之子羽'"①。可见孔子在世的时候，澹台灭明就率领自己的门徒在楚地讲学，影响颇深，《史记·仲尼弟子列传》中还曾记载孔门七十七弟子当中的公孙龙、任不齐和秦商等三人也是楚国人，公良孺、颛孙师两人是被楚国兼并的陈国人，均可说明在孔子健在时，孔门后学就已经在楚地传播儒学。

此外，孔门弟子南下传承儒学影响较大的还有吴国人子游，他本名言偃，《史记·仲尼弟子列传》称其乃吴人，字子游。子游小孔子三十五岁，后又出仕。史书中明确记载向孔子学《易》的弟子商瞿小孔子二十九岁，以孔子晚年传承易学的经历可见，商瞿与子游差不多是同一批从孔子学易的。孔子出生于公元前551年，孔子开始研读《易》至少是五十岁以后才发生的人生转变，其时间至少是在公元前501年之后，此时商瞿、澹台灭明与子游均是二三十岁。

三位之后，关于先秦学术思想传承与学派分流，李零曾指出按照时代和地域的不同可分为四个阶段，分别是春秋末期战国初期的鲁学，战国早期的魏学，战国中期的齐学、楚学和三晋之学，战国中晚期的秦学。其中鲁学包括孔学、墨学和杨朱之学，均是私家所传学问。魏学是鲁学的分支，是春秋战国起承转合时代的学说，分别有子夏儒学、法家初期的李悝和兵家的吴起。齐学主要是稷下之学，战国中期争论较多的孟子、荀子、慎到、公孙龙子均与稷下学宫有所牵涉。楚学的主流是道家，但也与孔子弟子的南下儒学思想分支以及各种非主流思想有所牵涉，例如五行之学等。秦学主要是法家的刑名之学及以《吕氏春秋》为代表的官方整理性质的研究。② 李零的论证，算是对陈来研究进一步的推进。此外，王葆玹结合马王堆帛书《易传》资料考证春秋时期儒家学院派的易学传承，存有归属于鲁地、齐地与楚地的讨论。③ 李锐则认为帛书《易传》是春秋战国之际鲁地儒学的思想作品。④ 笔者以为不确。关于孔门弟子南下儒学传承的记述，应注意《论语·先进》前三章中关于"四科十哲"的记载：

① （汉）司马迁：《史记》，中华书局，1958，第2680页。
② 李零：《李零自选集》，广西师范大学出版社，1998，第22~57页。
③ 王葆玹：《儒家学院派〈易〉学的起源和演变——兼论中国文化传统的问题》，《哲学研究》1996年第3期。
④ 李锐：《帛书〈易传〉学派属性研究述评》，《中国史研究动态》2009年第3期。

子曰："先进于礼乐，野人也；后进于礼乐，君子也。如用之，则吾从先进。"子曰："从我于陈、蔡者，皆不及门也。"德行：颜渊，闵子骞，冉伯牛，仲弓。言语：宰我，子贡。政事：冉有，季路。文学：子游，子夏。①

可知孔门一代弟子可以按照才能分为四类，德行、言语、政事与文学，可见孔子最爱德行，弟子之中首推颜渊。《论语·先进》所载弟子乃孔子早期弟子，孔子自认为跟随自己周游列国，尤其是在陈国与蔡国游历之时相伴左右的弟子，不如以上"四科十哲"，由此可见"四科十哲"属于传承孔子思想的一代弟子中的佼佼者，他们均属于孔子门下的七十二贤人。虽然都是贤人，但是可以被后世尊称为"子"的贤人，以《论语》中所见仅有四位，分别是"有子"有若、"曾子"曾参、"冉子"冉求和"闵子"闵子骞。后世学者认为此四人之所以被称为"子"，或与《论语》其书作者群体的学术派别有关。

多数学者认为《论语》文本应是有子、曾子门下编纂。李锐指出："在先秦秦汉时期，'百家争鸣'所用之'家'至少有两种意涵，一种是针对学术师承、学术渊源的学派而言的；一种是针对有相近的学术宗旨、学术兴趣、学术问题的学者群而言的。前者为本义；后者为引申义，外延较前者宽泛。'百家'是泛指当时各家学派，每一个自成一家之言的学者都可以成为一'子'，而这一'子'也就是一'家'之代表。"② 是故，被称为"子"的学者，是为一个学派的开山鼻祖。子思也被称呼为"子思子"，是曾子门下弟子。曾子善《易》是有史料可证的，今本《易传》传自曾子—子思一系思想的可能性极大。例如，《艮》卦的《大象传》所引述："兼山，艮；君子以思不出其位。"《论语·宪问》云："子曰：'不在其位，不谋其政。'曾子曰：'君子思不出其位。'"二者可为互证。战国时期重要的儒家文献《中庸》相传是子思所作。由此可见，子思从学于曾子，也应通晓《易》学。

战国时代的分期标准，学界多以三家分晋之时为开始，即公元前403

---

① 杨伯峻：《论语译注》，中华书局，1980，第115~116页。

② 李锐：《战国秦汉时期的学派问题研究》，北京师范大学出版社，2011，第24页。

年，战国初期与中期分界在孙膑马陵之战击败庞涓之时，即公元前341年。中期与晚期的分界点是即墨之战田单复齐之时，即公元前284年。

战国早期的魏学阶段，传世史料所见儒家思想分流的另一重要文献是战国末期《韩非子·显学》所见"儒分为八"的经典论断：

> 自孔子之死也，有子张之儒，有子思之儒，有颜氏之儒，有孟氏之儒，有漆雕氏之儒，有仲良氏之儒，有孙氏之儒，有乐正氏之儒。自墨子之死也，有相里氏之墨，有相夫氏之墨，有邓陵氏之墨。故孔、墨之后，儒分为八，墨离为三，取舍相反、不同，而皆自谓真孔、墨，孔、墨不可复生，将谁使定世之学乎？[1]

此段论述中最重要的论断是孔子死后"儒分为八"。可见韩非眼中战国时代儒家学派的主流存有八支，分别是子张、子思、颜氏、孟氏、漆雕氏、仲良氏、孙氏与乐正氏。其中子张是史书中明确记载的孔子一代弟子，学界倾向于认为出土文献郭店楚简《忠信之道》应是"子张之儒"的作品，是此一学派对于孔子"忠信"思想的阐释之作。[2]

子思是曾子的弟子、孔子的孙子，算是孔门二代弟子。其他六派未指明领军的具体人物，但学界公认"孟氏之儒"与"孙氏之儒"应是孟子学派与荀子学派。"漆雕氏"应归属于孔子弟子"漆雕开"家族及其后学。仲良氏或是《孟子·滕文公》所载楚国儒学的代表"陈良"。

学界仍有争论的还有两个：其一是乐正氏，郭沫若认为乐正指的是孟子弟子乐正克[3]，陈奇猷认为是曾子弟子乐正子春[4]；其二便是"颜氏之儒"。笔者以为结合西汉海昏侯墓出土的重要文物"孔子衣镜"背面附着的介绍性文字以及学界关于图像中的孔子与孔门弟子的位置关系[5]，给予分析考察可以一窥端倪。如图1所示，在"孔子衣镜"的图像中，孔子与孔门弟子位置分为三栏，孔子与颜回在上，孔子在左、颜回在右，中栏是

---

① （清）王先慎撰，钟哲点校《韩非子集解》，中华书局，1998，第456~457页。

② 宋立林：《孔门后学与儒学的早期诠释研究》，人民出版社，2022，第38页。

③ 郭沫若：《儒家八派的批判》，《十批判书》，人民出版社，1982。

④ 陈奇猷：《韩非子新校注》，上海古籍出版社，2000，第1127页。

⑤ 王刚：《海昏侯墓"孔子衣镜"所见"四科十哲"问题探论》，《中原文化研究》2019年第3期。

子贡在左、子路在右，下栏是澹台子羽在左，子夏在右，后面残存图象，子张在左，曾子在右。① 此中出现人物为孔子最为推崇的颜回与《史记·儒林列传》所示"大者为卿相"者一致，与《论语·先进》和《史记·仲尼弟子列传》中所列"四科十哲"有所不同，其中最大差别是澹台子羽赫然在列。

图 1　海昏侯墓出土"孔子衣镜"镜框背板拼合图

资料来源：王意乐、徐长青、杨军、管理：《海昏侯刘贺墓出土孔子衣镜》所附图七，《南方文物》2016 年第 3 期。

由此可见，即便到了西汉中后期，基层民众仍旧将澹台灭明来楚地讲学，作为楚地儒学传承的代表。需要注意的是，综观《论语·先进》、《韩非子·显学》与《史记·儒林列传》三处史料，根据春秋末期、战国末期与西汉初期儒学门派的划分可以发现，严格意义上并没有任何一个学派从孔子去世至西汉初期均保持强势地位，儒学不同学派的发展具有此消彼长之势。王刚指出"孔子衣镜"所见弟子排序应是遵从了"四科十哲"观念，因为四科之中德行最上有颜渊，次之言语有子贡（赣），再次为政事

---

① 王刚：《论海昏侯墓"孔子衣镜"图像的构图方位及空间问题》，《南方文物》2020 年第 6 期。

有子（季）路，最后文学有子夏，此四人排列与"四科十贤"有关。① 但其论述未讨论澹台子羽为何排位会在子夏之上，以及背面为何还残存子张、曾子两人之图。《史记·仲尼弟子列传》是依据"四科十哲"的排法依次往后类推孔门贤人，子夏之后分别是子张、曾参（子），再之后是澹台子羽（灭明）。

对比"孔子衣镜"可知，"颜氏之儒"应为"颜回学派"。但是，"儒分为八"中未提及"曾子之儒"。时至韩非子所处时代，曾子之徒应已经出现了门派分流，其中多数派为"子思之儒"，少数派应为"乐正氏之儒"，可能曾子之儒还有其他流传，但不为主流学派，故而乐正氏就应该是曾子弟子乐正子春一系。

此外，也有学者认为"颜氏之儒"并非"颜回学派"，而是"子游学派"。毕竟，颜回早于孔子去世，故而颜回在去世前的年龄是否可以收徒弟、是否存留独门弟子，是学界争论的重要议题。宋立林指出，此两个问题实则为一，即前者影响后者。② 皮锡瑞指出《史记·仲尼弟子列传》中记载的颜姓弟子一共有八人，颜回列居首位。周予同补充指出古籍中还有一位"颜浊邹"。③ 郭沫若指出颜回虽然早亡，但有弟子传承。④ 颜炳罡等考察其年龄生平，充分肯定了颜氏之儒即颜回学派。徐刚也认同颜回是颜氏之儒的带头人。⑤ 张觉指出，一个学派的带头人一定要在言论行事方面有所造诣，孔子屡次称许颜回"好学""贤"等技能。⑥ 只有李零的观点不同，他在《重见"七十子"》中根据上博楚简推断："言游之'言'与颜回之'颜'无别"，判定'颜氏之儒'也有可能是言偃（言偃是子游的本名）的学派，其理由有三。其一，孔子一生有多面性，既有道德追求，也有事功考虑，兴趣多在仁义道德和礼乐制度。其二，战国秦汉的儒学始终是以政治关怀为中心的，这也是孔子思想的主要侧面，所以他政治上不太得志，故而更喜欢德行高远的弟子。其三，战国主流思想是重刑名法术

---

① 王刚：《海昏侯墓"孔子衣镜"所见"四科十哲"问题探论》，《中原文化研究》2019 年第 3 期。

② 宋立林：《出土简帛与孔子后学新探》，中国社会科学出版社，2018，第 148 页。

③ 皮锡瑞著，周予同注释《经学历史》，中华书局，2004，第 27 页。

④ 郭沫若：《儒家八派的批判》，《十批判书》。

⑤ 颜炳罡、陈代波：《从颜氏之儒的思想特质看其与易学的关系》，《周易研究》2004 年第 3 期；徐刚：《孔子之道与〈论语〉其书》，《读书》2002 年第 4 期。

⑥ 张觉：《韩非子校疏》，上海古籍出版社，2010，第 1235 页。

的，而非宋儒眼中的道统主流。"① 结合《论语·先进》可知李零之说为学界提供了一个新的角度。即孔子思想传承存在多样性，不同的弟子门派所推崇的经典文献、道德行为也有所区别，但是"颜氏之儒"应为主推德行之学的儒家门派。颜回虽在孔子之前去世，但是时至战国时代，儒家不同流派的追求已经有所区别，强调德行至上的一派，即以颜回作为仅次于孔子的重要大儒加以推崇的一派，仍然在主流儒学领域占有一席之地。

除去《论语·先进》中"四科十哲"的记录，传世史料关于孔门弟子的记录还见于《史记·儒林列传》，其中关于孔子前两代弟子历史地位的排位有如下记载：

> 自孔子卒后，七十子之徒散游诸侯，大者为师傅卿相，小者友教士大夫，或隐而不见。故子路居卫，子张居陈，澹台子羽居楚，子夏居西河，子贡终于齐。如田子方、段干木、吴起、禽滑厘之属，皆受业于子夏之伦，为王者师。是时独魏文侯好学。后陵迟以至于始皇，天下并争于战国，儒术既绌焉，然齐鲁之间，学者独不废也。于威、宣之际，孟子、荀卿之列，咸遵夫子之业而润色之，以学显于当世。

此中司马迁对于孔子一代弟子评价，认为最重要的弟子，即所谓的"大者"都成了诸侯的"师傅卿相"，这其中就包括子路、子张、澹台子羽、子夏和子贡，以上五人有四人所在国家明确，而子夏所居西河，即魏国故地西河郡所在，孔子去世时是春秋末期，韩、赵、魏三家分晋已见趋势，史料记载子夏为魏文侯做事，至少是魏国公卿阶层。以上五人与颜回和曾子均出现在"孔子衣镜"之中，除澹台子羽以外，其余均在"四科十哲"之列，这种差别或与春秋战国的国家消长以及楚地儒学与汉代儒学传承有关。

战国中期的齐学、三晋之学和楚学阶段，朱伯崑指出帛书《易传》是齐学作品②，笔者认为不确，考释马王堆帛书《易传》的第一篇《二三子》简文："高尚齐虖星辰日月而不眺，能阳也。下纶深潚之潚而不沫，能阴也。"类比《荀子·赋篇》："充盈大宇而不窕，入郄穴而不逼者与"，

---

① 李零：《重见"七十子"》，《读书》2002 年第 4 期。

② 朱伯崑：《易学哲学史》上册，北京大学出版社，1986，第 46 页。

二者均探讨了天地星空的德行福祉，但是讨论的侧重点不同，《荀子》强调的是事物的状态，帛书《二三子》强调的是龙形状态的变化。由此可知二者的研究对象是同源的，但发展成了两种不同的思想解释。《荀子》一书中有多处引用《周易》经文卦爻辞用以表达君王治政之术的内容，例如，《非相》篇引用《坤》卦六四爻辞："括囊；无咎，无誉"是"腐儒之谓也"。也因如此，还有学者指出荀子早年在齐国稷下学宫讲学，应是讲述过《周易》的，荀子晚年去楚国灭亡鲁国之后的鲁地兰陵任职，故而即便不是荀子学派传承《周易》，帛书《易传》思想的传承也当与荀子有关。[①] 笔者认为荀子年岁较长，至少在战国中期的楚学阶段，荀子还未适楚，帛书《二三子》是马王堆帛书《易传》的第一篇，文献的形成时间相对较早，该文献对《周易》经文的解读并未征引《荀子》文献中的字词，可见马王堆帛书《易传》涉及的易学派别与《荀子》一系两者思想来源近似，并不能判定二者之间存在文献的直接传承关系。因此，孔子的第一代弟子在诠释其思想中的"龙德"精神时，产生了思想分途，故而荀子作为孔子的再传弟子，《荀子》与《二三子》的释义角度在此产生分歧，战国中期，荀子思想还未大规模引入楚地。

齐学层面，稷下学宫的开办与荀子在稷下学宫讲学，造就了齐学的声名远播。西汉时期，《论语》分为《鲁论》、《齐论》与《古论》三个版本，其中《汉书·艺文志》记载《齐（论）》二十二篇，相对传世本《论语》多出《问王》《知道》二篇。海昏侯墓随葬的《论语》抄本，经初步整理发现其中存有《知道》篇，可见其应是齐学产物。[②]

战国中期的三晋之学应是战国初期魏学的延伸，其中最重要的儒家学者莫过于荀子及其杰出弟子韩非子。韩非子成长于三晋之地。传世文献《韩非子·显学》与《史记·儒林列传》中均记载的子张一脉是孔子思想的重要传承分支。但子张在孔子眼中地位不高，属于"陈、蔡之徒"，孔子认为子张的才干不及"四科十哲"，故而在"孔子衣镜"中子张也位列子夏之后，情理之中。据《左传》可知孔子去世于鲁哀公十六年。陈国灭亡于鲁哀公十七年。子张本名颛孙师，是陈国人，孔子去世时子张还在陈

①　王葆玹：《儒家学院派〈易〉学的起源和演变——兼论中国文化传统的问题》，《哲学研究》1996 年第 3 期。

②　杨军、王楚宁、徐长青：《西汉海昏侯刘贺墓出土〈论语·知道〉简初探》，《文物》2016 年第 12 期。

国为官，但不久陈国亡国。陈国在春秋战国历史中影响有限，但是子张之徒在战国孔学南传过程中影响较为深远。

曾子之徒，即孔子的再传弟子，也是身处战国中期，但其在秦汉之际的文化影响更加深远。曾子善《易》是有史料可证的，前文论证可知《艮》卦的《大象传》所引述："兼山，艮；君子以思不出其位。"与《论语·宪问》云："子曰：'不在其位，不谋其政。'曾子曰：'君子思不出其位。'"二者可为互证，可见子张、曾子均是战国时期影响颇广的孔子后学。

楚学方面，据考古学家考证，2015 年入藏的安徽大学藏楚简《仲尼曰》由 13 支完简组成，共收录孔子言论 25 则，其中有与传世本《论语》《礼记》《大戴礼记》《孔丛子》相合者，也有不见于现存传世古书的言论。学者认为这一文献虽然出土于楚地，但是其思想来源应在战国中期后段至战国晚期前段，即公元前 340~前 278 年，是公元前 356 年齐威王即位之后的作品，其应是一种借鉴《论语》的楚地儒家文献。① 2021 年 6 月，发掘于湖北省荆州市的王家嘴战国楚墓群中的王家嘴楚简《孔子曰》也是战国初期的楚地《论语》传本，是楚地儒学传承的重要物证。② 白起攻灭楚国郢都是在公元前 278 年，经考古学者认定，王家嘴楚墓出现在战国晚期，属于楚国底层士族墓地，墓主应是在公元前 278 年前后下葬的。可见王家嘴楚简《孔子曰》与安大简《仲尼曰》均是楚地儒学传承的物证，且分属不同的传承学派。王家嘴楚简《孔子曰》释文现已公布的第一章中有关于子贡的故事记载，该段叙述在传世本《论语》中被替换成了冉有的故事。学界共识冉有为传世本《论语》的传人之一，《孔子曰》的记述客观证明子贡在南下过程中传播了孔子思想。

关于孔门后学在楚地南传儒学的讨论，主要集中于孔子晚年身处的春秋后期至战国中期，故本文不应涉及战国晚期的秦学阶段的讨论。就各种文献分析可知，先秦时期在楚地传承儒学的孔门后学有四支影响较大，以其影响力大小排名，应为孔子一代弟子的澹台灭明（子羽）学派、子游学派、子贡学派以及战国末期的荀子学派。至于其中影响力最大的学派是否

---

① 陈民镇：《论安大简〈仲尼曰〉的性质与编纂》，《中国文化研究》2022 年冬之卷。

② 赵晓斌：《湖北荆州王家嘴 M798 出土战国竹简〈孔子曰〉概述》，《江汉考古》2023 年第 2 期。

为楚地易学传承的主流，仍需分析孔门易学的传承问题予以综合考量。

二 孔门易学传承问题

对读传世文献可知，传世本《易传》传自曾子—子思一系的可能性极大。《艮》卦的《大象传》的引述及《论语·宪问》中曾子的回答，为传世史料中第一处有关孔门易学传承问题的史料。第二处有关孔门易学传承的史料来自《史记·仲尼弟子列传》：子游原名言偃，字子游，为春秋末吴国人。小孔子45岁。子游是孔子七十二弟子中唯一的南方人。关于子游比孔子小45岁的说法，廖名春、刘彬等引述朱彝尊《经义考》时有所质疑，但是可以证明的是子游至少比孔子小35岁。[1] 子游的年龄比商瞿要小，故而子游跟随孔子学习《周易》不会晚于商瞿从孔子学《周易》之时。

江竹虚发现了传世史料中第三处有关孔门易学传承关系的史料。他指出自孔子弟子商瞿受《易》于孔子，五传至齐人田何，可见于两处传世史料：《史记·仲尼弟子列传》与《汉书·儒林传》。[2] 其中，商瞿所传的第二、三代弟子顺序，两书有别，《史记·仲尼弟子列传》曰：

> 商瞿，鲁人，字子木。少孔子二十九岁。孔子传《易》于瞿，瞿传楚人馯臂子弘，弘传江东人矫子庸疵，疵传燕人周子家竖，竖传淳于人光子乘羽，羽传齐人田子庄何。

《汉书·儒林传》曰：

> 自鲁商瞿子木受《易》孔子，以授鲁桥庇子庸。子庸授江东馯臂子弓。子弓授燕周丑子家。子家授东武孙虞子乘。子乘授齐田子庄何。及秦禁学，《易》为筮卜之书，独不禁，故传受者不绝也。

---

① 廖名春：《上博楚竹书〈鲁司寇寄言游于逡楚〉篇考辨》，《中华文史论丛》2011年第4期。

② 江竹虚讲述，江宏整理《五经源流变迁考·孔子事迹考》，上海古籍出版社，2008，第36页。

《史记》与《汉书》记录的易学传承脉络有别,自钱穆《先秦诸子系年》提出六处质疑以来,学者多有争论。两书均记载孔子传《易》中的一支是传于鲁人商瞿,最后第六代传于齐人田何,但是中间的过程有出入。《史记》认为是商瞿直接传于楚人馯臂子弘,《汉书》认为馯臂子弓(弘)是商瞿的三传弟子,且是江东人。但总之是馯臂子弓后来把易学传给了燕人,之后再传入齐地。关于《史记》与《汉书》对馯臂的身份名称记录有别,主要问题在于考证"子弓"与"子弘"是否为同一人,他们与"子游"是否存在关系。高亨认为之"子弘"就是"子弓","子弘"与"子弓"应为同一人。① 但是馯臂子弓(弘),与子游是否为同一人暂不得而知,但是馯臂子弓(弘)作为易学的重要传承人,完成了易学从鲁地到江东,抑或深入楚地的过程。

"江东"特指今长江"芜湖—南京"段南岸,即春秋时吴地的核心区域。春秋时吴国与鲁国相邻;春秋末期,身处江东的吴国为越国所灭;战国中期之后越国为楚国所灭;楚国灭越国之后,与鲁国接壤,最终鲁国也为楚国所灭。鲁国与吴国相邻,故而易学从鲁入吴存在可能性,当越灭吴之后,用江东代指吴地也是可取的,战国中期越国也没入楚地,可知商瞿易学这一支从孔子到田何的易学传承,大致经历了鲁—楚(江东)—燕—齐这一过程。

由此可知,孔门的易学传承至少有三支,第一支或许是曾子—子思一系,第二支或许是子游(言偃)一系,还有商瞿—馯臂子弘一系。即易学至少有三支,分别是鲁学系的子思、齐学系的馯臂子弘与楚学系的子游。

论及古人的学术传承过程,常有三十年为一代的说法。考订历史,田何为战国时代齐国王室后裔,年高博学为刘邦所辟,为惠帝老师,汉惠帝登基时间是公元前195年。《史记》所载商瞿比孔子年轻29岁,孔子死于公元前479年。从孔子去世到汉惠帝登基中间相隔284年,如若只传六代,相当于每一代之间相差47年有余,在那个中原地区人们的平均寿命不足30岁的时代,这是不可能,故"六代传易"应为虚指多代相传,或者是说经历了多个地域之间的传替,而非直接相传。那么经过多次讹误,李锐指出这种说法并不实际,尤其是在易学传承领域,自孔子至田何中间相隔约280年,以三十年为一代近乎九代,所谓六代的说法应该是择取其中的一

---

① 高亨:《荀子新笺》,山东人民出版社,1961,第64页。

些重要人物提及。① 那么以此可知《汉书》的记载较之《史记》更为可信，馯臂子弓之易学不应是直接承接于商瞿，中间应该还有某些失于记载的传承。

馯臂子弓与子游也不应为同一人。若从《汉书》之记载，我们可以发现馯臂子弓至少是孔子的四传弟子。而孟子也是经历了"孔子—子游或曾子—子思—孟子"这一过程的四传弟子。孟子与馯臂子弓或为同一时代之人物，再观出土楚简的郭店一号墓的墓主生年，据学者考证应该活跃在孟子晚年的时代，孟子生于公元前372年，去世于公元前289年，楚国灭越国于公元前306年，由此可见孟子晚年恰好是楚国吞并越国之时。《孟子》一书中并没有出现任何引《易》的证据。

如果我们可以肯定馯臂子弓与孟子处于同一时代，那么《史记》与《汉书》的记载就都没有错误。其一，馯臂子弓的人生跨过越、楚两代。其二，我们应该注意到虽然《史记》与《汉书》所记史事相同者多，但是司马迁的时代，经学的今古文之争并不兴盛，班固时代较之司马迁，两汉经学已经蓬勃发展百年有余，班固时期对于易学传承，相较司马迁时的学术观点，应会有所推进，那么这两部著作的记录有别可以理解，但是两者均记馯臂子弓，可见其易学传承之重要性。且以目前出土的郭店楚简、上博楚简等文献可知此时楚地儒学业已兴盛，且楚地儒学多重德义。

孔子认为子游为其弟子中最善"文学"德义之人。那么可以推论子游之学，也重"德义"。廖名春指出帛书《二三子》解《易》的明显特色是只谈德义，罕言卦象、爻象和筮数，风格与《左传》《国语》所载易说没有区别。以生卒岁数推算，孔子生于公元前551年，商瞿出生于公元前522年，子游出生于公元前483年，按照孔子"晚而好易"的特征，加之子思孔子二代弟子的身份，可知论及年龄辈分，符合将孔子思想南传，且传承了孔子易学思想的只能是子游这一支。

关于子游善于文学"德义"的讨论在《论语·阳货》中有所记载：

> 子之武城，闻弦歌之声。夫子莞尔而笑，曰："割鸡焉用牛刀？"
> 子游对曰："昔者偃也，闻诸夫子曰，君子学道则爱人，小人学道则

---

① 李锐：《战国秦汉时期的学派问题研究》，第61~62页。

易使也。"子曰:"二三子!偃之言是也。前言戏之耳。"

此时子游于武城邑任收官,听到琴瑟歌舞之声,孔子以为杀鸡焉用牛刀,即治理武城不必施以礼乐教化,否则就是"治小用大"。子游据理力争,援引孔子教会,指出礼乐教化可以帮助人民和谐相处,便于政府管理,孔子深以为然,规训弟子应从子游之立场。东汉子学文献《刘子·均任》对此事有所引述:

> 子游治武城,夫子发割鸡之叹。……德小而任大,谓之滥也。德大而任小,谓之降也。而其失也,宁降无滥。是以君子量才而授任,量任而授爵,则君无虚授,臣无虚任。故无负山之累,折足之忧也。[①]

潘铭基考证:"《刘子》此篇名为《均任》篇中所述,亦以才华与职任相匹至上,故以子游之材而治武城,实非量才而授任,而是'大材小用'。唯《刘子》所欲申论者,与《论语》原意稍有不同。《论语》原为子游之'治小用大',与在上位者本无关系;至于《刘子·均任》通篇以国君如何量任而任人着眼。"[②] 可知时至东汉,儒家学者关注子游的思想特色之时,也以其归为孔门十哲之一,地位较为崇高,其思想以"德义"著称,其政治思想诉求以国君政治稳固统治为根本。这些观点均与帛书《二三子》特有的孔子德义观之下的政治思想特色不谋而合。

谈及解《易》特色时,廖名春指出帛书《二三子》解《易》的明显特色是只谈德义,罕言卦象、爻位和筮数。这一点,不但迥异于《左传》《国语》的易说,同今本《易传》诸篇也颇有不同。总的说来,其说同《象传》《大象》《文言》《系辞》较为接近,尤近于《文言》《系辞》中的"子曰"。《二三子》首节重点论述"龙之德何如"。《文言》解释乾卦初九、九二两爻,劈头就引"子曰":"龙德而隐者也""龙德而正中者也"。这说明《二三子》的"龙德"说,与《文言》的关系是很密切的。[③]

---

① 傅亚庶:《刘子校释》,中华书局,1998,第301页。

② 潘铭基:《论六朝文献里的孔门十哲》,载谭国根、梁慕云、黄自鸿主编《数码时代的中国人文学科研究》,秀威信息科技股份有限公司,2018,第49页。

③ 廖名春:《帛书〈二三子〉简说》,载陈鼓应主编《道家文化研究》第一辑,上海古籍出版社,1992,第191页。

虽然少说卦象，但是帛书《二三子》第一章内容极为特殊，该章关于龙德的整体性思考，帛书《易传》中也仅有此例。此处"龙能三变"应为罕言卦象之说，将卦义以"龙"作隐，诠释乾坤之道。先秦"六经"之中，《诗经》与《周易》均善用"隐语"作喻，相当于《周易》的"象"和《诗经》的"兴"。闻一多曾在《说鱼》一文中指出《诗经》多用"鱼"为隐语，常以"鱼鸟对举"的形式探讨君子人格的体现。[①] 以此为例的《诗经》作品，还可见于《小雅·鹤鸣》与《大雅·旱麓》等。《大雅·旱麓》中有诗句："鸢飞戾天，鱼跃于渊。岂弟君子，遐不作人。"《中庸》中也有对此句的解释：

> 君子之道，费而隐。夫妇之愚，可以与之焉，及其至也，虽圣人亦有所不知焉。夫妇之不肖，可以能行焉，及其至也，虽圣人亦有所不能焉。天地之大也，人犹有所憾。故君子语大，天下莫能载焉，语小，天下莫能破焉。诗云："鸢飞戾天，鱼跃于渊。"言其上下察也。君子之道，造端乎夫妇；及其至也，察乎天地。

郑玄笺注："言圣人之德，至于天则鸢飞戾天，至于地则鱼跃于渊，是其明着于天地也。"[②] 在郑玄所谓圣人在至于天与至于地之间，就是存于天道、地道之间的人道，为了彰显中间的"圣人之德"需要以"鱼鸟对举"以比喻天地之道。

此处又引出一个问题，马王堆帛书《易传》是否传承自子游学派？我们可以通过考镜学术源流，运用排除法加以分析。据上文可知从孔子处传其易学的有三支，分别是曾子、子游和商瞿。只有存在再传弟子，前一代的先师才会被尊称为"子"，故而"二三子"即便不具名，孔子讲《易》所对弟子中的"二三子"与帛书《二三子》两者对应的人物并不能直接对应，但这一称呼的出现，说明时间上限也是孔子的再传弟子时，即《二三子》是"二三子"这一支弟子们将其言论独立成篇加以编纂的。子思是曾子的弟子，也算是孔子的再传弟子。据以上针对帛书《二三子》文体性质的分析，帛书《二三子》文体近于今本《文言传》和《系辞传》，它们都

---

① 闻一多：《闻一多全集·诗经编上》，湖北人民出版社，1993，第239页。
② 朱熹集注，陈戍国标点《四书集注》，岳麓书社，2004，第26页。

是问答体文献，存留"子曰"部分。帛书《二三子》解《易》只谈德义，其思想特点侧重于培养君子的修身之道，直至成为政治理想中的"圣王"，统治一方国家。这是一种通过修身完善个体成长的途径，与同一历史时期的另一部儒家传世经典《中庸》所推求的思想方向不一样。《中庸》的思想特点是推求天、地之间"人道"之"中"道，以"中正"为其宗旨，与帛书《二三子》追求天道的"圣王之道"有根本性区别。

子思原名孔伋，是孔子之孙，孔鲤之子。孔鲤于孔子生前去世，而子思生年是曾见过孔子的。[①] 曾子是孔子的嫡传弟子，据传子思是曾子的学生，也可谓孔子的再传弟子。但是子思是否从学于曾子，学术界尚有争议，廖名春分析上博楚简认为从《荀子·非十二子》"以为仲尼、子游为兹厚于后世"中"仲尼"与"子游"并称，是因为子思、孟子从学于子游，而非曾子，故子游的地位可与孔子并称。[②]《荀子·非十二子》是总结战国中期思想最重要的著作，此处至少可以说明，战国中期，子游的时代影响力是可与春秋时的孔子相提并论的。

战国时代传《易》的又一重要学派是荀子学派，今日所见《荀子》一书中多处引述《易经》义理阐述其思想。李学勤指出："从时代看，荀子不及见子弓，但子弓必是荀子的先师，否则荀子不会这样尊崇他……我们只要知道荀子《易》学源于子弓，也就够了。"[③] 刘成群指出清华简《殷高宗问于三寿》一篇也与《荀子》尚"中"的思想具有相关性，是证明子弓传承荀子思想的重要佐证。[④] 清华简至今所见《筮法》等易占类型文献、图画并未传承《周易》经传的具体内容，也可证明清华简的易学传承、学派与帛书《二三子》不一样，清华简这一脉易学传承的时间上限在《荀子》问世之后。由此可见战国中期楚地帛书《二三子》传承的易学也并非来自子弓的齐学一系。

《中庸》据传为孔子之孙子思的作品，金德建在《先秦诸子杂考》中列举十二条证据指出《系辞传》与《文言传》的产生，最迟不晚于《子

① 李学勤：《周易经传溯源》，中国社会科学出版社，2007，第 71~79 页。
② 廖名春：《上博楚竹书〈鲁司寇寄言游于逡楚〉篇考辨》，《中华文史论丛》2011 年第 4 期。
③ 李学勤：《周易溯源》，巴蜀书社，2006，第 133 页。
④ 刘成群：《清华简〈殷高宗问于三寿〉"揆中"思想与战国时代的政治化儒学》，《史学月刊》2017 年第 7 期。

思子》的形成与编集年代。① 李学勤指出帛书《易传》的发现说明《易传》形成的确经历了漫长的历程，形成与编集年代应与《子思子》时代相同。《子思子》为宋代散佚之作品，最早著录于《汉书·艺文志》有二十三篇，《中庸》亦在其中，书列于《诸子略》中的儒家，在《晏子》与《曾子》之间，因此足以认定帛书《二三子》所传易学并不是子思所传易学。②

由此可知，子思、荀子两派的观点与帛书《二三子》相悖，子游学派在战国中期楚地影响很大。此处还有一个客观旁证可以参考，即战国时代楚地思想的杰出代表庄子十分推崇孔子，今本《庄子》中可见七处提及孔子，如《庄子·天运》：

> 孔子谓老聃曰："丘治《诗》《书》《礼》《乐》《易》《春秋》，自以为久矣，孰知其故矣，以奸者七十二君，论先王之道而明周、召之迹，一君无所钩用。甚矣夫！人之难说也，道之难明邪！"

可以见得庄子眼中的孔子儒学之中，《易》已经作为学科经典文献，且学《易》的志向是成就先王之道，这与"龙之德"所见需要成就"圣王之道"如出一辙。另外《庄子》一书中还有两处提及"子游"，分别是《庄子·齐物论》：

> 南郭子綦隐几而坐，仰天而嘘，嗒焉似丧其耦。颜成子游立侍乎前，曰："何居乎？形固可使如槁木，而心固可使如死灰乎？今之隐几者，非昔之隐几者也。"子綦曰："偃，不亦善乎而问之也！今者吾丧我，汝知之乎？汝闻人籁而未闻地籁，汝闻地籁而未闻天籁夫！"子游曰："敢问其方。"子綦曰："夫大块噫气，其名为风。是唯无作，作则万窍怒号。而独不闻之翏翏乎？山林之畏佳，大木百围之窍穴，似鼻，似口，似耳，似枅，似圈，似臼，似洼者，似污者；激者，謞者，叱者，吸者，叫者，譹者，宎者，咬者，前者唱于而随者唱喁。泠风则小和，飘风则大和，厉风济则众窍为虚。而独不见之调调、之

---

① 金德建：《先秦诸子杂考》，中州古籍出版社，1982，第25页。
② 李学勤：《周易经传溯源》，第71~79页。

习习乎？”子游曰：“地籁则众窍是已，人籁则比竹是已。敢问天籁。”

还有《庄子·寓言》：

> 颜成子游谓东郭子綦曰："自吾闻子之言，一年而野，二年而从，三年而通，四年而物，五年而来，六年而鬼入，七年而天成，八年而不知死、不知生，九年而大妙。"

《齐物论》与《寓言》两篇均采自《庄子·内篇》。此篇被公认为是庄子自己的思想，《外篇》为庄子后人记述的补充庄子观点的部分，可见在庄子及其门人眼中，孔子与子游之学在楚地影响很大，他们需要在自己的著作中引述二者，以彰显庄学思想之高妙。由此可见，帛书《二三子》中关于"龙德"的讨论与同处战国中期楚地，以"大鹏"与"池鱼"的寓言故事思考人生的庄子的哲学阐释有类似的文学性表达。

综上所述，承继孔子之学南下传道的至少有子贡、子游、澹台灭明和荀子四脉，孔子所传之《易》有子思、子游、商瞿与荀子四脉。故而南下楚地传承易学的只能是子游学派和荀子学派两支，但是两派具有同源思想，传承时间也有先后之别，在楚地传承更广的还是子游学派的易学。

三　楚地儒学传承考辨

除了南下的孔子儒学分支子游学派，自春秋以来，楚国本地文化兴盛已成共识。《国语·楚语上》载：

> 庄王使士亹傅太子箴，辞曰："臣不才，无能益焉。"曰："赖子之善善之也。"对曰："夫善在大子，大子欲善，善人将至；若不欲善，善则不用。故尧有丹朱，舜有商均，启有五观，汤有大甲，文王有管、蔡。是五王者，皆元德也，而有奸子。夫岂不欲其善，不能故也。若民烦，可教训。蛮、夷、戎、狄，其不宾也久矣，中国所不能用也。"王卒使傅之。
>
> （楚庄王）问于申叔时，叔时曰："教之《春秋》，而为之耸善而抑恶焉，以戒劝其心；教之《世》，而为之昭明德而废幽昏焉，以休

93

惧其动；教之《诗》，而为之导广显德，以耀明其志；教之礼，使之上下之则；教之乐，以疏其秽而镇其浮；教之《令》，使访物官；教之《语》，使明其德，而知先王之务用明德于民也；教之《故志》，使知废兴者而戒惧焉；教之《训典》，使知族类，行比义焉。"①

以上文段出自楚庄王的太子太傅士亹请辞时，其与名臣申叔时探讨君王教化民众的治政方法的论述。涂又光指出这里存在春秋时代楚国哲学中的儒家成分，源自楚国春秋时期"问鼎中原"过程中，学习周礼从而产生的文化影响。② 笔者认为涂氏观点有所偏颇，儒家思想还是由孔子创立的，史籍可考楚庄王去世于公元前 591 年，而孔子出生于公元前 551 年，孔子适楚之时，楚国已经是楚昭王在位时期（公元前 515—前 489 年），可见楚地自身的文化体系早已成熟。上文提及可以用《春秋》《诗》《世》《语》《令》《训典》这些成体系的文献古籍，以及"礼"和"乐"这类仪式规章教育民众，虽然此处《春秋》应为楚国《春秋》，但是足以见得楚人早于孔子就使用"诗、书、礼、乐"教导民众以"昭明德"。

楚庄王之后，集楚地思想特色的学者是在吴越之地任职的楚国人范蠡。③ 范蠡生于公元前 536 年，虽然比孔子小 15 岁，但是当孔子适楚之时，范蠡早已成年，其思想体系已经成熟，且已经离开楚国，故而他的思想可以反映出更多的楚国本地精神特质。《国语·越语下》中记载了一些范蠡向越王勾践进谏，从而探讨"天、地、人"三者关系的文段：

> 越王勾践即位三年而欲伐吴，范蠡进谏曰："夫国家之事，有持盈，有定倾，有节事。"王曰："为三者，奈何？"范蠡对曰："持盈者与天，定倾者与人，节事者与地。王不问，蠡不敢言。天道盈而不溢，盛而不骄，劳而不矜其功。夫圣人随时以行，是谓守时。天时不作，弗为人客；人事不起，弗为之始。今君王未盈而溢，未盛而骄，不劳而矜其功，天时不作而先为人客，人事不起而创为之始，此逆于天而不和于人。王若行之，将妨于国家，靡王躬身。"王弗听。④

---

① 徐元诰：《国语集解》，中华书局，2012，第 484~486 页。
② 涂又光：《楚国哲学史》，华中科技大学出版社，2016，第 84~91 页。
③ 涂又光：《楚国哲学史》，第 160 页。
④ 徐元诰：《国语集解》，第 575~576 页。

"持盈者与天，定倾者与人，节事者与地。"可见天、地、人三者之间的共生关系。又如：

> 王曰："不谷之国家，蠡之国家也，蠡其图之！"范蠡对曰："四封之内，百姓之事，时节三乐。不乱民功，不逆天时，五谷睦熟，民乃蕃滋，君臣上下交得其志，蠡不如种也。四封之外，敌国之制，立断之事，因阴阳之恒，顺天地之常，柔而不屈，强而不刚，德虐之行，因以为常；死生因天地之刑，天因人，圣人因天；人自生之，天地形之，圣人因而成之。是故战胜而不报，取地而不反，兵胜于外，福生于内，用力甚少而名声章明，种亦不如蠡也。"王曰："诺。"令大夫种为之。[1]

据今学者考证，越王勾践即位于公元前496年，越王勾践三年，即公元前494年，这两段记载出现在范蠡向越王勾践建议与民休养生息，派自己去诈降吴国之时。从"死生因天地之刑，天因人，圣人因天；人自生之，天地形之，圣人因而成之"不仅可以看出天、地、人三者之间的关系，同时指出了圣人治理国家，若实行天道，便可以天地之法规训人世生活。依稀可见楚地本地思想中具有"天、地、人"之"三才说"的相关政治思想理念。

李零曾指出："过去，由于人们对真正的数术、方技传统缺乏了解，对阴阳家和道家的理解也很狭窄，学者常常是借儒籍的折射来谈这一类思想。如把《洪范》当五行的来源，《易传》《月令》当阴阳的来源。其实真正的阴阳五行，当有更早的'源'和更大的'流'。如果我们对这一传统有更连贯的理解，我们就会看得比较清楚，汉代那种神秘色彩很浓的儒学（'纬'的出现最典型，它是把数术、方技当成与儒经相翼而行的东西）绝不是突然冒出来的。其实这都是承袭战国的传统而有所发扬罢了。另外，我们还得考虑，儒学与阴阳家和道家在知识来源上也有交叉。"[2] 李零此说较为合理，战国思想家与战国思想著作，不能简单对应，许多后期结

---

[1] 徐元诰：《国语集解》，第578~579页。
[2] 李零：《道家与"帛书"》，载陈鼓应主编《道家文化研究》第三辑，上海古籍出版社，1993，第393页。

集的作品都承袭了战国时代各家传统思想的产物。日本学者近藤浩之研究帛书《二三子》的"龙德"时，也曾指出："《二三子》的叙述'龙之德'的思想的意义，在于把'龙'从只象征变化的动物达到象征变化而不变的本体。确实，只有《老子》《庄子》的说法，才能成《二三子》那样对'龙'的描述。"① 近藤所谓的只有老庄之说并不准确，帛书《二三子》虽然是孔子及其弟子的解《易》之书，但是在传承过程中，也受到了黄老思想的影响。

《长沙马王堆汉墓简帛集成》第 3 册中，帛书《二三子》第一章第二节释文：

> 曰："龙大矣！龙既能云变，有（又）能蛇变，有（又）能鱼变，鹭（飞）鸟正（征）虫（虫），唯所欲化，而不失本荆（刑-形），神能之至也。②

其中"唯所欲化，而不失其形，神能之至也"，是作者针对第一节解"龙形迁"的回应。朱伯崑指出："据《论语》，孔子不言五行，《易传》亦不谈五行。又《二三子问》中，开头则大加赞扬龙德，说龙能千变万化，能为云，为蛇，为鱼，为飞鸟昆虫，而又不丧失龙形，可谓'神能之至'。按《论语》，孔子'不语怪力乱神'。此文，大谈怪异，不是孔子的原意。又其中有'德与天道始，必顺五行'。据《论语》，孔子罕言天道，又不谈五行。以上表明'孔子曰'中的话，不代表春秋时期的孔子思想。"③ 赵涵指出，贾谊《新书·容经》"龙之神也，其惟兹龙乎？能与细细，能与巨巨，能与高高，能与下下。吾故曰：龙变无常，能幽能章"与《说苑·辨物》"龙神能为高，能为下，能为大，能为小，能为幽，能为明，能为短，能为长"，其精神与本节相似。④ 由此可知帛书《二三子》中的确有融入其他学说用以解《易》之处。"龙形迁"之时，其体现模式存

---

① 〔日〕近藤浩之：《〈帛书易传〉二三子篇的龙》，载朱伯崑主编《国际易学研究》第 4 辑，华夏出版社，1998。

② 裘锡圭主编《长沙马王堆汉墓简帛集成》（第 3 册），中华书局，2014，第 40 页。

③ 朱伯崑：《帛书〈易传〉研究中的几个问题》，载朱伯崑主编《国际易学研究》第 1 辑，华夏出版社，1995。

④ 赵涵：《帛书〈二三子问〉"龙之德""精白""时令"思想发微》，曲阜师范大学硕士学位论文，2018。

留"鱼变"的可能性。关于"龙能鱼变"的事例，在《后汉书·孝安帝纪》中还曾见一处：

> "乙酉，罢鱼龙曼延百戏。"注引《汉官典职》曰："作九宾乐。舍利之兽从西方来，戏于庭，入前殿，激水化成比目鱼，嗽水作雾，化成黄龙，长八丈，出水遨戏于庭，炫耀日光。"曼延者，兽名也。张衡《西京赋》所云："巨兽百寻，是为曼延。"音以战反。①

文中的"比目鱼"即可化为"黄龙"，《史记索隐》考证，比目鱼，在江东一带又叫"王余"，即鱼中之王也。由此可知帛书《二三子》中的"鱼蛟"与"水流之物"定会追随"鱼龙"伴其左右。笔者认为"龙之德"的"三才说"思想，恰好是这两种思想融合后的结果，但是以思想的流变过程而言，《周易》思想理念在先，是为讨论君子的德行广大，之后论述君子德行的具体形态中融合黄老思想，并不能直接断言帛书《易传》就是黄老思想之作，此处可为一处佐证。

综上所述，考辨从春秋到战国中期的易学传承与楚地儒学传承过程时，结合近年来新出的王家嘴楚简《孔子曰》、安大简《仲尼曰》、海昏侯墓汉简《论语·知道》，以及海昏侯墓出土的"孔子衣镜"所见的图像及其注释足以发现，春秋末期传承孔子易学的至少有三支，分别是曾子—子思—荀子一系、子游一系和商瞿—馯臂子弘一系。孔子南下楚地的儒学传承也有三派，分别是子贡学派、子游学派和澹台灭明学派。但实际上，先秦时期楚地儒学传承易学的主流是子游学派，次之为荀子学派，在传承过程中融合了一些楚地黄老思想与三才思想的学说，并影响到秦汉时代楚地易学的传承发展。

---

① （南朝宋）范晔：《后汉书》，中华书局，1965，第205~206页。

Examining and Defending Excavated Documents and the Inheritance of Yiology in Chu during the Pre-Qin Period

Feng Li

Abstract: During the pre-Qin period, Confucianism flourished in Chu, and the special characteristics of Chu Yiology were both Huang-Lao and San-Cai thoughts, which were relevant to the Confucian inheritance of Confucius 'southern descent to Chu as well as to the inheritance of Confucius' Yiology. There were four schools of Confucianism in the south of Confucius, namely Zigong school, Ziyou school, Tantai Miming school and Xunzi school. In the pre-Qin period, there were at least three schools of Confucianism in Chu, namely, the Zengzi-Zi Si Xunzi school, the Zi You school, and the Shang Qu-Gan Bi Zi Hong school. Combined with the newly released Wangjiazui Chuzhan 'Confucius said', An Dajian 'Zhongni said', Haihunhou Tomb Hanzhuan 'Analects of Confucius', as well as Haihunhou Tomb unearthed 'Confucius clothes' seen in the image and its commentary is enough to find that the pre-Qin period of the Chu YiXue inheritance of the mainstream is the ZiYou school, followed by XunZi school of thought inheritance influence to the Qin-Han era of the Chu YiXue. Its ideological heritage influenced the development of Yiology in Chu during the Qin and Han Dynasties.

Keywords: Jianbo; Confucianism; Yi; Chu; School of Thought

（编辑：杨一波）

西汉中期的郊祀改革[*]

张俊杰^{**}

摘　要：西汉中期的汉家郊祀以太一后土祠，外加泰山封禅为标志。此举由贾谊发起，初衷是希望通过礼乐改革重塑"天下一家"的大一统皇权。然而由于贾谊早逝及方士新垣平的蛊惑，文帝朝的礼乐改革被迫搁置，直至武帝即位及亲政后方得重启。武帝最初接受了董仲舒、公孙弘所举之《公羊春秋》的改制理论，并按照"必世而后仁"的卅年之期、尊王攘夷、德归京师等方案予以推进；但随着武帝年岁的增长以及受个人疾疫的困扰，他又倾慕于方士公孙卿所倡之"封禅不死"的神仙方术，最终使得原本"一人有庆，天下赖之"的改制事业，漏掉了"天下"，仅余"一人"，故而招致儒生的批驳。

关键词：西汉中期；太一后土祠；礼乐；皇权；郊祀改革

太一后土祠是西汉中期郊祀制度的中心，太一祠、后土祠二者分别对应天地祭祀，其在汉代国家祭祀制度演生史中占有特殊位置：一方面它将作为秦制宗教遗产的五帝祭祀纳于自身体系之中，并援引齐楚传统的"太一"作为至上神，既彰显了太一神的至上地位，同时又促进了东西部之间宗教文化的弥合，遂成为汉家郊祀制度的象征；另一方面，由于汉家郊祀延续了战国以来"一家一姓"的宗教内涵，与儒生理想中"礼乐""天下"的公意仍有较大差距，因此又成为西汉末年托古改制时批判和攻讦的对象。^① 学界对西

---

*　本文为国家社科基金后期资助（24FYSBO24）及教育部人文社科基金青年项目（24YJC760166）的阶段性成果。

**　张俊杰，西北大学艺术学院副教授，研究方向为中国音乐思想史。

① 王葆玹、甘怀真以"经典诠释"为视角对汉末的郊祀改革有深入分析，并强调儒生依托经典对于郊祀礼乐性质、格局的重新定位突出"公权"的一面，因此对武帝出于"私意"而创设的汉家郊祀颇多微词。参见王葆玹《西汉经学源流》，四川人民出版社，（转下页注）

汉中期国家祭祀研究甚夥，基于宗教学、文献学、历史地理学等分科视角基本解决了太一及后土的宗教内涵、地理空间、知识渊源等问题。[①] 但仍须指出，既有研究多关注武帝朝形成定制的太一后土祠的静态分析，相较而言对于此一阶段宗教制度的文化渊源，尤其是郊礼演进与政治文化变迁之间深层关联的研究则仍有未尽之处。

从制度演生的角度回溯，武帝所定的太一后土祠，实际上源于文帝时贾谊所上之《论定制度兴礼乐疏》，本意旨在改变汉初以来从俗而治的郡国并行制度，再造"天子受天命治天下"的绝对皇权。[②] "皇权"包含形上的理论构拟和形下的政治行动两个面向。形下层面，内部王侯势力的尾大不掉，以及匈奴、南越等外藩的军事压力，一同构成了西汉初年制约皇权的客观现实；而形上层面则相对复杂，究其核心大致包含利用文化、法律、宗教等政策营造大一统的国家意识。[③] 对此，贾谊等儒生提出要通过"兴礼乐"来"致太平"。可以说，西汉中期郊祀礼乐的变迁与当时对内削藩、平定外乱的政策互为表里，乃是文帝、景帝、武帝再造皇权的重要途径。其中，文帝、景帝主要解决了内部的藩王问题，武帝解决了外部的匈奴问题，形上的郊祀改革则始于文帝、成于武帝。因此，对于西汉中期祭祀制度的考察不能忽略文帝朝的奠基作用，本文将基于政治文化的视角，[④]

（接上页①）2021，第218~285页；甘怀真《皇权、礼仪与经典诠释：中国古代政治史研究》（增订版）贰"西汉郊祀礼的成立"，台大出版中心，2022，第33~77页。

① 代表性成果主要有：顾颉刚《秦汉的方士与儒生》，上海古籍出版社，1978；杨英《祈望和谐：周秦两汉王朝祭礼的演进及其规律》，商务印书馆，2009，第309~380页；田天《秦汉国家祭祀史稿》，生活·读书·新知三联书店，2015，第90~208页。

② "绝对皇权"或称"绝对专制皇权"，源于西嶋定生对秦始皇所建立的皇帝权力的概括。参见氏著《中国古代国家と東アジア世界》第二章《皇帝支配の成立》，东京大学出版会，1983，第51~92页。

③ 钱穆指出："文帝以庶子外王，入主中朝。时外戚吕氏虽败，而内则先帝之功臣，外则同宗之诸王，皆不安就范围。文帝外取黄老阴柔，内主申韩刑名。其因应措施，皆有深思。及于景帝，既平七国之变，而高庙以来功臣亦尽。中朝权威一统，执申韩刑名之术，若可以驱策天下，惟我所向。"（钱穆：《秦汉史》，九州出版社，2011，第79页）

④ "政治文化"（Political Culture）的概念，由阿尔蒙德（G. A. Almond）在《比较政治体系》（1956）中首次提出，他将"政治文化"概括为"一个民族在特定时期流行的一套政治态度、信仰和情感"（〔美〕阿尔蒙德：《比较政治学——体系、过程和政策》，曹沛霖等译，上海人民出版社，1987，第29页）；其后逐渐被引入中国历史研究之中，在学人的努力下产生了适合中国语境的新解，如：阎步克认为"政治文化"指的是"在政治与文化交界面上所发生的事项"（阎步克：《士大夫政治演生史稿》，北京大学出版社，1998，第2页）。据此，西汉中期的郊祀改革乃是当时政治改革之再造皇权的延伸。

以时为序、以史为据，分疏汉文帝及汉武帝郊祀改革的政治动因和文化成因，重新审视郊祀礼乐对于帝制初期文化统一的意义。

一　文帝朝的郊祀改革及其动因

公元前 165 年，汉文帝亲赴雍地"郊见五帝"，次年又听从方士新垣平的建议在长安设立"渭阳五帝庙"，并于当年四月"郊祀五帝于渭阳"。① 这是入汉以来首位亲自参与郊祀的皇帝，不过公元前 163 年十月方士新垣平因矫作祥瑞被诛杀，汉文帝亦"怠于改正服鬼神之事"。② 《史记·封禅书》《汉书·郊祀志》对此均有详载，但对其事兴废的缘由则语焉不详，为便于分析，现将其中相关史迹摘录如下。

前元十三年（前 167），（春）下诏定籍田礼、（夏）令太祝以岁时祭祀齐淮两国名山大川、增设雍五畤祭品、除"秘祝移过于下"。

前元十四年（前 166），鲁人公孙臣上书"汉当土德"、丞相张苍以为"汉乃水德"。

前元十五年（前 165），"黄龙见成纪"，遂以公孙臣为博士"申明土德事"、"天子始幸雍，郊见五帝，以孟夏四月答礼焉"。

前元十六年（前 164），赵人新垣平以望气见上，作"渭阳五帝庙"、文帝郊见渭阳五帝、擢新垣平为上大夫，又"使博士诸生刺《六经》中作《王制》，谋议巡狩封禅事"、立长安"五帝坛"。

文帝后元元年（前 163），新垣平使人献刻有"人主延寿"的玉杯，且"候日再中"，"于是始更以十七年为元年"、新垣平称"东北汾阴直有金宝气"，文帝遂在汾阴南建庙"欲祠出周鼎"。其后"人有上书告新垣平所言气神事皆诈也"，遂诛杀新垣平，文帝怠于改正朔服色神明之事。③

从司马迁、班固依时叙事的行文来看，汉文帝的郊祀改革似乎缘于公孙臣所言"汉当土德"及方士新垣平的蛊惑，又因后者矫作祥瑞被人揭发而被迫终止。但细绎之，其中颇有可疑之处。众所周知，汉文帝以仁爱简朴治天下，在位期间"宫室、苑囿、车骑、服御无所增益"：他曾欲修建

---

① 《汉书》卷 2《文帝纪》，中华书局，1962，第 127 页。
② 《汉书》卷 25《郊祀志》，第 1214 页。
③ 《史记》卷 28《封禅书》，中华书局，1959，第 1381～1383 页；《汉书》卷 25《郊祀志》，第 1212～1215 页。

露台，但因预算百金而作罢；所宠幸的慎夫人"衣不曳地，帏帐无文绣"；所治霸陵不起坟，不得以金银铜锡为饰。① 然而不论是增加雍五畤的祭品，还是亲赴雍地"郊见五帝"，以及营造五帝庙（坛）、汾阴庙的开销必在宫室露台用资的百倍之上，显然与其"简朴""德化"之名毫不相称。② 此外，新垣平被诛杀的理由是伪造"人主延寿"玉杯，说明时人有意将文帝郊祀改革的动机归于一己之私。但是，在其前元十三年的诏书中明确要求除"秘祝移过于下"及"祝釐者归福于朕，百姓不与焉。自今祝致敬，毋有所祈"。③ 显然，仅以"私意"定位文帝的郊祀改革并不准确。既然如此，他为何又不惜巨大花费，甚至冒着背负骂名的风险着力推进此事？对此，我们需从文帝对于郊祀改革所涉人物的态度以及郊礼在其志业中的定位予以研判。

1. 汉文帝对郊礼人物的态度

据《史记·封禅书》《汉书·郊祀志》所载，文帝朝的郊礼改革涉及张苍、公孙臣、新垣平三人，其中，张苍时任丞相，为汉初军功阶层的代表，《史》《汉》均为其列传；④ 公孙臣、新垣平则于史无名，仅见于《史记·孝文本纪》《汉书·文帝纪》《史记·封禅书》《汉书·郊祀志》《史记·张丞相列传》《汉书·张苍传》中所涉郊礼改革事例的寥寥数语。上述三人地位悬殊，文帝对他们的态度也截然不同：对于名不见经传的公孙臣、新垣平，文帝委以重任，先后拜为博士、中大夫，又"使博士诸生刺《六经》中作《王制》，谋议巡狩封禅事"；而张苍虽贵为三公，却因定汉水德之误"由此自绌，谢病称老"，被免去相位。⑤ 如所周知，巡狩封禅的核心是强调"天子受命于天""向天告成"，文帝对公孙臣、新垣平的特殊拔擢，明显是要依托郊祀礼乐宣示天子权力。回溯文帝朝这场历时五年的

---

① 《汉书》卷2《文帝纪》，第134页。

② 西汉末年，群臣议礼时正是以用度为据，请求在国家祭典中革除太一、后土、雍五畤等神祇。

③ 《史记》卷28《封禅书》，第1381页。

④ 张苍，三川阳武人，本为秦国御史，自秦二世三年（前207）从起于高帝，在反秦灭楚中皆有战功，得封北平侯，在军功集团中排位第六十五。此外他先后担任代、赵两诸侯王相国（汉初实行王国自治，但其丞相则由中央委派）。又因其"自秦时为柱下史，明习天下图籍"，"善用算律历"，故得"以列侯居相府，领主郡国上计者"。其后又迁任淮南王相，高祖十四年任御史大夫，汉文帝四年升为丞相。见《史记》卷96《张丞相列传》，第2675、2676、2680页；同书卷18《高祖功臣侯者年表》，第928页。

⑤ 《史记》卷96《张丞相列传》，第2681~2682页。

郊祀改革，可谓处心积虑、来势凶猛，但是却在改制的高潮中戛然而止：首先是通过诏议籍田、除秘祝移过、增诸坛场珪币、为百姓祈福等政策为郊祀改革作舆论准备；其后"黄龙见成纪"、"五人帝"立于渭北、"人主延寿"玉杯等祥瑞频出，营造出天意难违、郊祀改革已箭在弦上的紧迫氛围；最后汉文帝膺受天意，亲赴雍五畤及渭阳五帝庙郊见五帝，并宣告改元更始。然而，改元后不足一月"新垣平诈觉，谋反，夷三族"，文帝遂"怠于改正服鬼神之事"。① 值得玩味的是新垣平被诛、张苍免相前后相继。② 按理既然新垣平被告发，且文帝自此"怠于改正服鬼神之事"，表明该项改革以失败告终，也间接证明此前"黄龙见成纪"的说法未能成立，那么张苍此前议定"汉乃水德"之事应该翻案，但汉文帝依旧对其"免相"，改由申屠嘉继任，其间缘由发人深思。③ 对此，应注意史籍对公孙臣、新垣平籍贯的特殊标注，即"鲁人公孙臣""齐人新垣平"。这说明在时人眼中此二人乃是东方文化的代表，而张苍作为军功集团的核心成员，则是入汉以来"汉制"派的象征。文帝重用齐鲁之地的方士儒生发起郊祀改革，说明他有意依托东方文化改造承秦而作的汉制，因此对于其郊祀改革的动机不应仅视作"追寻一己之福"的临时冲动，而是须将此事置于他一生的志业中予以评判。

2. 郊祀改革在文帝事业中的定位

众所周知，西汉初年为避免重蹈亡秦覆辙，在文化上尊用黄老无为之术，遂在制度上形成了郡国并行、东西异制的特殊局面。④ 可以说，汉文帝由代王入继大统即得益于此，然而自其即位伊始直至去世，他与军功遗老及同姓藩王之间始终剑拔弩张。因其在位期间经济复苏、百姓安乐，故尊谥为"文"。传统史家皆循此称颂其德，如：太史公曰"孝文施大德"；⑤

① 《汉书》卷2《文帝纪》，第128页；同书卷25《效祀志》，第1214页。
② 《汉书·文帝纪》："后元年冬十月，新垣平诈觉，谋反，夷三族。"《汉书·百官公卿表》："后二年八月戊戌丞相苍免。"
③ 据其本传载，张苍被免乃是因为他举荐之人"大为奸利"，文帝以此"让苍"，后者"遂病免"。（《史记》卷96《张丞相列传》，第2682页）
④ 汉初的郡国并行乃是刘邦军事集团取得天下后利益分配的产物，具体的行政体制又可分为帝国、王朝、王国和侯国四个层级，参见〔日〕大庭脩《秦汉法制史研究》，大修馆书店，1978，第23~25页；李开元《汉帝国的建立与刘邦集团——军功受益阶层研究》，生活·读书·新知三联书店，2000，第251~254页；陈苏镇《〈春秋〉与"汉道"：两汉政治与政治文化研究》，中华书局，2011，第66~106页。
⑤ 《史记》卷11《孝文本纪》，第449页。

班固冠以"恭俭"。① 依此来看，文帝似乎被贴上了恭俭慈爱的标签，颇有太平天子的意味。然而，钱穆指出："文帝以慈祥恺悌默运于上，二十三年之间，而中央政府之基础日益稳固，外有以制诸王，内有以制功臣；则文帝之贤，又岂仅于慈祥恭俭而已哉！"② 甚确。"慈祥恺悌"只是对文帝治国理政风格的一种表象化的描述，而平抑王侯权力，再造"绝对皇权"才是对文帝一生志业的准确概括。

刘邦在灭楚后能够顺利建立汉帝国，得益于他与军功集团"共分天下"，惠帝、吕后时增益部分吕氏宗亲为王侯，破坏了"非刘氏不得王，无功不得侯"的政治封约，由此引发吕后去世后军功集团诛灭诸吕、废除惠帝子、迎立代王入继大统这一系列云诡波谲之事。文帝即位前后对于军功遗老及藩王势力始终心存芥蒂，故终其一生皆致力于增益中央皇权，通过"易侯邑""列侯之国"等政策加强了对朝政的控御，③ 遂使汉初以来皇权旁落的局面得到一定改善。文帝前元十一年（前169）"绛侯（周勃）卒"，自此军功显贵逐渐淡出朝政中枢。④ 但次年为淮南王申冤的民谣却广为流播，歌称："一尺布，尚可缝；一斗粟，尚可舂。兄弟二人，不相容！"⑤ "淮南王案"是文帝即位后的一大要案，对于处理东部王国问题具有示范意义。⑥ 值得注意的是，淮南王死于文帝

---

① 《汉书》卷5《景帝纪》，第153页

② 钱穆：《秦汉史》，第60~61页。

③ 学界对于汉文帝与军功集团及王国的关系已有详辨，参见李开元《汉帝国的建立与刘邦集团——军功受益阶层研究》，第227~238页；陈苏镇《〈春秋〉与"汉道"：两汉政治与政治文化研究》，第66~132页；薛小林《汉文帝时期的权力结构与政治斗争——以臣立君为中心的考察》，《南都学刊》2014年第3期；孙家洲《西汉前期三大政治集团的"平衡"及其破局》，《理论学刊》2019年第6期；安子毓《汉文帝前期政局探微》，《中国史研究》2023年第1期。

④ 《史记》卷57《绛侯周勃世家》，第2073页；《汉书》卷40《张陈王周传》，第2057页。

⑤ 《资治通鉴》却将此事系于"汉文帝前元七年"［（宋）司马光：《资治通鉴》，中华书局，1956，第484页］，但王益之予以否定，称："《史记·诸侯表》《汉书·同姓诸侯表》并书喜以孝文十二年徙王淮南。又《淮南王传》云：'十二年，民作歌云云。上闻之曰："天下岂以为我贪淮南地邪？"乃徙城阳王喜王淮南故地，而追尊淮南王为厉王。'如此，则城阳徙淮南在十二年无疑，今书于十二年。"［（宋）王益之：《西汉年纪》，王根林点校，中华书局，2018，第128页］相较而言，王说更为公允，今从之。

⑥ 歌谣在古代的社会生活中并非仅有审美娱乐的功能，一些针对特定人物、特定事件的歌谣往往具有政治意涵，统治者如果仅是听之任之而不加干预，此类歌谣往往会发酵成社会舆论。惠帝即位后，吕后为皇太后，下令将高祖宠姬戚夫人囚于永巷，令其"舂米"，但戚夫人却"且歌且谣"，她所唱的即是《舂歌》，歌称："子为王，母为虏。（转下页注）

前元六年（前 174）被贬流放蜀郡的途中，而《淮南王歌》的出现距此事已过数年，这说明文帝改造王国制度的举措在现实中遇到了文化上的阻力。① 时人认为文帝削藩乃是出于贪恋王国的土地，② 于是不得已又"徙城阳王王淮南故地，而追尊谥淮南王为厉王，置园如诸侯仪"③。

文化的问题当由文化来解决，文帝遂下诏讨论郊祀改革，《史记·封禅书》收录其事：

> （文帝）即位十三年，下诏曰："今秘祝移过于下，朕甚不取。自今除之。"
>
> 始名山大川在诸侯，诸侯祝各自奉祠，天子官不领。及齐、淮南国废，令太祝尽以岁时致礼如故。
>
> 是岁，制曰："朕即位十三年于今，赖宗庙之灵，社稷之福，方内艾安，民人靡疾。间者比年登，朕之不德，何以飨此？皆上帝诸神之赐也。盖闻古者飨其德必报其功，欲有增诸神祠。有司议增雍五畤路车各一乘，驾被具；西畤畦畤禺车各一乘，禺马四匹，驾被具；其河、湫、汉水加玉各二；及诸祠，各增广坛场，珪币俎豆以差加之。而祝釐者归福于朕，百姓不与焉。自今祝致敬，毋有所祈。"④

上述引文交代了三条重要信息：第一，由于齐、淮南两国被废，故将两地名山大川的祭祀权转由中央礼官负责；第二，诏文强调文帝"赖宗庙之灵"，根据"享德报功"的原则"增诸神祠"；第三，文帝要求革除此

（接上页注⑥）终日春薄暮，常与死为伍。相离三千里，当谁使告女。"正是此歌的流播，使吕后震怒，遂召杀赵王如意、断禁戚夫人为"人彘"。由此可知，吕后起初对于赵王、戚夫人并无杀心，正是由于《春米歌》的发酵，造成了一定的政治舆论，引发吕后不安。但吕后的过激处置带来的负面影响，或许正是文帝"追尊谥淮南王为厉王，置园如诸侯仪"的原因所在。关于谣言与社会舆论的关系问题，参见陈力丹《舆论学——舆论导向研究》，中国广播电视大学出版社，1999，第 51~57 页。

① 吕宗力指出：《淮南王歌》的流传，不论是否针对刘长事件而发，文帝都会视为来自民间的讥刺，并相应调整削藩的步骤与速度，在不影响最终政治目标的前提下，对刘长后人略施恩惠，以化解舆论的讥刺，减少削藩的阻力（吕宗力：《汉代的谣言》，浙江大学出版社，第 96 页）。

② 李开元将此情形概括为文化上的"后战国时代"（李开元：《汉帝国的建立与刘邦集团——军功受益阶层研究》，第 280~283 页）。

③ 《汉书》卷 44《淮南衡山济北王传》，第 2144 页。

④ 《史记》卷 28《封禅书》，第 1380~1381 页。

前为私意祈福、移过等举措，即诏文所谓"秘祝移过于下，……自今陈之"及"祝致敬，毋有所祈"。① 上述政策虚实相间，与"增诸神祠"及"祈福为民"后两条"虚文"相比，第一条收夺齐、淮南两国的祭祀权显然更具现实意义。因为，齐国、淮南国为东部藩王势力的代表，文帝的上述政策主要缘此而发，在收夺藩王祭祀权力的同时，又下诏称颂宗庙及破除祷祀为己，明显有意借此申张其正统，弥合中央与地方在文化层面的隔阂。自此郊祀改革等各项政策纷至沓来，直至改元更始，② 这充分说明汉文帝的帝业之路并没有局限于具体的政治行动，呈现明确的目标与清晰的路线，而这一切均源于贾谊等人所做的制度设计。

二 贾谊的建策与文帝的取舍

1. 贾谊的建策及其逻辑

作为文帝朝的一颗政治新星，贾谊以才识过人著称于世。其本传称他"年十八，以能诵诗属书闻于郡中。吴廷尉为河南守，闻其秀才，召置门下，甚幸爱。……廷尉乃言贾生年少，颇通诸子百家之书。文帝召以为博士"。③ 贾谊的出仕源于廷尉吴公的举荐，理由是他"颇通诸子百家之书"。贾谊生于汉高祖七年（前200），惠帝四年（前191）除"挟书律"，自此"天下众书往往颇出"，加之贾谊所在的洛阳乃是当时的文化重镇之一，为其通晓百家之书创造了客观条件。司马迁总叙汉初学术时称"贾生、晁错明申、商"④，似乎有意将贾谊列为法家，而班固在《汉书·艺文志》"诸子略"中将"《贾谊》五十八篇"录入儒家类，⑤ 并"掇其切于世事者著于

---

① 金子修一指出："废除秘祝官，实行籍田、亲桑礼等，祭祀目的从私人祈福变为公共的预祝服务，这一点值得关注。"（〔日〕金子修一：《中国古代皇帝祭祀研究》，徐璐、张子如译，西北大学出版社，2018，第112页）

② 《汉书·张苍传》云："文帝召公孙臣以为博士，草立土德时历制度，更元年。"《汉书》卷42《张周赵任申屠传》，第2099页。

③ 《史记》卷84《屈原贾生列传》，第2491页。《汉书》卷48《贾谊传》第2221页同。

④ 《史记》卷130《太史公自序》，第3319页。

⑤ 此外，《汉书·艺文志》阴阳家类有"《五曹官制》五篇"，班固自注："汉制，似贾谊所条"；"诗赋略"有"《贾谊赋》七篇"（《汉书》卷30《艺文志》，第1726、1734、1747页）；（清）姚振宗：《汉书艺文志拾补》"春秋类"录有贾谊《春秋左传训诂》，氏著《汉书艺文志拾补》卷1，民国师石山房丛书本，第21页。

传云"。① 经学者考辨，今本《新书》虽有残缺失次，但其内容基本可靠。② 《新书》中《道术》《六术》《道德》皆为诸子之学，而《春秋》《连语》《谕诚》《退让》《先醒》《君道》《修政语》皆属于史乘之学。徐复观指出，贾谊在思想上不仅融贯儒、法，而且旁通道、墨、阴阳。③ 由此可见，时人赞其"颇通百家之书"并非虚语，不过就其思想主旨则儒学立场更为突出，受《荀子》影响颇深。④ 作为荀子的三传弟子，⑤ 贾谊以"势"为喻深入剖析汉初皇权旁落的原因，⑥ 并由"礼"释"法"为汉王朝设计了一套"以礼为治"的拨乱反正之路。⑦

贾谊认为汉初朝局面临诸多问题，其中以诸侯王势力膨胀、匈奴侵边

---

① 《汉书》卷48《贾谊传》，第2265页。

② 关于《新书》的真伪及篇目，前人已有详辨。参见余嘉锡《四库提要辩证》卷10，中华书局，2007，第538~551页；魏建功、阴法鲁、吴竞存、孙钦善：《关于贾谊〈新书〉真伪问题的探索》，《北京大学学报》（人文科学）1961年第5期。

③ 徐复观指出：贾谊"在探求人生根源的地方，亦即与文帝所谈的'鬼神之本义'的地方，则通向老子；在提倡节俭，重视礼而事实上并不大重视乐的地方，则吸收了墨子思想……在主张'色上黄，数用五'，受了《吕氏春秋》的影响"。（徐复观：《两汉思想史》第二卷，华东师范大学出版社，2001，第75页）

④ 侯外庐认为"贾谊必深得荀子一派儒学的教养"（侯外庐等《中国思想通史》第二卷"两汉思想"，人民出版社，1957，第66页）；冯友兰认为"贾谊对于'礼'的理论……同荀况是一致的……是接着荀况讲的"（冯友兰：《中国哲学史新编》第三册，人民出版社，1985，第26页）；徐复观认为"在言礼时，把礼应用到经济生活方面，则受《荀子》的影响为更大"（徐复观《两汉思想史》第二卷，第75页）；金春峰称其有"荀子融合儒法为一的新儒家思想的特点"（金春峰：《汉代思想史》增补第三版，中国社会科学出版社，2006，第83页）。

⑤ 关于贾谊师承有两种观点：一是据其本传将其溯源至荀子，即荀子—李斯—吴公—贾谊；二是陆德明《经典释文序录》"左丘明作《传》以授……荀卿名况，况传武威张苍，苍传洛阳贾谊"（吴承仕疏证《经典释文序录疏证》，中华书局，2008，第108页）。贾谊与张苍同朝为臣，且均习《左传》，但二人在很多观点上针锋相对，很难相信他们之间存在师承关系。徐复观强调战国秦汉之际的经学传承全凭个人志趣，并无后世的师承家法束缚（徐复观：《两汉思想史》第二卷，第75页）。彭卫推论贾谊的百家之学很可能受到《吕氏春秋》等影响（彭卫：《试论贾谊思想的历史渊源》，《西北大学学报》（哲学社会科学版）1981年第3期）。

⑥ 贾谊多以"理势""权势""力势""事势"来分析汉初形势，如"方今之势""天下之势""海内之势"等，并根据汉室与诸侯、匈奴的关系进一步提出"帝之势""诸侯势""倒县之势""倒植之势""图民之势"等，对此的解决办法是"尊君之势""等级势力""久安之势""定地势"等。

⑦ 参见徐复观《两汉思想史》第二卷，第86~95页；王兴国《贾谊评传》，南京大学出版社，1992，第73~110页；陈苏镇《〈春秋〉与"汉道"：两汉政治与政治文化研究》，第137~152页。

及"汉承秦之败俗"最为突出。对此,他提出"定地制"和"定经制"予以应对:针对诸侯王,他建议"众建诸侯而少其力",即将大国划分为若干小国,使其"不敢有异心,辐辏并进而归命天子";① 针对匈奴,贾谊提出"建三表,设五饵",即向匈奴谕天子之信、爱、好,对其使者、降者赏赐车服、美食、乐舞、美宅以及近侍之职,使他们钦慕并投奔汉朝,由此达到分化其臣民的效果;② 针对"汉承秦之败俗"问题,贾谊指出秦之"失"在于"其道不易,其政不改,是其所以取之守之者〔无〕异也",③ 遂使天下大败,于是汉高祖"威震海内,德从天下。曩之为秦者,今转而为汉矣"。④ 至文帝即位时,汉朝经过二十余年的休养生息,海内殷富,⑤ 但一些新的社会问题开始凸显,《新书·数宁》曰:"进言者皆曰'天下已安矣',臣独曰'未安';或者曰'天下已治矣',臣独曰'未治'。"⑥ 贾谊认为汉初社会生产虽然得到恢复,但其社会治理模式并未按照"攻守异术"的原则予以调适,遂使诸侯王、富商大贾等各种势力蠢蠢欲动,对中央权威造成潜在威胁,因此他判定彼时处于天下已"取"但未达"治"的阶段。《新书·数宁》又称:"'祖有功,宗有德'。始取天下为功,始治天下为德。"贾谊根据"五百年必有王者兴"的原则,强调"始治天下者"必须为圣王。在他看来,刘邦"始取天下"为汉家之"祖",汉文帝"明通以足,天纪又当",正是周衰以来呼之待出的"王者",因而建议"因顾成之庙为天下太宗,承天下太祖,与汉长亡极耳"。⑦ 他认为若要实现汉家的长治久安必须躬行王道,即"职道义,经天地,纪人伦,序万物,以信与仁为天下先"。⑧ 基于上述原因,贾谊提出"固当改

---

① 阎振益、钟夏校注《新书校注》,中华书局,2000,第39~40页;《汉书》卷48《贾谊传》,第2237页。

② 《汉书》卷48《贾谊传》,第2241~2242页;阎振益、钟夏校注《新书校注》,第135~137页。

③ 《史记》卷84《屈原贾生列传》,第283页。

④ 阎振益、钟夏校注《新书校注》,第96页。

⑤ 《史记·律书》:"百姓无内外之繇,得息肩于田亩,天下殷富。"(《史记》卷25《律书》,第1242页)桓谭《新论》:"世俗咸曰:'汉文帝躬俭约,修道德,以先天下,天下化之,故致充实殷富,泽加黎庶。谷至石数十钱,上下饶羡。'"(朱谦之校辑《新辑本桓谭新论》,中华书局,2009,第15页)

⑥ 阎振益、钟夏校注《新书校注》,第29页。

⑦ 阎振益、钟夏校注《新书校注》,第30页。

⑧ 阎振益、钟夏校注《新书校注》,第359页。

正朔，易服色，法制度，定官名，兴礼乐。乃悉草具其事仪法，色尚黄，数用五，为官名，悉更秦之法"①。

概而言之，贾谊的建策主要围绕汉初皇权旁落、王国势力膨胀、社会失序、匈奴侵边等现实问题所发，并为汉文帝擘画了一套融合形上、形下的再造皇权之路。其中，形下政策以"定地制"为中心，旨在通过削藩来增益皇权；形上政策以"定经制"为主，他以儒家经书中的圣王礼制作为理想，将汉文帝比作"始治天下"的圣主，并提出通过改制礼乐来变更承秦以来的各项制度，由此实现太平之治。

2. 文帝的治世风格

虽然贾谊死于文帝前元十二年（前 168），但从其后的历史进程来看，文、景、武三朝的东方政策基本沿着贾谊设计的方案推进，故钱穆称"贾谊所言，文帝且一一行之"②。此言大致不错，但是否尽用贾谊一人之言，③且"一一行之"，仍需从文帝自身的行事风格、治世理念及其朝局的实际需求出发予以考辨。

汉文帝刘恒生于高帝三年（前 204），8 岁被立为代王，23 岁入继大统。其间他在军功重臣辅佐下已独立治国多年，且其封地处在与强敌匈奴相邻的北部边疆。受此人文和自然环境的影响，文帝对于社会历史的认知难以跳出所处时代的平均水平。④《史记·礼书》称"孝文好道家之学"⑤，而"道家者流，盖出于史官，历记成败存亡祸福古今之道，然后知秉要执本，清虚以自守，卑弱以自持，君人南面之术也"⑥。据此，文帝所好并不是清静无为的老庄之道，而是在无为包装下"以刑名驭下"的君人

---

① 《史记》卷 84《屈原贾生列传》，第 2492 页；《汉书》卷 48《贾谊传》，第 2222 页。
② 钱穆：《秦汉史》，第 60 页。
③ 文帝朝的诸多政策由文法吏提出，如："举贤良方正""除诽谤、妖言罪"之策出于贾山；袁盎主张依礼调制君臣关系，并予以贯彻。上述数人在当时的身份乃是居于礼法之间的"文法吏"。
④ 汉初王国虽有自治权，但其国相皆由中央委派，且赴任者多出自军功阶层。巡检史籍，文帝任代王期间阴陵侯傅宽为其相国，而后者正是军功集团的代表。据其本传，他"以魏五大夫骑将"从起于刘邦，因军功封侯。高帝十一年一月"徙为代相国"，直至孝惠五年卒（《史记》卷 98《傅靳蒯成列传》，第 2707～2708 页）。傅宽之后的代相，史失载其名。据李开元考证，力主文帝入继大统的中尉宋昌或为傅宽旧客，亦是军功阶层代表（李开元：《汉帝国的建立与刘邦集团——军功受益阶层研究》，第 229 页）。
⑤ 《史记》卷 23《礼书》，第 1160 页。
⑥ 《汉书》卷 30《艺文志》，第 1732 页。

南面之术，① 故史迁又称"孝文帝本好刑名之言"。② 甚确。

《史记·吕太后本纪》：

> 太史公曰："孝惠皇帝、高后之时，黎民得离战国之苦，君臣俱欲休息乎无为，故惠帝垂拱，高后女主称制，政不出房户，天下晏然。"③

《汉书·刑法志》亦称：

> 萧曹为相，填以无为……及孝文即位……将相皆旧功臣，少文多质。④

所谓"垂拱无为"不过是军功集团与刘氏皇族之间为实现政治平衡所达成的一种政治默契，即：惠帝、高后"政不出房户"，军功集团则负责官僚机器的运转，由此得以"天下晏然"。文帝能够以母家最弱的代王身份入继大统，正是上述"少文多质"的军功重臣与刘氏皇族"定策安宗庙"、权衡利弊后的结果。受此惯性，"黄老之术"必然成为文帝治国时必须面对和遵循的首要法则。故当贾谊提出"改正朔，易服色，法制度，定官名，兴礼乐"时，文帝因其初即位而"谦让未遑"。⑤ 此外，据《汉书·张释之传》载，张释之因赀为郎，事文帝十年不得调，后在袁盎的举荐下担任谒者，得以"因前言便宜事"，文帝却要求他"卑之，毋甚高论，令

---

① 《论衡·自然》篇云："黄者，黄帝也；老者，老子也。"（黄晖：《论衡校释》卷18，中华书局，1990，第781页）1973年12月马王堆汉墓出土的《经法》《十六经》《称》《道原》四篇帛书，被认为是汉初黄老之学的代表作，参见唐兰《黄帝四经初探》，《文物》1974年第10期；钟肇鹏《论黄老之学》，《世界宗教研究》1981年第2期；陈鼓应《关于帛书〈黄帝四经〉成书年代等问题研究》，《黄帝四经今注今译》，商务印书馆，2007，第31~47页。张舜徽强调黄老之"无为"乃是"古代人君控驭臣下的方法"（张舜徽：《周秦道论发微》，中华书局，1982）；熊铁基认为汉文帝所好刑名即是黄老（熊铁基：《秦汉新道家》，上海人民出版社，1984，第184页）。

② 《史记》卷121《儒林列传》，第3117页。

③ 《史记》卷9《吕太后本纪》，第412页。

④ 《汉书》卷23《刑法志》，第1097页。

⑤ 《史记》卷84《屈原贾生列传》，第2492页；《汉书》卷48《贾谊传》，第2222页。

今可施行也"。张释之于是举以秦汉兴亡之事，方才得到文帝认可。① 周寿昌称："汉文学黄老，治杂霸道，恐释之远举三皇，高谈五帝，故以'卑之，毋甚高论'为谕。"② 此时文帝已即位十余年，其间贾山、贾谊、韩婴、袁盎等人多次上疏论政，但直至此时他仍然要求"卑之，毋甚高论"，这说明追求实用与稳健始终是文帝朝政治文化的总基调。

总之，虽然史称文帝谦和，但在实际的政治运作中他与高祖、吕后并无太大差异，重实效、轻理论始终是汉初政治文化的显著特征。因此，文帝对于贾谊建策的取舍并非出于个人的学术喜好，而是基于政治现实的综合考量。

3. 文帝对贾谊建策的取舍

据《汉书·贾谊传》载，贾谊赴任汉廷博士时年仅二十余岁，"每诏令议下，诸老先生未能言，谊尽为之对，人人各如其意所出。诸生于是以为能。文帝说之，超迁，岁中至太中大夫"③。刘歆《移书让太常博士》称："至孝文皇帝……天下众书往往颇出，皆诸子传说，犹广立于学官，为置博士。在汉朝之儒，唯贾生而已。"④ 贾谊思想以儒学为主，且其在经学上造诣深厚，这是无可争辩的事实，但其出仕及超迁并不是因为他的儒学造诣，而是其策论以再造皇权为中心，贴合文帝心意。张守节《正义》称"孝文稍用文学之士居位"⑤。《汉旧仪》："孝文皇帝时，博士七十余人，朝服玄端，章甫冠。"⑥ 其实，文帝朝所设只是居官待诏"不治事"的传记博士。⑦《汉书·艺文志》录有"《博士贤臣对》一篇"，其内容主要是对秦政、秦制的批判。⑧ 刘邦晚年曾令陆贾著"秦所以失天下"，汉"所以得之者何，

---

① 《汉书》卷50《张冯汲郑传》，第2307页。
② （清）王先谦：《汉书补注》，上海古籍出版社，2008，第3753~3754页。
③ 《汉书》卷48《贾谊传》，第2221页。
④ 《汉书》卷36《楚元王传》，第1968~1969页。
⑤ 《史记》卷121《儒林列传》，第3117页。
⑥ （清）孙星衍：《汉官六种》，周天游点校，中华书局，1990，第89页。
⑦ 赵岐《孟子题辞》云："汉兴，……开延道德。孝文皇帝欲广游学之路，《论语》《孝经》《孟子》《尔雅》皆置博士，后罢传记博士，独立五经而已。"[（清）焦循：《孟子正义》，沈文倬点校，中华书局，1987，第17页]《汉书·艺文志》儒家类有"《孝文传》十一篇"，班固自注"文帝所称及诏策"，王应麟认为《史记·孝文本纪》中"凡诏皆称'上曰'，以其出于帝之实意也"。[（清）王先谦：《汉书补注》，第2962页]
⑧ 班固自注"汉世，难韩子、商君"，并系于"诸子略"之杂家类（《汉书》卷30《艺文志》，第1742、1741页）。遗憾的是此篇《博士贤臣对》已佚，但从班固注文可知该文主要批判韩非、商鞅所代表的秦制思想。

及古成败之国"。① 文帝即位后，贾山、贾谊皆沿此发挥，但贾山因"讼淮南王无大罪"，偏离文帝用心，故其本传只记他"尝给事颍阴侯为骑"，更无其他名位。② 而贾谊的建策表面上对承秦之制而发，实则以再造绝对皇权为目的，剑指军功遗老、同姓藩王等各种势力，因而得到文帝的首肯。③ 故其本传在叙述文帝"谦让未遑"后，又称"诸法令所更定，及列侯就国，其说皆谊发之"。说明文帝有限度地采纳了贾谊所建之策，并有意进一步拔擢，拜其公卿之位。然而此议却遭到"绛、灌、东阳侯、冯敬之属尽害之，乃毁谊曰：'洛阳之人年少初学，专欲擅权，纷乱诸事。'于是天子后亦疏之，不用其议，以谊为长沙王太傅"。④

其实，贾谊外迁不在于他对秦政的批判，关键是他的《论定制度兴礼乐疏》欲对汉初以来作为指导思想的黄老之学予以釜底抽薪式的调整，此举打破了刘氏皇族与军功遗老之间的政治默契与平衡。黄老之学之所以能够占据汉初政治文化的主流与曹参的政治运作有关，史载其入朝为相担"举事无所变更，一遵萧何约束"，重用"重厚长者""不事事"。⑤ 汉惠帝对此颇为不解，故请其子曹窋托问，孰知遭到曹参答责，并称"天下事非若所当言也"。⑥ 由此可知，所谓"治道贵清静而民自定"不过是其寻求政治平衡的托词，一旦涉及核心利益，军功遗老必然全力反击。《汉书·礼乐志》叙及此事时亦称："而大臣绛、灌之属害之，故其议遂寝。"⑦ 依此，攻击诋毁贾谊之人即绛侯周勃、颍阴侯丞相灌婴、东阳侯大将军张相如、御史大夫冯敬之。今按：贾谊外放的时间在文帝前元四年（前176）九月，此时周勃因"列侯之国令"已返回绛地，灌婴死于同年十二月，其继任者为张苍。因此，"绛、灌之属"并非实指，而是军功阶层的代称，直接出面力黜贾谊者，应是丞相张苍。⑧ 值得注意的是，数年后论定汉德时，与

① 《史记》卷97《郦生陆贾列传》，第2699页。
② 《汉书》卷51《贾邹枚路传》，第2337、2327页。
③ 或许正是这个原因，有学者认为淮南王的骄恣乃文帝有意为之。参见孙家洲《西汉朝廷"大洗牌"：汉文帝入继大统前后的政治博弈》，中国人民大学出版社，2020，第184页；串田久治认为"淮南王歌"为司马迁批判汉文帝的伏笔（串田久治：《中國古代の「謠」と「予言」》,创文社，1999，第47页）。
④ 《汉书》卷48《贾谊传》，第2222页。
⑤ 《史记》卷54《曹相国世家》，第2029、2030页。
⑥ 《史记》卷54《曹相国世家》，第2030页。
⑦ 《汉书》卷22《礼乐志》，第1030页。
⑧ 李开元：《汉帝国的建立与刘邦集团——军功受益阶层研究》，第235页注三。

公孙臣意见相对的正是张苍。这也充分说明文化层面的路线之争虽然不涉及实际的政治运作，但它却是绝对皇权的形上表征，足以构成政治文化的基底，因此才会招致军功阶层的全力反扑。此外，纵贯文景时期，甚至武帝即位之初，在传位、选立太子、拜任公卿等重大事务上，汉家皇帝并没有独立的决策权，依然要向军功、外戚等势力妥协。这是因为在时人眼中汉家天下乃是高皇帝的天下，其子孙的天命只是受宗庙所赐而非受命于天。[①] 刘邦因与军功集团"共定天下"又"共分天下"，遂使"垂拱无为"构成了汉初政治文化的总基调，是故史籍又多将文景之政冠以"玄默"。[②]何为"玄默"？《淮南子·主术训》云："天道玄默，无容无则……人主之听治也，清明而不暗，虚心而弱志。"[③] 扬雄《长杨赋》亦称："人君以玄默为神。"[④] 依此来看，"玄默"指法天而治，它要求人君清静无为。此类思想出自汉初的黄老学说，在理论上突出一个"静"字，如：

> 至正者静，至静者圣。(《道法》)
>
> 君臣当立（位）冒（谓）之静……静则安。(《四度》)
>
> 静则平，平则宁，宁则素，素则精，精则神。至神之极，［见］知不惑。帝王者，执此道也。(《论》)
>
> 时静不静，国家不定。(《姓争》)[⑤]

黄老之术的本质是以静制动，它在政治运作上要求君上无为、勿动，在汉初政治层面则表现为皇权对军功集团的有限妥协。前文已述，汉初曾出现过一个过秦思潮，陆贾《新语》及贾山《至言》均对秦制予以批驳，但他们没有表现出激进的态度，而是多将"无为"与"礼义"予以调和。反观贾谊之《论定制度兴礼乐疏》，其论议处处以天子之势、天子之威作

---

① 例如，文帝欲禅位给邓通时，申屠嘉谏称"夫朝廷者，高皇帝之朝廷也"(《史记》卷96《张丞相列传》，第2683页)；又如文帝视察霸陵时欲策马飞驰，遭袁盎谏止，并称"陛下纵自轻，奈高庙、太后何"(《汉书》卷49《爰盎晁错传》，第2270页)。

② 《汉书》卷23《刑法志》："及孝文即位，躬修玄默"；同书卷48《贾谊传》称其："玄默躬行以移风俗"；同书卷100《叙传》："太宗穆穆，允恭玄默，化民以躬，帅下以德"；同书卷96《西域传》："遭值文、景玄默，养民五世，天下殷富，财力有余，士马强盛。"司马贞《史记索隐述赞》称："景帝即位，因修静默，勉人于农，率下以德。"

③ 刘文典：《淮南鸿烈集解》，冯逸、乔华点校，中华书局，1989，第271、283页。

④ （梁）萧统：《文选》卷9，中华书局，1977，第136页下。

⑤ 陈鼓应：《黄帝四经今注今译》，第16、103、134、267页。

为出发点，并详细规划了增益皇权的具体举措及营造汉家礼乐的实施方案，有意以此全盘取代承秦以来的"无为"之制，此举严重触及军功集团的底线，在他们的胁迫下文帝不得已将贾谊外放为长沙王太傅。①

文帝对其建策的择用乃是基于他对政治形势的判断。前元二年（前178）贾谊初上此策时，文帝以"谦让"的姿态予以搁置，但同时他又通过重用文法吏使"令列侯之国""侯国迁移"等政策得以法律的形式推进，以此来抑制军功集团及王国势力。前元十一年（前169）绛侯周勃去世，标志着军功集团"共治天下"的局面进入尾声。次年《淮南王歌》的流播，使得文帝开始重新审视贾谊关于礼乐的形上之论。前元十五年（前165）"黄龙见成纪"，文帝借此诏令礼官论议，有司皆曰："古者天子夏亲郊祀上帝于郊，故曰郊。"② 此议所涉有司不见其名，但从其所言"古者"语气可知，此时的文帝似乎已经放弃"卑之，毋甚高论"的立场，开始对古礼、古制抱有浓厚兴趣。这是因为此议突破了汉家王朝"高祖受命""子孙承宗庙"的道统叙事，加强了汉文帝与上帝的直接联系，为其增益皇权提供了天道依据。③

贾谊曾被文帝召至长安宣室"问鬼神之本"，"至夜半"④。司马迁将此事系于贾谊转任梁太傅之前，故当发生在文帝前元六年（前174）。⑤ 李

---

① 虽然文帝不得已将贾谊外放，但其后数年间依然向其问策，说明有意令其沉潜历练。但是与亲历秦、楚、汉群雄逐鹿，且以谋士身份辅佐汉高祖的陆贾不同，贾谊的成长及出仕已基本告别"后战国时代"。因此贾谊对于汉政的谋划全以理论为出发点，虽然他智识卓群，但缺少老成谋国，故苏轼在《贾谊论》中称："夫绛侯亲握天子玺而授之文帝，灌婴连兵数十万，以决刘、吕之雌雄，又皆高帝之旧将，此其君臣相得之分，岂特父子骨肉手足哉！贾生洛阳之少年，欲使其一朝之间，尽弃其旧而谋其新，亦已难矣……呜呼，贾生志大而量小，才有余而识不足也。"[（宋）苏轼撰，毛维编《苏轼文集》卷4，孔凡礼点校，中华书局，1986，第105页]

② 《汉书》卷25《郊祀志上》，第1213页。

③ 其后董仲舒对此进一步发挥，称"天子每至岁首，必先郊祭以享天，乃敢为地，行子礼也"[（清）苏舆：《春秋繁露义证》，钟哲点校，中华书局，1992，第405页]。尾形勇认为董子此论实际上是"君前臣名"的"某"形式，其实质是"试图以家族秩序的观念使天下太平"[（日）尾形勇：《中国古代的"家"与国家》，张鹤泉译，中华书局，2010，第131~132页]。

④ 《史记》卷84《屈原贾生列传》，第2502~2503页。

⑤ 司马迁并未叙及此事的精确系年，汪中《述学·内篇三》、王耕心《贾子次诂》均系于汉文帝六年。王兴国据《鹏鸟赋》所言"单阏之岁，四月孟夏"及本传"后岁余"、《史记·汉兴以来诸王年表》梁王于七年冬十月"来朝"，推论此事应在文帝六年下半年（王兴国：《贾谊评传》，第65~66页）。

商隐撰诗批评称"宣室求贤访逐臣，贾生才调更无伦；可怜夜半虚前席，不问苍生问鬼神"①。义山先生的评价充满理性与哀婉，可惜忽略了此事所涉之具体情境。"问事鬼神"本就是战国秦汉间习用之旧传统，史籍中多有汉帝卜事的记载，例如：高后七年（前181）三月吕后完成被礼后在轵道撞见状如苍犬的异物戟刺高后腋下，遂下令卜者占之，"云赵王如意为祟。高后遂病掖（腋）伤"；② 文帝决定赴长安即位之前，虽然经过宋昌析论、薄昭探问虚实又报太后谋议，但仍然"犹与未定"，不得已交由卜者"龟卜"，并"卦兆得大横"，占曰"大横庚庚，余为天王"。卜人对此解释称"所谓天王者乃天子"。③ 听罢此言，文帝方才付诸行动。为何巫卜迷信在汉初如此盛行？当与刘邦入关后在宗教领域的承秦之制有关，史载他曾"悉召故秦祝官，复置太祝、太宰，如其故仪礼"，统一天下后又"诏御史，令丰谨治枌榆社……令祝官立蚩尤之祠于长安。长安置祠祝官、女巫"。④《尚书·金滕》篇载周公移武王病于己身，⑤ 何休注《春秋公羊传》曰："巫者，事鬼神祷解以治病请福者也；男曰觋，女曰巫。《传》道此者，以起淫祀之无福。"⑥ 此类巫祝传统延续至汉代，巫者往往具有交通鬼神、祈福解祸的能力。⑦《史记》贾谊本传称"孝文帝方受釐，坐宣室"。⑧ 裴骃《集解》引如淳曰："汉唯祭天地五畤，皇帝不自行，祠还致福。"司马贞《索隐》引应劭云："釐，祭余肉也。"说明此时文帝的宗教政策乃袭自秦旧，因不解其意故召问贾生，听罢后者的讲解，汉文感慨道："吾久不见贾生，自以为过之，今不及也。"文帝感慨其对鬼神的认识不及贾生，应当与"受釐""移过"一类巫术的认知有关。在儒家经书中对于巫祝的认知包含一种人文传统，《左传·哀公六年》录楚昭王曾否定太史"移过于下"的建议，孔子赞其"知大道矣"。⑨《汉书·儒林传》云：贾谊"修《春秋左氏传》"。⑩ 这说明宣室问政所论虽以"鬼神"为题，但实际上在贾谊的回应中贯彻着儒

① （唐）李商隐：《李商隐诗歌集解》，刘学锴、余恕诚集释，中华书局，2004，第1689页。
② 《史记》卷9《吕太后本纪》，第405页。
③ 《史记》卷10《孝文本纪》，第414页。
④ 《史记》卷28《封禅书》，第1378~1379页。
⑤ （清）阮元校刻《十三经注疏》，中华书局，1980，第195页下栏~197页下栏。
⑥ （清）陈立：《公羊义疏》卷6，刘尚慈点校，中华书局，2017，第222页。
⑦ 林富士：《汉代的巫者》，稻乡出版社，1999，第26页。
⑧ 《史记》卷84《屈原贾生列传》，第2502页。
⑨ （清）阮元校刻《十三经注疏》，第2161页下栏~2162页上栏。
⑩ 《汉书》卷88《儒林传》，第3620页。

家的人文传统，数年后除"秘祝移过"之诏当与此时贾生的启发有关。

综上，郊祀改革在文帝一生事业中虽然占比有限，① 但却构成了其再造皇权的理论根基，而此项改革与早年贾谊的建策不无关系。贾谊的《论定制度兴礼乐疏》内含"过秦"与"立汉"两个维度，其论议均以天子之势、天子之威作为出发点，不仅因应了彼时的过秦思潮，还能满足文帝自身"受命于天"的文化诉求，因此得到文帝的认可并俟时予以贯彻。此外，文帝曾在宣室询问鬼神之事，贾谊以儒学的人文传统予以解答并得到文帝首肯。但彼时军功遗老尚健在，显然不具备拔擢贾谊、改制礼乐的客观条件，故文帝仅拜其为爱子梁怀王太傅，② 本意是令其沉潜历练。可惜梁怀王坠马而死，贾谊"自伤为傅无状，哭泣岁余，亦死"，使得其后文帝发起的郊祀改革缺少了硕学鸿儒的理论支撑。

三　何以论成败：汉文帝郊祀改革的举措与成效

1.《淮南王歌》流布与文帝改制的契机

伴随军功遗老周勃的离世以及《淮南王歌》的流布，"慈祥恺悌"的汉文帝终于在前元十三年（前167）发起郊祀改革，不过由于新垣平矫作祥瑞之事被人揭发，这场改制运动被迫画上了休止符。此时郊礼所涉理论问题旁逸斜出，当是改制失败的关键。

公孙臣和新垣平，一为儒生、一为方士，虽然在时人眼中二人也是东方文化的代表，③ 但在思想和立场上与醇儒贾谊存在相当差距。他们之所以能得到文帝启用，与贾谊举策内涵的公、私面向有关：④ 公孙臣提出

---

① 文帝在位 23 年，按照贾谊建策的"定地制""定经制"分析，其"再造皇权"的政治路线经历了由"形下"到"形上"，再到"形下"的三段式波折，其中"形上"阶段的郊祀改革总共持续 5 年，不及其在位时间的四分之一。

② 贾谊本传称"梁怀王，文帝之少子，爱，而好书，故令贾生傅之"（《史记》卷 84《屈原贾生列传》，第 2503 页）。

③ 时人称诸家皆为"治术"。如：司马谈《论六家要旨》云"夫阴阳、儒、墨、名、法、道德，此务为治者也，直所从言之异路，有省不省耳"。《索隐》："六家同归于正，然所从之道殊途，学或由传习省察，或有不省耳。"（《史记》卷 130《太史公自序》，第 3288~3289 页）

④ 其中"正朔""服色制度"针对的是承秦之制，它以"汉朝"为主体；虽然《尚书·尧典》《孟子》中亦有天子巡狩"省方考绩"的内涵，但彼时文帝更注目于"明堂""巡狩封禅"直指天命的内涵，因此侧重于皇帝自身的私人面向。

"汉当土德",侧重对于秦制的批判;新垣平以"望气见上",所献的"人主延寿"玉杯主要服务于文帝自身。时人对于承秦之制多有不满,因此公孙臣改制的提议虽遭到张苍的反对与牵制,但在"过秦"声浪的裹挟下,更替秦制已是大势所趋。至于明堂、封禅则不然,儒、道、阴阳、神仙诸家学说中对此均有涉及。在儒学传统中明堂、封禅构成了"太平之治"的礼制要素,与"天子受天命治天下"的理念密切相关。贾谊的初衷是通过"兴礼乐"使天下"辐凑并进而归命天子",① 其后的董仲舒进一步引称"《传》曰唯天子受命于天,天下受命于天子,一国则受命于君。君命顺,则民有顺命;君命逆,则民有逆命。故曰:'一人有庆,兆民赖之'"。② 贾、董为汉世鸿儒,所论之"天子""天命""天下"构成了王道论的核心。但需指出在儒生所持之王道理论中,明堂、封禅不仅仅是神圣的礼仪场所,更是践行先王礼乐的教化之所。

贾山《至言》云:"定明堂,造太学,修先王之道。风行俗定,万世之基定。"③

《新书·保傅》引《明堂之位》曰"笃仁而好学,多闻而道顺,天子疑则问,应而不穷者谓之道;道者,道天子以道者也,常立于前,是周公也……常立于左,是太公也……常立于右,是召公也……常立于后,是史佚也。故成王中立听朝,则四圣维之,是以虑无失计而举无过事",并强调"明堂"乃是"殷周之所以长久者,其辅翼天子有此具也"。④

由上述可知,贾谊提出的礼乐方案虽然兼杂公私,但实际上以王道的公意为主。他将汉文帝比作姗姗来迟"始治天下"的"圣王",期待其能够依从"圣制""建久安之势,成长治之业",⑤ 并强调"立经陈纪,轻重同得,后可以为万世法程,虽有愚幼不肖之嗣,犹得蒙业而安"⑥。他向文帝反复申说的"经纪""法程",就是要为汉家建立一套"以礼义治之"的太平方案,主要包含"礼乐等级"和"道德教化"两个维度:前者以"立君臣,等上下"的礼制建设为目标;⑦ 后者则追求"绝恶于未萌""起

① 《汉书》卷48《贾谊传》,第2237页。
② (清)苏舆:《春秋繁露义证》卷41《为人者天》,第319页。
③ 《汉书》卷51《贾邹枚路传》,第2336页。
④ 阎振益、钟夏校注《新书校注》卷5《保傅》,第185页。
⑤ 阎振益、钟夏校注《新书校注》卷1《数宁》,第31页。
⑥ 《汉书》卷48《贾谊传》,第2231页。
⑦ 阎振益、钟夏校注《新书校注》,第92页。

教于微眇，使民日迁善远罪而不自知"的教化理想。① 因此贾谊所建礼乐虽以尊君为起点，但并未偏离儒家的王道立场。

2. 方士与陋儒：文帝改制时的无奈选择

与贾谊相较，公孙臣、新垣平不仅学艺不精，而且动机不纯，其行事处处以揣度天子私意为据。前文已述，文帝发起的这场郊祀改革主要包含舆论准备（诏定籍田、除秘祝移过、增加诸畤祭品）、更除秦制（论定汉德）、探寻汉制（作《王制》，议封禅）、改元更始（天降祥瑞）几个主要步骤。其中公孙臣负责论定汉德，新垣平以望气术占测祥瑞，二者一同促成了礼制改革中过秦、立汉的关键环节。

《汉书·郊祀志》载：

> 鲁人公孙臣上书曰："始秦得水德，及汉受之，推终始传，则汉当土德，土德之应黄龙见。宜改正朔，服色上黄。"时丞相张苍好律历，以为汉乃水德之时，河决金堤，其符也。年始冬十月，色外黑内赤，与德相应。公孙臣言非是，罢之。明年，黄龙见成纪。文帝召公孙臣，拜为博士，与诸生申明土德，草改历服色事。②

在更除秦制阶段主要通过"推""验"来"论定汉德"，其中"推"即依据邹衍的"五德终始"说之五行生克理论推算，③ 即：秦（水德）→"土"胜"水"→"汉"代"秦"→汉（土德）；"验"则指天降符瑞，即：水德之符（河决金堤）与土德之瑞（黄龙见）。以今日的科学立场审视，"改元"对于历法毫无意义，故中井积德称"公孙臣特为妄诞。成纪之龙，盖臣之造言云""更元年，是无稽之甚，永生后王之累"。④ 此论充满理性精神，但却偏离史实。对于强调君权神授的古代王朝而言，"符瑞"是彰显"天命"的重要途径。因此，前元十五年（前165）"黄龙"符瑞是否出于公孙臣"造言"并不重要，关键在于它是文化层面的"过秦"宣

---

① 《汉书》卷48《贾谊传》，第2252页。
② 《汉书》卷25《郊祀志》，第1212~1213页。
③ 《论衡·知实》："公孙臣知黄龙将出，案律历以处之也。"（黄晖：《论衡校释》卷26，第1099页）
④ 泷川资言循此亦称："（贾）谊通儒，亦不能免时俗之间。"（〔日〕泷川资言：《史记会注考证》，杨海峥整理，上海古籍出版社，2015，第3482页）

言。但论定汉德之后，如何"立汉"（即确立汉制）仍需进一步探索，故文帝又拜任公孙臣为博士，令其"申明土德事"，并于同年九月诏令诸侯王公卿郡守举贤良对策，有意探寻"太平"的汉家方案。

察举是古代选拔人才的重要途径，汉代的察举一般分为特举和岁举两类，"贤良方正""直言极谏"属于特举类，"往往施行于发生了灾异、动乱或其他重大政治问题之时"，其程序为：发生灾异→皇帝下诏察举→被举者以"对策"的形式发表政见→分等授官。[①] 其实，早在前元二年（前178）时，文帝就曾下诏举贤良对策，诏云：

> 朕闻之，天生民，为之置君以养治之。人主不德，布政不均，则天示之灾以戒不治。乃十一月晦，日有食之，适见于天，灾孰大焉！朕获保宗庙，以微眇之身托于士民君王之上，天下治乱，在予一人，唯二三执政犹吾股肱也。朕下不能治育群生，上以累三光之明，其不德大矣。令至，其悉思朕之过失，及知见之所不及，丐以启告朕。及举贤良方正能直言极谏者，以匡朕之不逮。[②]

日食在儒家灾异思想中代表上天对人主的惩戒。[③] 高后七年（前181）正月乙丑也曾出现日食，但吕后只是"谓左右曰'此为我也'"，除了表现出"恶之，心不乐"的情绪外，未见具体的因应举措。[④] 说明彼时黄老无为之术依然占据政治文化的主流，儒家的天道论未能影响时政。但仅仅过了三年，面对同样的日食，文帝却将其视作"天示之灾以戒不治"，说明在陆贾、贾谊的努力下，儒家的政治学说开始在汉政中发挥作用。[⑤] 吊诡的是，此次诏举贤良所举何人、所献何策，均未见载籍，[⑥] 似乎有些隐晦的史实有待进一步分疏。前已述及，文帝初年贾谊发起的各项改制举措

---

① 阎步克：《察举制度变迁史稿》，北京师范大学出版社，2021，第3页。
② 《汉书》卷4《文帝纪》，第116页。
③ 相关研究可参陈侃理《儒学、术数与政治灾异的文化史》，北京大学出版社，2015。
④ 《史记》卷9《吕太后本纪》，第404页。
⑤ 陆贾《新语·明诚》："世衰道失，非天之所为也，乃国君者有以取之也。恶政生恶气，恶气生灾异。螟虫之类，随气而生；虹霓之属，因政而见。治道失于下，则天文变于上；恶政流于民，则螟虫生于地野。"（王利器：《新语校注》，中华书局，1986，第155页）
⑥ 周寿昌据此称十五年为"汉廷策士之始"。〔日〕泷川资言：《史记会注考证》，第611页注三。

均遭到军功集团及公卿士大夫的抵制，因此上引前元二年十一月所下之举贤良诏亦当出自贾谊。① 据《汉书·百官公卿表》载："（二年）十一月乙亥，绛侯周勃复为丞相。"② 由此可知，周勃复出当是此次下诏无应的最大导因。

行至前元十五年（前165），文帝再次下诏令诸侯王、公卿、郡守推举贤良，但形势却发生了逆转。《汉书·晁错传》详录此事，称："平阳侯臣（曹）窋、汝阴侯臣（夏侯）灶、颍阴侯臣（灌）何、廷尉臣宜昌、陇西太守臣昆邪所选贤良太子家令臣（晁）错昧死再拜言。"③ 众所周知，在汉初制度中公卿郡守多由中央委派，但王侯之位则源自高帝"五年诏"之"刘氏封王""军功封侯"共分天下的传统，曹窋、夏侯灶、灌何分别是曹参、夏侯婴、灌婴之子。按理，作为军功后裔的他们本应维护军功集团的利益，遵循"垂拱无为"体制，但此时他们却一反常态共同推举晁错令其直言极谏，说明此时军功集团的干政空间已被大大压缩。事同势异，此时的文帝不再"谦让"，也放弃了"卑之，毋甚高论"的论调，探寻"国体"与"人事"治理模式的转型。

"上有所好，下必甚焉。"受此风向鼓励，晁错、新垣平分别围绕"明堂""郊礼"展开攻关。晁错对策称"明堂之上，动静上配天，下顺地，中得人"，并将"治国大体之功"概括为"阴阳调，四时节，日月光，风雨时，膏露降，五谷熟，祅孽灭，贼气息，民不疾疫，河出图，洛出书，神龙至，凤鸟翔，德泽满天下，灵光施四海"。晁错曾随伏生学《尚书》，但他并非儒家出身，本传称其"学申商刑名于轵张恢先所""为人峭直刻深"，④ 说明他法家的色彩更浓。因此该策虽以《易》之天、地、人三才论为中心，但主旨侧重"明堂"沟通天人的定位，至于文中对天人感应的描述乃是汉初儒家吸纳阴阳五行学说的一般情况，且已溢出王道论的人文传统。然而晁错此论得到文帝首肯，他也得任太中大夫。方士新垣平则"以

---

① 据《史记》贾谊本传载，文帝元年"闻河南守吴公治平为天下第一，故与李斯同邑而常学事焉，乃征为廷尉"，在吴公举荐下，文帝召贾谊为博士，"每诏令议下"，贾谊"尽为之对"，深得文帝赏识"超迁，一岁中至太中大夫"（《史记》卷84《屈原贾生列传》，第2491~2492页）。

② 《汉书》卷19《百官公卿表》，第754页。

③ 《汉书》卷49《爰盎晁错传》，第2290页。

④ 《汉书》卷49《爰盎晁错传》，第2293、2276页。

望气见上"，① 并称"长安东北有神气，成五采，若人冠冕焉。或曰东北神明之舍，西方神明之墓也。天瑞下，宜立祠上帝，以合符应"。颜师古注云："灵总言凡神明以东北为居，西方为冢墓之所，故立庙于渭阳者也。"② 新垣平此论明显将秦制遗产的"雍五畤"作为标靶：一方面采用具有方术色彩的"五人帝"置换了作为文化始祖的"五帝神"；③ 另一方面又以阴阳五行学说的宇宙图式为标准重塑神灵世界的东西秩序，所谓"东北神明之舍""西方神明之墓"的说法，明显有意压制以西雍为中心的宗教格局。文帝对此欣然接受，先是在长安东北作渭阳五帝庙，并"亲拜灞渭之会，以郊见渭阳五帝"。紧接着新垣平又继续发挥"望气"专长，通过"献杯""候日""测鼎"系列操作，将文帝的改制事业推向高潮——"改元更始"。④ 然而不足一月，⑤ 新垣平"诈觉"被夷三族，而文帝自此也"怠于改正服鬼神之事"。

《汉书》对新垣平之"诈"有两种说法：一是《文帝纪》称其"谋反"；二是《郊祀志》云"人有上书告（新垣）平所言皆诈"。新垣平以方术媚上，至多求得厚禄显爵，既没有造反的动机，更无此实力。显然"谋反"罪名不能成立，能坐实的只有"所言皆诈"。细疏之，其"诈"相关的事迹有：①望见"长安东北有神气，成五采，若人冠冕焉"；②望见"阙下有宝玉气"；③望见"东北汾阴直有金宝气"。今按：《三辅黄图》卷五"台榭"录"汉灵台"，称："汉灵台，在长安西北八里。汉始曰清台，本为候者观阴阳天文之变，更名曰灵台。"《雍录》："清台，武帝造太初历之所。"《水经注·渭水》："堂北三百步有灵台，是汉平帝元始四年立。"杨守敬《水经注疏》辨此为"武帝太初四年之误"。⑥ 虽然清台、

---

① 王葆玹认为"新垣平可能是战国末期赵国黄老学派的后继者"（王葆玹：《西汉国家宗教与黄老学派的宗教思想》，载陈鼓应主编《道家文化研究》第 2 辑，上海古籍出版社，1992，第 198 页）。王文详细分疏了文、景、武三朝齐地文化对于西汉国家宗教的影响，但是如果将新垣平归于黄老一派，则无法理解"好黄老之学"的窦太后所言"此欲复为新垣平邪"。

② 《汉书》卷 25《郊祀志上》，第 1213 页。

③ 《史记·封禅书》云："文帝出长门，若见五人于道北，遂因其直北立五帝坛，祠以五牢具。"（《史记》卷 28《封禅书》，第 1383 页）

④ 赵翼称："古无年号，即有改元，亦不过以某年改作元年。如汉文帝十六年，因新垣平候日再中以为吉祥，乃以明年为后元年。"［（清）赵翼著，王树民校证《廿二史札记校证》，中华书局，2013，第 38 页］

⑤ 《汉书·文帝纪》：（十六年）秋九月，得玉杯；（后元元年）冬十月，新垣平诈觉。

⑥ 陈直：《三辅黄图校正》，中华书局，2021，第 103、104 页。

灵台正式设立于武帝时期，但从其"在长安西北八里"及"候者观阴阳天文之变"，可知此灵台或与新垣平望气的占测有关。① 此外，《汉书·艺文志》"数术略"录有天文书 21 家 445 卷、"兵书略"录有兵阴阳书 16 种 249 篇。②《墨子·迎敌祠》曰："凡望气，有大将气，有小将气，有往气，有来气，有败气，能得明此者，可知成败吉凶。"③《三辅旧事》曰："汉作灵台，以四孟之月登而观之，黄气为疾病，赤兵，黑水。"④ 这些情况充分说明"望气"实为战国秦汉间广为流行的方术之一，且常被用于天文、军事和政治活动之中，在技术上主要有占星、占云气、占风等。⑤ 由上述可知，文帝启用新垣平当有为神道设教的寓意，旨在借此扩大郊礼的社会影响。

前文已述，贾谊所建礼乐内含公、私两个面向：于公强调"过秦立汉"，于私侧重"天子受命"。公孙臣、新垣平的上述活动皆缘此而发，不同之处在于公孙臣之论旨在"过秦"，而新垣平的操作明显偏向为文帝追求"一己之福"。故张晏曰："新垣平候日再中，以为吉祥，故改元年，以求延年之祚也。"⑥ 甚确。时人揭发其"诈"，正是以他矫作"人主延寿"玉杯为突破口，这一点不仅与文帝此前革除"归福于朕"的诏书自相矛盾，更重要的是此举完全背离了贾谊"兴礼乐""致天平"的王道立场，遂使这场轰轰烈烈的郊祀改革功亏一篑。此外，由于此时匈奴侵边的军事压力持续加大，汉文帝不得不将改制事业全面搁置。其后即位的景帝亦致力于形下的削藩，在位十六年间各项宗教事宜皆由"祠官各以岁时祠如故，无有所兴"。⑦ 如此一来，汉朝的礼乐改制一拖再拖，直至武帝亲政后方得重启。

---

① 有学者指出"汉灵台"所在之"长安西北"并非汉长安城，而是唐长安城西北角修真坊。参见黄盛璋《历史地理论集》，人民出版社，1982，第 65 页。

② 参见刘乐贤《简帛术数文献探论》（增订版），中国人民大学出版社，2012，第 11~39 页。

③ 吴毓江：《墨子校注》卷 15，孙启治点校，中华书局，2006，第 895 页。

④ （宋）李昉等：《太平御览》，中华书局影印版，1960，第 3893 页上。

⑤ 〔日〕坂出祥伸著，戴燕译《望气术种种》，载葛兆光主编《清华汉学研究》第二辑，清华大学出版社，1997，第 253 页。

⑥ 《汉书》卷 4《文帝纪》，第 128 页。

⑦ 《史记》卷 28《封禅书》，第 1384 页。

四 《春秋》为汉立法：武帝朝礼乐改革的理论准备

元光二年（前133）冬十月，汉武帝亲赴雍城并祠祭五畤，使得中断三十年之久的礼制改革得以重启，经过数十年的探索最终确立了以"太一后土祠"为中心，外加泰山封禅的汉家郊祀制度。按理，武帝的郊祀改革上承文帝，其礼制格局也基本沿袭贾谊擘画之蓝图，此外为彰显其制度的合法性，在具体推进中上述各项举措均援引儒家经说，本应受到儒生的赞扬，然而传统史家对此却颇有微词。例如，班固虽然肯定其制度创设有"三代之风"，但同时又强调："如武帝之雄材大略，不改文景之恭俭以济斯民，虽《诗》《书》所称何有加焉！"① 司马彪评价汉武"本由好仙，信方士之言"。② 唐宋以降，受儒家道统说的影响，汉家郊祀兼杂方术的特点被进一步批判，学人甚至怀疑司马迁撰著《封禅书》目的旨在表达对汉武改制的"微意"。③ 武帝朝的礼乐改革缘何而起？对此，仍需回到彼时的历史现场及其政治文化中予以综合考辨。

1. 景武之际统治集团对改制的态度

景武之际，国家制度的各项举措均沿着文帝朝所定方针予以贯彻，文帝窦皇后在其中发挥了关键作用。《史记·外戚世家》："窦太后好黄帝、老子言，帝及太子诸窦不得不读《黄帝》《老子》，尊其术。"④ 与之相较，对于儒生和儒术，窦太后不仅不悦，甚至反感。究其缘由，大概包含如下原因。

其一，窦太后亲历吕后、文帝、景帝数十年间暴风骤雨般的朝局变迁，对道家所持因任自然的人生哲学深有同感，并钦慕于"黄老无为"的政治平衡之术。据其本传载，她早年以良家子的身份入宫侍奉吕后。吕后出宫人赏赐诸王，然而由于宦者的失误将本欲返回赵地的窦姬"误置其籍代伍中"。窦姬不得已入代，后得到代王宠幸，生有两男一女。其后诸吕

---

① 《汉书》卷6《武帝纪赞》，第212页。

② 《后汉书》，中华书局，1965，第3205页。

③ 马端临称其"沿袭秦制，杂以方士之说"。梁玉绳《史记志疑》更是将封禅视为方士伪造，并认为《封禅书》"杂引鬼神之事，比类见义，遂因其傅会"，表现出司马迁对于武帝政策的"微意"［（清）梁玉绳：《史记志疑》，中华书局，1981，第792页］。

④ 《史记》卷49《外戚世家》，第1975页。

作乱，高祖大臣迎立代王即位，是为文帝。大臣请立太子，而此前王后及其所生四男皆病死，故窦姬长男（即景帝刘启）顺位为太子，窦姬亦被封为皇后，窦后女刘嫖被立为长公主、少子刘武被立为代王（后徙为梁王）。后来，窦皇后因病失明，文帝又宠幸慎夫人、尹姬，但后者皆无子嗣，故太子刘启得以顺利即位，是为景帝。景帝即位不久便发生吴楚七国之乱，窦太后从昆弟子窦婴驻守荥阳平定了乱军，得封魏其侯。武帝即位后，窦婴出任丞相。由上述可知，窦太后亲历汉初四朝政事并能始终屹立不倒，除却造化弄人外，统治集团中盛行"黄老无为"的大环境更是其中的关键原因，这使她对政治文化的选择自然倾向于守成。

其二，窦太后反感儒生和儒学的另一个原因是，景帝时曾发生过儒生议礼干预立嗣之事。虽然儒生此论出于天下公意，但却加深了窦太后对儒家礼乐的排斥。《史记·梁孝王世家》载："上（景帝）废栗太子，窦太后心欲以孝王为后嗣。大臣及袁盎等有所关说于景帝，窦太后义格，亦遂不复言以梁王为嗣事由此。以事秘，世莫知。乃辞归国。"[1] 同书《袁盎列传》亦载此事，称"梁王欲求为嗣，袁盎进说，其后语塞"。《索隐》"案：以盎言不宜立弟之义，其后立梁王之语塞绝也"。[2] 关于袁盎进言的细节，元成之际的褚少孙根据道听之宫中传闻作了补录，他说：

> 臣为郎时，闻之于宫殿中老郎吏好事者称道之也。窃以为令梁孝王怨望，欲为不善者，事从中生。今太后，女主也，以爱少子故，欲令梁王为太子。大臣不时正言其不可状，阿意治小，私说意以受赏赐，非忠臣也。齐如魏其侯窦婴之正言也，何以有后祸？景帝与王燕见，侍太后饮，景帝曰："千秋万岁之后传王。"太后喜说。窦婴在前，据地言曰："汉法之约，传子适孙，今帝何以得传弟，擅乱高帝约乎！"于是景帝默然无声。太后意不说。……盖闻梁王西入朝，谒窦太后，燕见，与景帝俱侍坐于太后前，语言私说。太后谓帝曰："吾闻殷道亲亲，周道尊尊，其义一也。安车大驾，用梁孝王为寄。"景帝跪席举身曰："诺。"罢酒出，帝召袁盎诸大臣通经术者曰："太后言如是，何谓也？"皆对曰："太后意欲立梁王为帝太子。"帝问其

---

[1] 《史记》卷58《梁孝王世家》，第2084页。《汉书·文三王传》同。

[2] 《史记》卷101《袁盎晁错列传》，第2744、2745页。

状，袁盎等曰："殷道亲亲者，立弟。周道尊尊者，立子。殷道质，质者法天，亲其所亲，故立弟。周道文，文者法地，尊者敬也，敬其本始，故立长子。周道，太子死，立适孙。殷道。太子死，立其弟。"帝曰："于公何如？"皆对曰："方今汉家法周，周道不得立弟，当立子。故《春秋》所以非宋宣公。宋宣公死，不立子而与弟。弟受国死，复反之与兄之子。弟之子争之，以为我当代父后，即刺杀兄子。以故国乱，祸不绝。故《春秋》曰'君子大居正，宋之祸宣公为之'。臣请见太后白之。"袁盎等入见太后："太后言欲立梁王，梁王即终，欲谁立？"太后曰："吾复立帝子。"袁盎等以宋宣公不立正，生祸，祸乱后五世不绝，小不忍害大义状报太后。太后乃解说，即使梁王归就国。①

上引褚少孙所言交代了景帝七年（前150）正月至四月间废皇太子刘荣为临江王，窦太后欲立梁王为帝太子之事的相关细节。此前梁孝王因与景帝同母得以"比年入朝"，而彼时景帝未置太子，故常与梁孝王宴饮，曾对后者从容言曰："千秋万岁之后传于王。"梁王婉言辞谢，他们虽然知道此非景帝至言，但梁王与窦太后仍心喜，② 由此埋下了传位之争的伏笔。褚少孙曾在宫中担任郎官，上引故事即是宫中老郎吏所传言。③ 其中，窦婴反对的依据是"汉法之约，传子适孙"；④ 袁盎则以儒家经说为据，即引文所谓"殷道亲亲，周道尊尊"，并提出"汉家法周"，故强调"当立子"。窦婴谏言事在景帝三年（前154），袁盎进言在景帝七年。虽然仅仅过了四年，但从窦太后、袁盎皆引"殷道""周道"云云，说明至少自彼时起儒家经说开始对汉代政治产生影响。此事虽宣告了儒生对于礼制解释的权威地位，但也加剧了窦太后对儒术的进一步反感，于是不久后便发生

① 《史记》卷58《梁孝王世家》，第2089~2092页。
② 《汉书》卷47《文三王传》，第3207页。
③ 班固并未引用褚先生所补内容，应该是对其真伪表示怀疑；司马光则深信此说，并节录"袁盎等以宋宣公不立正，生祸，祸乱后五世不绝""窦太后义格，亦遂不复言"（《资治通鉴》卷16《汉纪八》"孝景皇帝下"，第541页）；梁玉绳对此段史料持否定态度，故而其在"梁孝王世家"条注称"褚生续语可删"［（清）梁玉绳：《史记志疑》，第117页］。陈苏镇认为窦婴、袁盎通晓经术，并反对景帝立弟为嗣之事当源于史实，参见陈苏镇《〈春秋〉与"汉道"：两汉政治与政治文化研究》，第212页。
④ 窦婴本传称："天下者，高祖天下，父子相传，此汉之约也，上何以得擅传梁王！"（《史记》卷47《魏其武安侯列传》，第2839页）

了窦太后召问辕固生关于"老子书"的学术评价，因后者称《老子》为"家人言"，[①] 太后震怒，令其徒手斗豕。景帝知晓辕固"直言无罪""假固利兵，下圈刺豕"，方才得以脱罪。[②] 从上引事例可知景帝对于儒生的态度虽不能说是偏爱，但至少为中立。值得注意的是，六年后的中元六年（前144）发生了景帝朝少有的礼制举措：其一，景帝于该年十月"行幸雍，郊五畤"；其二，同年十二月又"改诸官名"；其三，同年四月"梁王薨，分梁为五国，立孝王子五人皆为王"。上述举措皆源自文帝时贾谊的建策，并且文帝时已将其中的部分内容付诸实践。依此来看，彼时的景帝似乎在礼制改革上欲有所为，但紧接着同年六月"匈奴入雁门，至武泉，入上郡，取苑马。吏卒战死者二千人"[③]。突发的外患问题迫使景帝放弃了礼制改革。次年即后元元年（前143）八月，景帝分别拜卫绾、直不疑为丞相、御史大夫，卫、直二人在当时皆以"敦厚长者"著称。[④] 后元三年（前141年）正月甲子"景帝崩于未央宫"，此前的人事安排说明景帝希望其嗣位者能够延续汉初以来"黄老无为"的守成之策。

2. "卅年之期"：武帝对于礼乐改制的理论取舍

虽然景帝对其身后事做了特殊安排，但武帝即位伊始就表现出强烈的改制愿望，并先后于建元元年（前140）、元光元年（前134）、元光五年（前130）三次诏举贤良，旨在为其改制寻找理论指导。[⑤] 在此期间，以申公师徒为代表的《春秋》穀梁学，及以董仲舒、公孙弘等人为代表的《春秋》公羊学先后兴起，纷纷为武帝擘画了具体的改制路线图。他们提出了哪些具体方略，这些方略对于西汉前中期的礼乐改制发挥了何种作用？下

---

① 熊铁基称所谓"家人言耳"并非指"一家之言"，而"应解释为'一般人能读的书'，用现代话说《老子》不过是通俗读物罢了"（熊铁基：《从"稷下黄老"到"家人之言"——黄老道家的形成问题》，《中国哲学史》1993年第1期）。

② 《史记》卷121《儒林列传》，第3123页。

③ 《汉书》卷5《景帝纪》，第148~150页。

④ 史称卫绾"醇谨无他""忠实无他肠"为丞相，朝奏事如职所奏。然自初官以至丞相，终无可言。天子以为敦厚"；而直不疑"学《老子》言。其所临，为官如故，唯恐人知其为吏迹也。不好立名称，称为长者"（《史记》卷103《万石张叔列传》，第2768~2771页）。

⑤ 《汉书·武帝纪》：（1）"建元元年冬十月，诏丞相、御史、列侯、中二千石、二千石、诸侯相举贤良方正直言极谏之士"；（2）"元光元年……五月，诏贤良曰：'……贤良明于古今王事之体，受策察问，咸以书对，著之于篇，朕亲览焉。'于是董仲舒、公孙弘等出焉"；（3）"（元光）五年……征吏民有明当时之务、习先圣之术者，县次续食，令与计偕"（《汉书》卷6《武帝纪》，第155、160、164页）。另《史记·平津侯列传》："元光五年，有诏征文学。"（《史记》卷112《平津侯主父列传》，第2949页）

面我们将分而论之。

（1）申公师徒与建元元年的初次改制

建元元年（前 140）冬十月武帝诏举"贤良方正直言极谏之士"，丞相卫绾奏言："所举贤良，或治申、商、韩非、苏秦、张仪之言，乱国政，请皆罢。"同年五月又诏令"祠官修山川之祠，为岁事，曲加礼"。[1] 紧接着，武帝又将景帝所封之丞相卫绾、御史大夫直不疑罢免，并拔擢窦婴、田蚡分别担任丞相、御史大夫。彼时的武帝只是十六七岁的少年，真正执掌朝政者正是他的祖母窦氏和母亲王太后，在两家外戚争权矛盾行将爆发时，田蚡听从籍福的建议将丞相之位让于窦婴，而他本人亦得太尉之实。与此同时，武帝又拜王臧、赵绾为郎中令、御史大夫。有趣的是，作为两家外戚的代表，窦、田二人原本都不是儒生，但此时却"俱好儒术"，与武帝的想法不谋而合，并由此发起了武帝朝的第一次礼制改革。

《史记·魏其武安侯列传》载：

> 魏其、武安俱好儒术，推毂赵绾为御史大夫，王臧为郎中令。迎鲁申公，欲设明堂，令列侯就国，除关，以礼为服制，以兴太平。举适诸窦宗室毋节行者，除其属籍。时诸外家为列侯，列侯多尚公主，皆不欲就国，以故毁日至窦太后。太后好黄老之言，而魏其、武安、赵绾、王臧等务隆推儒术，贬道家言，是以窦太后滋不说魏其等。及建元二年，御史大夫赵绾请无奏事东宫。窦太后大怒，乃罢逐赵绾、王臧等，而免丞相、太尉，以柏至侯许昌为丞相，武强侯庄青翟为御史大夫。魏其、武安由此以侯家居。[2]

同书卷二八《封禅书》亦载此事，称：

> （建元）元年，汉兴已六十余岁矣，天下艾安，搢绅之属皆望天子封禅改正度也，而上乡儒术，招贤良，赵绾、王臧等以文学为公卿，欲议古立明堂城南，以朝诸侯。草巡狩封禅改历服色事未就。会窦太后治黄老言，不好儒术，使人微伺得赵绾等奸利事，召案绾、

---

① 《汉书》卷 6《武帝纪》，第 156、157 页。

② 《史记》卷 107《魏其武安侯列传》，第 2843 页。

臧，绾、臧自杀，诸所兴为皆废。①

上引史料揭示了如下关键信息：第一，建元元年的礼制改革由窦婴、田蚡、赵绾、王臧一同发起；第二，此次改制的举措包含迎鲁申公、议立明堂、巡狩封禅、改历服色等；第三，此举遭到实际掌权的窦太后的反对，②遂使"诸所兴为皆废"，赵绾、王臧下狱自杀，窦婴、田蚡免官。

由此可知，申公及其弟子王臧、赵绾的改制以"明堂"为中心，但他们所谓的"欲设明堂"并不仅仅是要搞一个宗教建筑，而是希望效法周公"明诸侯于明堂之位。制礼作乐，颁度量，而天下大服"③。据其本传称，鲁申公为荀子的再传弟子，精于《鲁诗》及《穀梁春秋》，④是当时礼乐制度的权威，故武帝令人"束帛加璧安车驷马迎申公"，但当申公到达长安面见天子，武帝问其治乱之事时，申公却回应称"为治者不在多言，顾力行何如耳"。此语一出，无疑是给"方好文词"、欲有所为的武帝泼了一盆凉水，"然已招致，则以为太中大夫，舍鲁邸，议明堂事"⑤。不难看出，申公师徒所提出的改制主张大体上与文帝时贾谊"以礼义治之"的建策相类，即"改正朔，易服色制度，定官名，兴礼乐"及"封于泰山而禅梁父，朝诸侯，一天下"⑥。但申公师徒却无法提出立明堂的具体方案，⑦遂使武帝对

---

① 《史记》卷28《封禅书》，第1384页。

② 按：建元二年（前139），赵绾请毋奏事东宫。此举激怒窦太后，后者称："此欲复为新垣平邪！"遂将赵、王下狱，窦、田免官（《汉书》卷52《窦田灌韩传》，第2397页）。

③ 黄怀信、张懋镕、田旭东：《逸周书汇校集注》（修订本），上海古籍出版社，2007，第715~716页。

④ 《汉书·儒林传》："申公，鲁人也……卒以《诗》《春秋》授""瑕丘江公受《穀梁春秋》及《诗》于鲁申公""少与楚元王交俱事齐人浮丘伯，受《诗》"（《汉书》卷88《儒林传》，第3608、3617页）；同书《楚元王传》称"伯者，孙卿门人也"（《汉书》卷36《楚元王传》，第1921页）。

⑤ 《史记》卷121《儒林列传》，第3120~3122页。

⑥ 《汉书》卷84《贾谊传》，第2492页。又见阎振益、钟夏校注《新书校注》，第391页。

⑦ 徐复观曾考察《左传》《礼记》《周礼》《荀子》《吕氏春秋》等书中所记"明堂"，并提出周代的明堂"乃周人太庙之别称"，周人的"重大政事行为，皆于祖庙行之"，其明堂"有祀祖配天之意，但不以明堂即是法天，更与阴阳五行无涉"，此为"事实存在"的明堂；而《吕氏春秋·十二纪·纪首》中的乃是"理想的存在"的明堂。至于汉初的明堂观念尚未定型，包含儒生、道家、方士三支；赵绾、王臧为儒生一支的代表，他们"欲借古明堂之制，以整饬诸侯王及列侯纲纪。而汉代早另有庙制，与明堂无关。所以他们撇掉了'宗祀文王于明堂'的一面，而只取周公朝诸侯于明堂的一面""其所以难就，是要在庙制之外，再创造一套建筑与仪式出来的原故"（徐复观：《两汉思想史》第二卷，第14~20页）。

于这一派"以礼为治"的荀子后学的改制主张失去兴趣，① 随后以董仲舒、公孙弘为代表的公羊学代之而起。

（2）董仲舒、公孙弘与元光年间的再次改制

侯外庐指出："汉代的学术复古，是以春秋缙绅先生的儒术为中心，统治阶级的思想是以《春秋》之学为模范，武帝所谓'具以《春秋》对'，即他的法度的特质。"② 甚确。上文所论贾谊及申公师徒所学《春秋》分别为《左氏》和《榖梁》，他们依托《春秋》经义对文帝至武帝建元年间的改制事业发挥了重要影响。建元六年（前 135）五月"太皇太后崩"③，紧接着武帝重新起用田蚡为丞相，并"绌黄老刑名百家之言，延文学儒者数百人"④，再次发起礼乐改革。此次改制最大的变革，正是尊用了以公羊家为主的一批学者。

汉世素有"《春秋》为汉制法"的说法，此说正是源自公羊学说。《公羊传·哀公十四年》："君子曷为为《春秋》？拨乱世，反诸正，莫近诸《春秋》……制《春秋》之义以俟后圣。"⑤ 行至武帝朝，董仲舒、司马迁又对此说作了进一步发挥，他们将《春秋》所"俟"者定位为"圣汉"，例如：

> 《春秋繁露·三代改制文》："《春秋》应天作新王之事。"
>
> 《春秋繁露·玉杯》："孔子立新王之道。"⑥
>
> 《汉书·司马迁传》："壶遂曰：'孔子之时，上无明君，下不得任用，故作《春秋》，垂空文以断礼义，当一王之法。'"⑦
>
> 《史记·十二诸侯年表》："孔子……次《春秋》，上记隐，下至哀之获麟，约其辞文，去其烦重，以制义法。"⑧
>
> 《史记·太史公自序》："余闻董生曰……夫《春秋》，上明三王之道，下辨人事之纪，别嫌疑，明是非，定犹豫，善善恶恶，贤贤贱

---

① 陈苏镇：《〈春秋〉与"汉道"：两汉政治与政治文化研究》，第 133~206 页。

② 侯外庐等：《中国思想通史》第二卷，第 59 页。

③ 《汉书》卷 6《武帝纪》，第 160 页。

④ 《史记》卷 121《儒林列传》，第 3118 页。

⑤ （清）阮元校刻《十三经注疏》，第 2354 页。何休注"以俟后圣"曰："代圣汉之王以为法。"

⑥ （清）苏舆：《春秋繁露义证》，第 187、28 页。

⑦ 《汉书》卷 62《司马迁传》，第 2719 页。

⑧ 《史记》卷 14《十二诸侯年表》，第 509 页。

不肖，存亡国，继绝世，补敝起废，王道之大者。"①

以上种种说明时人"具以《春秋》对"并非只是天子诏策所限，更是因为他们从学理上认为《春秋》内含"王道"的总原则。汉儒根据这些原则为汉武帝制定了改制的路线图，即所谓"《春秋》为汉立法"。但《春秋》为汉所立之法的具体内容是什么，汉儒"具以《春秋》对"的学术复古又是如何影响武帝的"法度"？对此则需要我们从武帝的相关诏策中寻找答案。

元光元年（前134）五月诏云：

> 朕闻昔在唐虞，画象而民不犯，日月所烛，莫不率俾。周之成康，刑错不用，德及鸟兽，教通四海。海外肃慎，北发渠搜，氐羌徕服。星辰不孛，日月不蚀，山陵不崩，川谷不塞；麟凤在郊薮，河洛出图书。呜虖，何施而臻此与！今朕获奉宗庙，夙兴以求，夜寐以思，若涉渊水，未知所济。猗与伟与！何行而可以章先帝之洪业休德，上参尧舜，下配三王！朕之不敏，不能远德，此子大夫之所睹闻也。"贤良明于古今王事之体，受策察问，咸以书对，著之于篇，朕亲览焉。"于是董仲舒、公孙弘等出焉。②

前文已述，文景时期虽已立专经博士，但他们只是作为待诏的学术顾问，对汉政的影响实为有限。《汉书·西域传》"赞"称"遭值文、景玄默，养民五世，天下殷富，财力有余，士马强盛"③。我们知道，文景之"玄默"并非老庄所倡之遁世与无为，而是指他们作为继体之君的汉家天子与军功集团之间达成了一种有限皇权的政治运作模式。以文帝、窦后、景帝为代表的统治集团皆受此大环境影响，故《史记·儒林列传》云："孝惠、吕后时，公卿皆武力有功之臣。孝文时颇征用（儒生），然孝文帝本好刑名之言。及至孝景，不任儒者，而窦太后又好黄老之术，故诸博士居官待问，未有进者。"④

---

① 《史记》卷130《太史公自序》，第3297页。
② 《汉书》卷6《武帝纪》，第160~161页。
③ 《汉书》卷96《西域传》，第3928页。
④ 《史记》卷121《儒林列传》，第3117页。

反观武帝，其作为储君时已经受到儒学的浸润，[1] 对于儒家所倡言之太平、礼制更是心生向往。即位伊始的初次改制虽然被窦太后强力抑止，但五帝三王的太平景象早已镌刻于武帝心中，并成为他奋发作为的宏大愿景，故当窦太后去世后武帝再次发起改制，此次诏策开宗明义表示他获奉宗庙以来夙兴夜寐，反复思考"何行而可以章先帝之洪业休德，上参尧舜，下配三王"，但始终"未知所济"。此时的武帝对于儒生倡言的太平盛世充满期待，但苦于未能找到兴致太平的具体路径，因此希望贤良能够"受策察问，咸以书对，著之于篇"。在此背景下，董仲舒、公孙弘相继"出焉"。

上引武帝元光元年贤良诏又见于《汉书·董仲舒传》，其中详细记载了汉武帝与董仲舒之间围绕"王道""天命""礼乐""仁义""教化""刑罚"等命题的三次对策，史称《天人三策》。将此三策与《春秋繁露》的相关内容对参，即可窥见董子依托《公羊传》为汉家礼乐改革所做的制度设计。[2] 史称董仲舒"通《五经》，能持论，善属文"，[3] 这一点亦深刻体现在《天人三策》中。在对策中，董仲舒通过严谨而巧妙的安排将武帝所关心的核心问题"天命"与"王道"、"礼乐"与"太平"等引入"德教"与"刑罚"、"教化"与"礼治"的理论之中，不仅有力地表达了自己的学术主张，也在一定程度上影响了武帝对儒家礼乐政教的接受。[4] 在第一策中，武帝以"五帝三王之道"起问，他说：

---

[1] 建元年间力主改制的王臧即是刘彻为太子时的经师，其本传称"兰陵王臧既受诗（鲁申公），以事孝景帝为太子少傅，免去。今上初即位，臧乃上书宿卫上，累迁，一岁中为郎中令"（《史记》卷121《儒林列传》，第3121页）。

[2] 《汉书·董仲舒传》称其"所著，皆明经术之意，及上疏条教，凡百二十三篇。而说《春秋》事得失，《闻举》《玉杯》《蕃露》《清明》《竹林》之属，复数十篇，十余万言，皆传于后世"（《汉书》卷56《董仲舒传》，第2525~2526页）。但《汉书·艺文志》之《六艺略》春秋类录"《公羊董仲舒治狱》十六篇"、《诸子略》儒家类录"《董仲舒》百二十三篇"，未云《春秋繁露》，该书至《隋书·经籍志》始见著录，应是后人辑佚而成。陈振孙认为"此决非其本真"，参见（宋）陈振孙《直斋书录解题》，徐小蛮、顾美华点校，上海古籍出版社，2015，第55页。黄朴民则认为该书"不可能是后人所依托"，"而应该和《汉书》本传"一起作为研究董仲舒新儒学的最基本材料（黄朴民：《〈春秋繁露〉的真伪与体例辨析》，《齐鲁学刊》1992年第2期）。

[3] 《汉书》卷88《儒林传》，第3617页。

[4] 陈苏镇指出，武帝对公羊学的了解有一个过程。"其中重要的事情有三件：一是董仲舒以贤良对策，二是公孙弘受到武帝赏识，三是董仲舒与江公的辩论。"这三件事使公羊学向正统学说的宝座依次迈出了三大步（陈苏镇：《〈春秋〉与"汉道"：两汉政治与政治文化研究》，第221页）。

　　盖闻五帝三王之道，改制作乐而天下洽和，百王同之。当虞氏之乐莫盛于《韶》，于周莫盛于《勺》。圣王已没，钟鼓管弦之声未衰，而大道微缺，陵夷至乎桀纣之行，王道大坏矣。夫五百年之间，守文之君，当途之士，欲则先王之法以戴翼其世者甚众，然犹不能反，日以仆灭，至后王而后止，岂其所持操或悖缪而失其统与？固天降命不可复反，必推之于大衰而后息与？乌乎！凡所为屑屑，夙兴夜寐，务法上古者，又将无补与？三代受命，其符安在？灾异之变，何缘而起？性命之情，或夭或寿，或仁或鄙，习闻其号，未烛厥理。伊欲风流而令行，刑轻而奸改，百姓和乐，政事宣昭，何修何饬而膏露降，百谷登，德润四海，泽臻屮木，三光全，寒暑平，受天之祜，享鬼神之灵，德泽洋溢，施乎方外，延及群生？

　　由上述可知，虽然武帝弃用了申公师徒所倡之改制举措，但他对礼乐改制的定位和理解已深受贾谊、申公的影响：一方面，武帝对于五帝三王通过改制作乐进而实现天下和洽的太平景象表示钦慕；另一方面，他又对先王礼乐的治世功效产生怀疑。因为伴随圣王的离世，其所制音声虽然犹存于世，但大道微缺至于桀纣而大坏，其后数百年间“欲则先王之法以戴翼其世者甚众，然犹不能反”。由此引发武帝对于“天道”及“王道”有无规律、其效用的恒久性产生怀疑。概言之，武帝虽然对“天子受天命治天下”的理论逻辑表示认可，但他又对“圣王之道”的实际效用深感疑虑，故下诏令明习先圣之业的子大夫“靡有所隐”，尽心对策。

　　对此，董仲舒主要从以下三个层面予以分疏和回应。①

　　第一，关于“天命”与“王道”的关系。董仲舒先是将武帝关心之“天命”的获得系于践行“王道”，并称：“臣谨案《春秋》之中，视前世已行之事，以观天人相与之际，甚可畏也。国家将有失道之败，而天乃先出灾

----

① 今按：董仲舒的思想颇为庞杂，他对汉代礼乐文化的影响体现在实践和理论两个方面：前者以《天人三策》为代表，此举加深了武帝对公羊家相关理论的系统认知，并对其后公孙弘的拔擢起到了奠基作用；后者则指他将阴阳五行学说引入儒学，使有关礼乐的天道论、历史观、人性论均发生巨大变革，故《汉书·五行志序》称其“治《公羊春秋》，始推阴阳，为儒者宗”，其后的眭孟、京房、翼奉、李寻、刘歆等人皆受其影响，由此构成了汉儒以阴阳五行解说天道、历史、人伦的时代特色。

害以谴告之，不知自省，又出怪异以警惧之，尚不知变，而伤败乃至。以此见天心之仁爱人君而欲止其乱也。自非大亡道之世者，天尽欲扶持而全安之，事在强勉而已矣。强勉学问，则闻见博而知益明；强勉行道，则德日起而大有功。此皆可使还至而（立）有效者也。"[1] 从武帝的诏策来看，他对天道的规律和王道的效用始终抱有疑虑，故问及"百王同之""同条共贯""久而不易"的王道制度是否真正存在，因为伴随秦政的一统天下，时人看到了"法治"对社会运转的效能，因此倾向于法家所言"三代不同礼而王，五霸不同法而霸""治世不一道，便国不必法古"的思想。[2] 对此，董仲舒循着武帝对"天道"的理解予以阐发，他一方面继承了孔孟"圣人法天立道"的传统，另一方面又将阴阳家及墨家的天道理论引入儒家的天论之中，形成了以阴阳五行、天志、天令为特色的新的儒学天道观。[3] 他认为《春秋》所载之"前世已行之事"昭示出"天"乃是一个综括了自然、宗教、道德的最高主体，即便是在"大亡道之世"，上天依然会通过"灾害""怪异"给予人君"谴告""警惧"，以此彰显"天心之仁爱人君而欲止其乱也"。与之相对，如果人君有为，能够实现政治清明和社会和谐，则上天又会降下"白鱼入于王舟""流火复王屋"之类的祥瑞，即所谓"天之所奉使之王者，必有非人力所能致而自至者"的"受命之符"。在此基础上，董仲舒进一步提出"王者欲有所为，宜求其端于天"，而天道的运行规律体现在"阴阳刑德"的法则之上，即："天道之大者在阴阳。阳为德，阴为刑，刑主杀而德主生。是故阳常居大夏，而以生育养长为事；阴常居大冬，而积于空虚不用之处。以此见天之任德不任刑也。"因此王者欲有所为必须"强勉行道"，即所谓"王者承天意以从事，故任德教而不任刑"。然而"至周之末世，大为亡道，以失天下。秦继其后，独不能改"，原因在于周衰及亡秦皆"尽灭先王之道""废德教而任刑罚"，遂使"邪气积于下，怨恶畜于上。上下不和，则阴阳缪盩而妖孽生矣"。汉兴以来

---

① 《汉书》卷56《董仲舒传》，第2498~2499页。
② 高亨：《商君书注译》，清华大学出版社，2011，第29、30页。
③ 冯友兰将先秦时期的"天"概括为"物质""主宰""运命""自然""义理"五种类型（冯友兰：《中国哲学史》，《三松堂全集》第二卷，河南人民出版社，2001，第281页）；蒙培元在此基础上将"天"精炼为自然之天（指自然天道的运行法则）、宗教之天（指宇宙的最高主宰）、道德之天（指人性与道德的终极来源）（蒙培元：《重新解读孔子的天人之学》，《中国儒学》第一辑，商务印书馆，2009，第119~120页）。

"常欲善治而至今不可善治者，失之于当更化而不更化也"。① 董仲舒强调王道法天道，故当"纯任德教"，因此必须改制更化。

第二，关于"王道"的效用及其规律。初上此策后，"天子览其对异焉"，遂又复下两册诏问要求"明其指略"。彼时百余人的待诏博士言人人殊，令武帝目眩，称他们"或道世务而未济，稽诸上古之不同，考之于今而难行"。② 武帝要求他们结合汉朝的实际明确回答"王道"的具体内涵和效用，以及"兴致太平"的普遍规律。关于"王道"的内涵，董仲舒认为"仁义礼乐皆其具也"，但"礼乐仪轨"仅为其表，"仁义教化"方是谋求"王道"的根本所在，即"古者修教训之官，务以德善化民，民已大化之后，天下常亡一人之狱矣"，由此认为王道的落实在于"王者上谨于承天意，以顺命也；下务明教化民，以成性也；正法度之宜，别上下之序，以防欲也"；至于"王道"的规律，董仲舒一方面承认先王之道的确存在劳逸之别，此即虞舜"垂拱无为而天下治"，周文王、武王、周公却"日昃不暇食"，但他又强调这是由于"所遇之时异也"；另一方面，董子又强调"王道"在本质上并无差异，而是"条贯同"，也就是说，他认为"王道"的效用在于"所繇适于治之路也"，即王道对于社会治理具有无可替代的功效，他说"臣闻圣王之治天下也，少则习之学，长则材诸位，爵禄以养其德，刑罚以威其恶，故民晓于礼谊而耻犯其上""故圣王已没，而子孙长久安宁数百岁，此皆礼乐教化之功也"。③

第三，关于制礼作乐的程式。虽然董仲舒与贾谊一派皆反对承秦的法治，力主改制作乐，但董子并不同意荀子一派的"法后王"的改制方案，④而是强调应效法以尧舜为代表的"三王之道"，他说："三王之道所祖不同，非其相反，将以救溢扶衰，所遭之变然也。故孔子曰：'亡为而治者，其舜虖！'改正朔，易服色，以顺天命而已；其余尽循尧道，何更为哉！故王者有改制之名，亡变道之实。然夏上忠，殷上敬，周上文者，所继之救，当用此也。"并且在制礼作乐的程式上必须以"教化"为前提，王者

① 《汉书》卷 56《董仲舒传》，第 2500~2505 页。
② 《汉书》卷 56《董仲舒传》，第 2507、2514 页。
③ 《汉书》卷 56《董仲舒传》，第 2499、2515、2509、2510、2501 页。
④ 杨向奎认为董仲舒的思想兼杂孟荀，分别构成了他"天人之学"及《公羊》大一统的礼治学说（杨向奎：《汉武帝和董仲舒》，《绎史斋学术文集》，上海人民出版社，1983 年，第 105 页）。

"功成作乐""乐者，乐其德也"构成了制礼作乐的基本原则。他以西周为例，称"武王行大谊，平残贼，周公制礼作乐以文之，至于成康之隆，囹圄空虚四十余年"，强调成康时期之所以能够兴致太平乃"教化之渐而仁谊之流"。而"王者未作乐之时，乃用先王之乐宜于世者，而以深入教化于民"。①

董子不厌其烦地向武帝陈说礼乐改制的意义与路径，但似乎效果有限。《汉书》其本传称"对既毕，天子以仲舒为江都相，事易王"②。宋人刘宰称"洎仲舒复对不过谆谆乎礼义教化之事，其他本末度数，事制曲防，皆略而不及"③。的确，武帝的诏书反复提及他所听闻之至治圣世的太平景象，④ 其初衷本是希冀贤良文学能够找到天命在我的信心，并为其改制提供可供操作的具体方案，即：改制礼乐→膺受天命→祥瑞皆至→实现太平。然而董仲舒不仅未能体恤上意、明了武帝欲求"速至太平"的美好愿望，反而欲借上天的灾异谴告来限制君权，⑤ 并且将无限期的教化过程作为兴致太平的前提，使得太平成为一种遥不可及的海市蜃楼。此举必然难以顺应武帝心意。反观与之同朝的公孙弘，虽然后者"治《春秋》不如董仲舒"，但他善于"希世用事"，其对策的基本思路与董仲舒之策基本一致，区别是公孙弘敏锐地捕捉到了武帝急于求成的心态，不仅否定了禹汤盛世的洪水、旱灾为天谴，而且强调此类事件为帝尧末年的德衰及夏桀作恶之余烈，扫除了汉武对于盛世灾异的疑虑。⑥ 公孙弘的此次对策发生在元光五年（前130），起初"太常令所征儒士各对策，百余人，（公孙）弘第居下。策奏，天子擢弘对为第一"，并拜为博士，⑦ 数年间官拜丞相，封平津侯。究其原因，一是因为经过五年的沉淀，武帝对于公羊家所倡之礼

① 《汉书》卷56《董仲舒传》，第2518、2510、2499页。
② 《汉书》卷56《董仲舒传》，第2523页。
③ （宋）刘宰：《漫塘文集》卷18"前汉书十八条"，民国嘉业堂丛书本。
④ 即上引元光元年诏"膏露降，百谷登，德润四海，泽臻中木，三光全，寒暑平，受天之祜，享鬼神之灵，德泽洋溢，施虖方外，延及群生"，及元光五年诏"阴阳合，五谷登，甘露降，风雨时，嘉禾兴，朱中生，山不童，泽不涸；麟凤在郊薮，龟龙游于沼"。（《汉书》卷58《公孙弘卜式兒宽传》，第2613页）
⑤ 学人多认为董仲舒此举旨在"申天以制君"，即"以天的意志来压服当时至高无上的皇帝"，参见徐复观《儒家对中国历史命运挣扎之一例——西汉政治与董仲舒》（徐复观：《学术与政治之间》，九州出版社，2004，第346页）；陈侃理《董仲舒的〈春秋〉灾异论》，《文史》2010年第2辑。
⑥ 《汉书》卷58《公孙弘卜式兒宽传》，第2617页。
⑦ 《史记》卷112《平津侯列传》，第2949页。

乐改制已有深刻的认识，① 更重要的是公孙弘的建策极大地满足了武帝对"速至太平"的期许。

（3）公羊学对于武帝改制的影响

《史记·太史公自序》云："汉兴五世，隆在建元，外攘夷狄，内修法度，封禅，改正朔，易服色。作《今上本纪》。"② 司马迁将武帝的文治武功定位于"外攘夷狄"和"内修法度"：前者指武帝变更了汉初以来以和亲为举措的汉夷关系，代之以针对匈奴、闽越等夷狄发起了常年的军事斗争；至于后者，依据上下文当指"封禅，改正朔，易服色"等系列文化举措，③ 其目标旨在将统治体制由汉初以来郡国并行的双轨制转变为"德归京师"的中央集权制，最后形成"天子之德，一人有庆，天下赖之"的君王绝对权威。④ 公羊学的相关理论为其改制提供了重要依托，主要体现在如下几个方面。

其一，公羊家的《春秋》"三世异治说"为汉武改制提供了路线图。《公羊传》隐公元年十二月："所见异辞，所闻异辞，所传闻异辞。"⑤ 《春秋繁露·楚庄王》篇云："《春秋》分十二世以为三等，有见，有闻，有传闻；有见三世，有闻四世，有传闻五世。故哀、定、昭，君子之所见也；襄、成、宣、文，君子之所闻也；僖、闵、庄、桓、隐，君子之所传闻也。所见六十一年，所闻八十五年，所传闻九十六年。于所见微其辞，与所闻痛其祸，与传闻杀其恩，与情俱也……屈伸之志，详略之文，皆应之。"⑥ 何休将此称为由"衰乱"到"升平"，由"升平"再到"太平"的三个发展阶段。皮锡瑞称："盖《春秋》本拨乱而作，孔子欲明驯致太

---

① 陈其泰将"董仲舒对《春秋》经传的阐释"概括为七个方面：（1）突出《春秋》在儒家六经中的地位，论述它具有纲纪天下的神圣法典的意义；（2）"大一统"的政治观；（3）"张三世"的变易观；（4）"通三统"的改制观；（5）"德刑相兼"；（6）天人感应和谴告说；（7）经权之说（姜广辉主编《中国经学思想史》第二卷，中国社会科学出版社，2003，第54页）。

② 《史记》卷130《太史公自序》，第3303页。

③ 田余庆"疑所谓'变更制度'，系泛指政治、经济等诸项改革而言，非特有所指"，大致而言，包含：罢黜百家、独尊儒术的意识形态改革，"更定律令"的法治改革，设中朝、行察举、建太学、削王国、改兵制、设刺史等政治、军事的改革，以及统一货币、管盐铁、算缗、平准、均输等经济制度的改革（田余庆：《论轮台诏》，《秦汉魏晋史探微》（重订本），中华书局，1993，第33页注三）。

④ 逯耀东：《抑郁与超越：司马迁与汉武帝时代》，九州出版社，2022，第226页。

⑤ （清）阮元校刻《十三经注疏》，第2200页。

⑥ （清）苏舆：《春秋繁露义证》，第9~11页。

平之义，故借十二公之行事，为进化之程度，以示后人治拨乱之世应如何，治升平之世应如何，治太平之世应如何。义本假借，与事不相比附。"① 陈苏镇将该过程概括为"由近及远"（即先"京师"后"诸夏"再"夷狄"）和"由易而难"（即先惩"小恶"再治"大恶"）两个向度。② 因此，在"公羊三世说"中又包含"夷夏之辨"与"尊王攘夷"的思想：前者指"《春秋》内其国而外诸夏，内诸夏而外夷狄"，强调天下秩序包含由内及外的三层关系（即京师、诸夏、夷狄）；后者则指践行王道、拨乱反正的基本顺序为"桓公救中国，而攘夷狄，卒怗荆"，即由内及外、由近至远循序渐进。③ 武帝的改制事业基本循此思路，例如，西汉初年承袭秦制建立了一个以关中为主、关东为辅，即由汉家天子加同姓诸侯王的复合型国家形态，相当于"内其国而外诸夏"的衰乱阶段；自文帝起贾谊建议"因行兼爱无私之道，罢关一通，天下无以区区独有关中者"，④ 逐步加强了对诸侯王的控制，实现了对关中、关东的直接统治。对四夷之地的匈奴、朝鲜、西南夷、南越、东瓯则采取羁縻政策，相当于"内诸夏而外夷狄"的升平阶段；行至武帝时期，通过"外攘夷狄""内修法度"等系列举措凸显了天子的权威，相当于"远夷之君内而不外""天下远近小大若一"的太平阶段。⑤ 不过，按照公羊家的理论，所谓"太平"之世并非已然太平之时，而是逐渐接近太平的那个阶段，此时的任务是完成从"升平"向"太平"过渡，最终实现天下太平。⑥ 是故，董仲舒又强调"今陛下并有天下，海内莫不率服，广览兼听，极群下之知，尽天下之美，至德昭然，施于方外。夜郎、康居，殊方万里，说德归谊，此太平之致也。然

---

① 皮锡瑞《经学通论》之"论三统、三世是借事明义，黜周、王鲁亦是借事明义"条，吴仰湘点校，中华书局，2018，第395页。
② 陈苏镇：《〈春秋〉与"汉道"：两汉政治与政治文化研究》，第177页。
③ （清）阮元校刻《十三经注疏》，第2297、2249页。
④ 阎振益、钟夏校注《新书校注》，第113页。
⑤ 《史记·匈奴列传》："汉既诛大宛，威震外国。天子意欲遂困胡，乃下诏曰：'高皇帝遗朕平城之忧，高后时单于书绝悖逆。昔秦襄公九世之仇，《春秋》大之。'是岁太初四年也。"裴骃《集解》引《公羊传》曰："九世犹可以复仇乎？曰虽百世可也。"（《史记》卷110《匈奴列传》，第2917页）有学者指出自马邑之战即可看出武帝洗雪平城之耻的坚定决心，参见邢义田《汉武帝在马邑之役中的角色》，《"中央研究院"历史语言研究所集刊》第63本第1分，1993，第1~29页。杨向奎强调"《公羊》的夷夏之分不是种族上的概念，而是政治上的分野"（杨向奎：《〈公羊传〉中的历史学说》，收入氏著《绎史斋学术文集》，第95页）。
⑥ 陈苏镇：《〈春秋〉与"汉道"：两汉政治与政治文化研究》，第238页。

而功不加于百姓者，殆王心未加焉"。① 意思是说武帝虽然使夷狄归附、天下率服，开始具有太平的基本景象，但未将礼乐教化施于百姓，故曰"王心未加"，因此还不是真正的太平之世。与之相类，公孙弘亦称："今陛下昭至德，开大明，配天地，本人伦，劝学修礼，崇化厉贤，以风四方，太平之原也。"② 这些论述表明，礼乐教化构成了公羊家为武帝设计的兴致太平的最终环节。

其二，"如有王者，必世后仁"：公羊学为武帝拨乱反正提供了以"卅年"为期的时间表。董仲舒在策论中强调"教化之情不得，雅颂之乐不成"，就是说在制礼作乐之前必须先行礼乐教化，其立论的逻辑是敦行教化，"天下常亡一人之狱"，故王者的使命乃是"上谨于承天意""下务明教化民""正法度之宜，别上下之序"。经过礼乐教化，万民得以"明于天性，知自贵于物；知自贵于物，然后知仁谊；知仁谊，然后重礼节；重礼节，然后安处善；安处善，然后乐循理；乐循理，然后谓之君子"。③ 按照董仲舒的逻辑，王者必须在完成推行教化、变通风俗的程序后方可制礼作乐。此说又见于《春秋繁露·盟会要》，其称"清廉之化流，然后王道举，礼乐兴"，即是将兴致太平的过程概况为：行教化→举王道→作礼乐。与之相对的则是虚作的礼乐仪轨，故《楚庄王》篇称："天下未遍合和，王者不虚作乐。"④

此外，为加深武帝对此的认识，董仲舒又举西周为例，称："文王顺天理物，师用贤圣……爱施兆民，天下归之……武王行大谊，平残贼，周公作礼乐以文之，至于成康之隆，囹圄空虚四十余年，此亦教化之渐而仁谊之流。"⑤ 其实，汉武帝并不排斥制礼作乐之前的教化阶段，只是董仲舒对于教化过程时限的长篇大论难以贴合武帝欲求速成的改制热情。⑥ 董子云："臣闻尧受命，以天下为忧，而未以位为乐也，故诛逐乱臣，务求贤圣，是以得舜、禹、稷、卨、咎繇。众圣辅德，贤能佐职，教化大行，天

---

① 《汉书》卷56《董仲舒传》，第2511页。
② 《史记》卷121《儒林列传》，第3594页。
③ 《汉书》卷56《董仲舒传》，第2499、2515~2516页。
④ （清）苏舆：《春秋繁露义证》，第141、20页。
⑤ 《汉书》卷56《董仲舒传》，第2509、2510页。
⑥ 武帝的第三策强调："今子大夫明于阴阳所以造化，习于先圣治道业，然而文采未极，岂惑虖当世之务哉？条贯靡竟，统纪未终，意朕之不明与？听若眩与？"（《汉书》卷56《董仲舒传》，第2513~2514页）

下和洽……故孔子曰'如有王者，必世而后仁'。"又称："臣闻众少成多，积小致巨，故圣人莫不以晻致明，以微致显。是以尧发于诸侯，舜兴乎深山，非一日而显也，盖有渐以致之矣。"① 在董仲舒看来，兴致太平需要一个"积小致巨""以微致显"的过程，即便是尧舜这般的圣王也至少需要"一世"（三十年）的时间。此说源自《论语·子路》，孔子将"兴致太平"的主导者区分为"王者"与"善人"两类："王者"的改制为"必世而后仁"，即"卅年之期"便可实现"大同"；而"善人为邦百年亦可以胜残去杀矣"，即需要百年之久方可"小康"。②《汉书·刑法志》亦引此说，并解释称："言圣王承衰拨乱而起，被民以德教，变而化之，必世然后仁道成焉；至于善人，不入于室，然犹百年胜残去杀矣。此为国者之程式也。"③ 孔子认为相较于尧舜之类的"王者"，后起五霸之类的"善人"如若要实现拨乱反正，至少需要百年之期，此说得到战国秦汉之际儒生的普遍认可，例如，汉初叔孙通奔赴鲁地欲制朝仪时，二鲁生讥讽道："礼乐所由起，百年积德而后可兴。"④ 这些情况说明，"必世后仁"与"百年积德"乃是时人对于兴致太平所需时间的一种文化共识。由此可知，董仲舒为武帝改制设计的时间表应是渊源有自，但照此"程式"难以满足武帝"夙兴夜寐"的迫切心情，由此持此论的董仲舒之仕途黯淡。相较而言，公孙弘为武帝擘画的太平之路更加便捷，他说："臣闻周公旦治天下，期年而变，三年而化，五年而定。唯陛下之所志。"听罢此言武帝虽喜但也表示怀疑，公孙弘又进曰："臣闻揉曲木者不累日，销金石者不累月，夫人之于利害好恶，岂比禽兽木石之类哉？期年而变，臣弘尚窃迟之。"⑤

---

① 《汉书》卷56《董仲舒传》，第2508、2517页。《春秋繁露·考功名》称："天道积聚众精以为光，圣人积聚众善以为功。故日月之明，非一精之光也；圣人致太平，非一善之功也。"

② 刘宝楠：《论语正义》，第531页。

③ 《汉书》卷23《刑法志》，第1108页。

④ 《汉书》卷43《叔孙通传》，第2126页。

⑤ 《汉书》卷58《公孙弘卜式儿宽传》，第2617、2618页。虽然公孙弘在策论中也强调"德化"对于礼乐重建的先导作用，并称"古者政教未洽，不备其礼，请因旧官而兴焉。为博士官置弟子五十人"云云（《史记·儒林列传》，第3119页），但他的这些建策并非基于学理层面，而是贴合武帝"缘饰以儒术"的实用取向。据此，金德建认为公孙弘"表面上的确是像个儒家人物，骨子里却实在是个法家"（金德建：《司马迁所见书考》，上海人民出版社，1963，第134页）。

　　概而言之，武帝综括二人的建议，最终以圣王自居，将其改制的时间表限于"必世而后仁"的"卅年之期"，并按照公羊家所言"尊王攘夷"的思路予以推进，最终在元封元年（前110）开启了象征制礼作乐的封禅大典。据《汉书·武帝纪》载："（元封元年）夏四月癸卯，上还，登封泰山，降坐明堂。诏曰：'朕以眇身承至尊，兢兢焉惟德菲薄，不明于礼乐，故用事八神。遭天地况施，著见景象，屑然如有闻。震于怪物，欲止不敢，遂登封泰山，至于梁父，然后升禅肃然。自新，嘉与士大夫更始，其以十月为元封元年。'"① 武帝登封泰山，其意旨在昭告天下"太平已至"，故而他要"向天告成""与天下更始"。关于武帝的年号，《史记·封禅书》云："有司言元宜以天瑞命，不宜以一二数。一元曰'建'，二元以长星曰'光'，三元以郊得一角兽曰'狩'云。"② 赵翼《廿二史札记》称武帝"至元狩始建年号，从前之建元、元光等号，乃元狩后重制嘉号，追纪其岁年也"③。武帝于建元元年即位，经建元、元光、元朔、元狩、元鼎各为六年的五个年号，至元封元年恰为三十年，印证了他对"如有王者，必世而后仁"的"卅年之期"的自信选择。

　　其三，"乐则韶舞"与"以德化民"：公羊学对礼乐改制的内在要求。既然公羊家将王者制礼作乐的程式定位于教化之后，那么在此之前应该用何礼乐教化万民，使之敦化成性？《春秋公羊传》"隐公五年"，何休注曰："王者治定制礼，功成作乐，未制作之时，取先王之礼乐宜于今者用之。"④ 汉儒多以此为据陈说先王之乐，例如，董仲舒对策称"王者未作乐之时，乃用先王之乐宜于世者，而以深入教化于民"⑤；宣帝时王吉上疏建言改制，亦称"王者未制礼之时，引先王礼宜于今者而用之"⑥；《白虎通·礼乐》篇曰："王者始起，何用正民？以为且用先王之乐。天下太平，乃更制作焉。"⑦

　　我们知道，制氏乐家世代传承周代雅乐，但彼时所流传的六代庙乐仅

① 《汉书》卷6《武帝纪》，第191页。
② 《史记》卷28《封禅书》，第1389页。
③ （清）赵翼著，王树民校证《廿二史札记校证》，第38页。辛德勇对此做了详细辩证，参见氏著《重谈中国古代以年号纪年的启用时间》，《文史》2009年第1辑。
④ （清）阮元校刻《十三经注疏》，第2207页。
⑤ 《汉书》卷56《董仲舒传》，第2499页。
⑥ 《汉书》卷72《王贡两鲍传》，第3063页。
⑦ 陈立：《白虎通疏证》，吴则虞点校，中华书局，1994，第99页。

余虞舜之《招》舞和周武王之《武》舞。① 故武帝在诏策中称"当虞氏之乐莫盛于《韶》，于周莫盛于《勺》"，师古曰："《韶》，舜乐。"张晏曰："《勺》，《周颂》篇也，言能成先祖之功以养天下也。"② 《文献通考·乐考一》："成王时，周公作《勺》。"③ 王国维《说勺舞象舞》："周一代大舞曰《大武》，其小舞曰《勺》、曰《象》……然汉儒皆以《勺》《象》与《大舞》为一。"④ 由此可知，汉初《韶》《武》并存当为史实。董仲舒循此将《韶》乐作为汉家礼乐教化的来源，称："《春秋》应天作新王之事……乐宜亲《招武》，故以虞录亲，乐制宜商，合伯子男为一等。"苏舆注云："《招武》，即《韶舞》，招、韶字通。武，为舞之讹。"⑤ 康有为将此断句为"乐宜亲招武，故以虞录亲乐"。⑥ 钟肇鹏解释称："'招武'即箫韶九成，虞舜之乐。"⑦ 卢文弨校语曰："乐制，疑当作爵制。"陈苏镇表示认同，并称"制宜商，合伯子男为一等"，就是说虞舜之制乃是宜于汉朝之世的先王礼乐。⑧ 《春秋繁露·楚庄王》又对虞舜之乐作了进一步解释，称："舜时，民乐其昭尧之业也，故《韶》。'韶'者，昭也。"⑨ 此说亦见于《天人三策》，他说："臣闻尧受命，以天下为忧，而未以位为乐也，故诛逐乱臣，务求贤圣，是以得舜、禹、稷、卨、咎繇。众圣辅德，贤能佐职，教化大行，天下和洽，万民皆安仁乐谊，各得其宜，动作应礼，从容中道"，又称舜"即天子之位，以禹为相，因尧之辅佐，继其统业，是以垂拱无为而天下治。孔子曰'《韶》尽美矣，又尽善（也）〔矣〕'，此之

① 《汉书·礼乐志》云"自夏以往，其流不可闻已，殷《颂》犹有存者。《周诗》既备，而其器用张陈，《周官》具焉。……陈，舜之后，《招乐》存焉"，又称"汉兴，乐家有制氏，以雅乐声律世世在大乐官……曰《文始舞》者，本舜《招舞》也……《五行舞》者，本周舞也"（《汉书》卷22《礼乐志》，第1038、1039、1043、1044页）。《通典·乐一》："秦始皇平天下，六代庙乐惟《韶》《武》存焉。二十六年，改周《大武》曰《五行》，《房中》曰《寿人》，衣服同《五行乐》之色。"〔（唐）杜佑：《通典》卷141，王文锦等点校，中华书局，1988，第3592页〕
② 《汉书》卷56《董仲舒传》，第2496、2497页。
③ （元）马端临：《文献通考》卷128，上海师范大学古籍研究所、华东师范大学古籍研究所点校，中华书局，2011，第3933页。
④ 王国维：《观堂集林》卷2，中华书局，1959，第109页。
⑤ （清）苏舆：《春秋繁露义证》，第187、191页。
⑥ 康有为：《春秋董氏学》，楼宇烈整理，中华书局，1990，第74页。
⑦ 钟肇鹏：《春秋繁露校释》（校补本），河北人民出版社，2005，第433页。
⑧ 陈苏镇：《〈春秋〉与"汉道"：两汉政治与政治文化研究》，第165页。
⑨ （清）苏舆：《春秋繁露义证》，第20页。

谓也。"①《公羊传·哀公十四年》："君子曷为为《春秋》？拨乱世，反诸正，莫近诸《春秋》。则未知其为是与？其诸君子乐道尧舜之道与？末不亦乐乎尧舜之知君子也？制《春秋》之义以俟后圣。"何休注曰，"道同者相称，德合者相友。故曰：乐道尧舜之道"，"末不亦乐后有圣汉命而王，德如尧舜之知孔子为制作"；徐彦疏曰"孔子之德合于尧舜，是以爱而慕之，乃作《春秋》，与其志相似也""孔子之道既与尧舜雅合，故得与尧舜相对为首末"。② 由此来看，所谓虞舜之《韶》乐实际上旨在表达虞舜垂拱因应帝尧之道，而孔子之德合于尧舜，又效法尧舜撰著《春秋》为汉立法，按照《春秋》为汉立法的原则，董仲舒认为汉家施行的礼乐教化也应该"尽循尧道"，在音乐方面要以尧舜之《韶》舞为则。

五 过秦立汉：武帝朝的"太一后土祠"

前文已述，武帝朝的郊祀改革上承文帝，起初文帝欲借汉法改造从俗而治的东方文化，希望由此增益皇权并实现文化的统一。但此举不仅遭到同姓诸侯王的激烈反抗，而且引起贾山、贾谊、张释之等智识阶层的警觉，后者纷纷以"秦制二世而亡"为喻，申论严刑苛法不仅无法实现东西部的文化融合，而且有可能重蹈亡秦覆辙。先是前元二年（前178）十一月癸卯晦出现日食，文帝下诏"举贤良方正能直言极谏者"，贾山"言治乱之道，借秦为谕，名曰《至言》"，文中将秦政之失归因于"不笃礼义"，并建言文帝"以夏岁二月，定明堂，造太学，修先王之道。风行俗成，万事之基定"。③ 数年后，张释之又进言"秦以任刀笔之吏，争以亟疾苛察相高，其敝徒文具，亡恻隐之实。以故不闻其过，陵夷至于二世，天下土崩"。④ 贾山与张释之一为儒生、一为文吏，然而对秦政因苛法而崩的认识却高度一致，说明时人对文帝欲以汉法统一文化的举措皆持否定态度。此后，随着王国问题的纠葛反复，贾谊的改制策略重新进入文帝的视野。因为，此前贾谊不仅预判东部王国"汉法非立，汉令非行"，⑤ 还提出

---

① 《汉书》卷56《董仲舒传》，第2508、2509页。

② （清）阮元校刻《十三经注疏》，第2354页。

③ 《汉书》卷51《贾邹枚路传》，第2330、2336页。

④ 《汉书》卷50《张冯汲郑传》，第2307页。

⑤ 阎振益、钟夏校注《新书校注》，第120页。

了"众建诸侯而少其力"的应对之策，更重要的是他在批评秦政之弊的同时提出了具体的改革措施，即"宜定制度，兴礼乐，然后诸侯轨道，百姓素朴，狱讼衰息"①。须指出，贾谊所申倡的礼乐制度乃是以礼制为手段、教化为目的，即以儒家的仁义礼乐教化百姓，实现社会风气的改善和文化层面的认同。前元十五年（前165）文帝终于发起礼制改革，由于贾谊的早逝，不得已此项任务只能交由公孙臣、新垣平等人负责，使其与"诸生刺《六经》中作《王制》，谋议巡狩封禅事"。虽然公孙臣、新垣平等人的主张与贾谊一脉相承，但他们并没有贾谊所持之儒家的王道理想，遂使文帝的礼制改革由公转私，并为此后汉家郊礼的走形埋下了伏笔。

建元六年（前135）窦太后去世，武帝亲政，此前被搁置的礼制改革得以重启。与文帝相较，武帝的改制呈现新的客观条件：一是没有了东部王国势力的羁绊，二是有了公羊家的理论指导。根据"必世而后仁"的蓝图，武帝的改制事业自元光二年（前133）起进入快车道，其后的数十年间相继完成对外征伐和对内改革，故司马迁称"汉兴五世，隆在建元"，他的依据正是武帝"外攘夷狄，内修法度，封禅，改正朔，易服色"等各项举措的落实。②此说又见《万石张叔列传》，元鼎五年（前112）丞相赵周因酎金获罪，罢官。武帝遂拔擢石庆为丞相，封牡丘侯，史迁称其"在位九岁，无能有所匡言"，原因在于"是时汉方南诛两越，东击朝鲜，北逐匈奴，西伐大宛，中国多事。天子巡狩海内，修上古神祠，封禅，兴礼乐"。③这说明武帝的改制事业已被时人所熟知，即：通过对外征伐和对内改革扫除"尊王"的现实阻碍；最后通过行封禅、改正朔、易服色等礼乐仪轨宣示"王者功成治定，告成功于天"。

元封元年（前110）四月，武帝亲赴泰山封禅，并下诏"自新，嘉与士大夫更始"。④此举既是武帝受命的象征，也意味着汉家郊祀制度的基本完成，其在祭祀格局上表现为"甘泉泰畤""汾阴后土"对"雍五畤"宗教地位的取代。《史记·封禅书》中对上述过程做了详细记录，除了交代武帝礼乐改制的历程外，司马迁在《封禅书》中充分发挥了《春秋》笔法：一是从武帝的立场出发，以"行"、"幸"、"祠"及"亲祠"来表明武帝对祠祭对象

---

① 《汉书》卷22《礼乐志》，第1020页。
② 《史记》卷130《太史公自序》，第3303页。
③ 《史记》卷103《万石张叔列传》，第2767页。
④ 《史记》卷28《封禅书》，第1398页。

的态度；二是从史学家的视角出发，详细叙述了儒生、方士等智识群体对于武帝郊祀方案的构拟。下面我们从这两个方面分而述之。

1. 武帝对祠祭对象的态度

在古典语境中，"行""幸"二字词义相近，《说文》释"行"曰："人之步趋也。从'彳'从'亍'。凡行之属皆从行"，段玉裁注云"步、行也。趋、走也。二者一徐一疾。皆谓之行。统言之也。《尔雅》。室中谓之时。堂上谓之行。堂下谓之步。门外谓之趋。中庭谓之走。大路谓之奔。析言之也"。引伸为巡行、行列、行事、德行。① 《说文》未录"幸"字，只有"夵"，释义曰："吉而免凶也。从屰从夭。夭，死之事。故死谓之不夵。"② 汉高帝五年（前202）的《请即位疏》中有"大王德施四海，诸侯王不足以道之，居帝位甚实宜，愿大王以幸天下"。晋灼引《汉仪注》曰："民臣被其德以为徼幸也。"师古曰："幸者，吉而免凶，可庆幸也，故福喜之事皆称为幸，而死谓之不幸。"③ 可见，"幸"之初义与"夵"相同，皆指"吉而免凶"。此外，"幸"字与"行""巡"结合，又衍生出皇帝出行并赏赐所过之地。《史记·孝文本纪》载，前元三年（前177）五月，"帝初幸甘泉"。《集解》引蔡邕曰："天子车驾所至，民臣以为侥幸，故曰幸。至见令长三老官署，亲临轩，作乐，赐食帛越巾刀佩带，民爵有级数，或赐田租之半，故因是谓之幸。"④ 而"祠"和"亲祠"则用以区分帝王对于祠祭对象的重视程度。《宋史·礼志三》尚书右丞许将言称"王者父天母地，三岁冬至，天子亲祠，遍享宗庙，祀天圜丘"⑤。此说源自《史记·封禅书》"明年（元光二年），今上（武帝）初至雍，郊见五畤。后常三岁一郊"。司马贞《索隐》引《汉旧仪》云"元年祭天，二年祭地，三年祭五畤。三岁一遍，皇帝自行也"。⑥ 实际上，汉代帝王亲祠郊祭并非一蹴而就，而是经历了一个循序渐进的历程。高祖时因雍四畤而作北畤、祠黑帝，但具体事宜皆交由"有司进祠，上不亲往"，其后又在长安设置祠祝官、女巫，各地的诸侯王亦有祝官负责领祠封地内的名山大

① （清）段玉裁：《说文解字注》，中华书局，2013，第78页下栏。
② （东汉）许慎：《说文解字》（附检字），中华书局影印版，1963，第214页上栏。
③ 《汉书》卷1《高帝纪》，第53页。
④ 《史记》卷10《孝文本纪》，第425页。
⑤ 《宋史》卷99《礼志三》，中华书局，1955，第2451页。
⑥ 《史记》卷28《封禅书》，第1384页。

川。文帝时发起郊祀改革，有司皆曰："古者天子夏亲郊，祀上帝于郊，故曰郊。"受此影响，文帝于前元十五年（前165）"始郊见雍五畤祠"。两年后新垣平事发，文帝遂"怠于改正朔服色神明之事"，而新立之渭阳五帝庙、长门五帝坛皆由祠官负责以时致礼，"上不亲往"。① 上述事例说明，汉立国以来虽将"雍五畤"作为国家祭祀中心，但高帝、惠帝、文帝、景帝多不亲往，可见彼时的雍畤只是被汉朝接受的秦制之宗教遗产而已。武帝即位后，接续文帝的礼制改革，先是亲赴西雍恢复了五畤祭祀，其后又逐渐开拓出以"甘泉泰一"和"汾阴后土"为中心的汉家郊礼格局，直至元封年间的封禅告成，由此实现了对于承秦之祀的更替。这一点深刻体现在《史记·封禅书》《汉书·武帝纪》《汉书·郊祀志》所录武帝朝的祠祭活动中（详见后文表1：武帝朝郊祭活动大事）。

概而言之，武帝一朝的郊祀轨迹大致以元封为界，在此之前多以"雍五畤"为中心，随着元鼎四年、五年汾阴后土祠和甘泉太一祠的设置，汉家郊祀制度得以确立。② 故司马迁称："天子所兴祠，太一、后土，三年亲郊祠。建汉家封禅，五年一修封。"③ 元封元年（前110）四月，武帝初封泰山并下诏与天下更始，六年后的太初元年（前104）十月，武帝"行幸泰山"，并于"十一月甲子朔旦，冬至，祀上帝于明堂。……夏五月，正历，以正月为岁首。色上黄，数用五，定官名，协音律"。至此，文帝以来的改制举措全部落地，说明"必世而后仁"的改制事业已基本完成。④

---

① 《史记》卷28《封禅书》，第1378、1381、1388页。
② 马端临指出："西汉郊祀之地凡三处：雍五畤；渭阳五帝庙；甘泉泰一祠。"（《文献通考》卷69《郊社考二》，第2131页）周振鹤指出在秦汉时期的宗教地理方面存在"几个圣地和一个规范中心"（周振鹤：《秦汉宗教地理略说》，《中国文化》第三辑，复旦大学出版社，1986，第56~88页）。吕敏指出：泰山、雍、秦畤—后土祠是武帝时代最重要的三组祭祀中心［Marianne Bujard，"State and Local Cults in Han Religion," *Early Chinese Religion. Part one：Shang though Han*（*1250BC–220AD*），Leiden：Brill，2009，pp.784–790］。田天在此基础上将武帝一朝的郊祀格局概括为多中心式、开放式、外向式三个特点。所谓"多中心式"，指泰畤—后土祠、雍、泰山三个祭祀中心，国家以多点控制的方式达成祭祀格局的平衡。"开放式"，指武帝始终慷慨地接纳与建立新祭祀，造就了祭祀格局的灵活与多元。"外向式"则承自秦代，武帝依然未在首都建立最高规格的祭祀，而是采取巡行出游的方式管理国家祭祀中繁多的神祠。这种做法，承认并重视祭祀对象与其地理位置的关系，必须借助长距离巡狩才能实施。（田天：《秦汉国家祭祀史稿》，第208页）
③ 《史记》卷28《封禅书》，第1403页。
④ 田余庆指出，"元封是一个具有特定意义的年号，它是以举行封禅典礼而得名"，并强调"元光二年至太初三年（前133—前102），是西汉历史的重要年代，汉武帝的全部事业，几乎都是在这三十二年中完成的"。（田余庆：《论轮台诏》，《秦汉魏晋史探微》，第32页）

2. 儒生、方士等智识群体对于郊礼方案的构拟

武帝的改制事业能够在三十年间顺利推进并初获成效，离不开智识群体对于相关礼乐仪轨的理论构拟与制度设计，儒生、方士及相关文学之士正是其中可以依凭的核心力量。[①] 钱穆指出"儒生、方士、词客，此三者，其治学立说，涂辙意趣各不同；而武帝之意，惟冀一遇其所大欲，则固可兼试而并信也"。他进一步强调，"武帝封禅，最大动机，实由歆于方士神仙之说而起""儒生乃从旁迎合，非居主动之地"，[②] 甚确。武帝行封禅确因被方士所持之神仙说蛊惑，但其初衷也并非全从私意。这是因为武帝朝的礼乐改制上承文帝，围绕"兴礼乐，致太平"的总目标，贾谊、公孙臣等儒生制定了"改正朔，易服色，法制度，定官名"的具体举措，其后"使博士诸生刺《六经》中作《王制》，谋议巡狩封禅事"。但由于新垣平事发，文帝的改制事业未竟而止。武帝即位后依然循此思路，先是于建元元年令人迎鲁申公、议立明堂，其后董仲舒、公孙弘等公羊家又对礼乐改制、王道太平等意涵详加论证，遂将改制的路线图予以敲定，即：效法周公→制礼作乐→兴致太平，而郊祀天地、议立明堂、封禅泰山构成了其中制礼作乐的核心要素，其主旨皆出自儒家经说，本意是借由郊礼实现"一人有庆，天下赖之"的统治体制，只是在具体推进中武帝深受方士蛊惑，遂使其郊礼改革的目标发生偏离，突出了"一人有庆"，抑制了

---

① 关于秦汉时期方士、儒生的知识背景及其对于郊礼的影响，学界讨论甚夥，参见顾颉刚《秦汉的方士与儒生》，第6~22页（该书原为作者1935年在燕京大学讲授"秦汉史"的课程讲义，1935年由上海亚细亚书局出版，题为《汉代学术史略》，1955年上海群联出版社重版，改名为《秦汉的方士与儒生》）；陈槃《战国秦汉间方士考论》，《中央研究院历史语言研究所集刊》第17册，商务印书馆，1948，第7~57页；钱穆《秦汉史》，第94~118页（该书原为作者于1931年在北京大学任教时所作讲义，1957年在香港初版）；〔日〕福永光司《禅说の形成》，《道教思想史研究》，岩波书店，1987，第207~264页；谢谦《大一统宗教与汉家封禅》，《四川师范大学学报》（社会科学版）1995年第2期；贾贵荣《儒家文化与秦汉封禅》，《齐鲁学刊》2000年第4期；〔日〕金子修一《中国古代皇帝祭祀研究》，第97~147页；李零：《战国秦汉方士流派考》，《中国方术续考》，中华书局，2006，第73~98页；〔日〕目黑杏子《論説前漢武帝の巡幸―祭祀と皇帝権力の視点から》，《史林》94（4），第577~610页；〔日〕目黑杏子：《前漢武帝の封禅―政治的意義と儀礼の考察》，《東洋史研究》69（4），第548~575页；〔日〕目黑杏子《封禅儀礼の創出》，《古代文化》63（4）：64-83，2012年3月；李晓璇《汉家祭祀的建立》，载卢国龙主编《儒道研究》（第四辑），社会科学文献出版社，2017，第33~58页；薛小林《在国家祀典与个人仙路之间：秦皇汉武封禅考论》，《世界宗教文化》2017年第4期；郭津嵩《公孙卿述黄帝故事与汉武帝封禅改制》，《历史研究》2021年第2期。

② 钱穆：《秦汉史》，第99、101、105页。

"天下赖之"。

如果将承秦而作之"雍五畤"比作"旧瓶",武帝所立之"泰畤—后土祠"比作"新瓶"的话,以儒生、方士为主体的智识群体为获得武帝的青睐,他们以"旧瓶新酒""新瓶旧酒""新瓶新酒"的方式不断扩充郊礼的内涵,由此推动了汉家郊祀格局的演生。在此期间,儒生、方士分别依托自身知识传统围绕汉家郊礼改革展开对垒。其中,二者的第一次交锋发生于文帝前元十四年(前 166)至后元元年(前 163)。彼时为抵消《淮南王歌》广泛流播带来的负面影响,文帝于前元十三年(前 167)下诏革除"秘祝移过于下"的宗教传统,并令太祝岁时致礼齐淮两国名山大川、增设雍五畤祭品。受此政策鼓励,齐鲁之地的儒生、方士得以出场:先是鲁人公孙臣于前元十四年上书称"汉当土德",次年"黄龙见成纪"。有此祥瑞为证,文帝令公孙臣"申明土德事",他本人也亲赴雍地"郊见五帝",至此开启了汉家皇帝亲郊之先河;紧接着齐人新垣平"以望气见上",并言称"长安东北有神气,成五采,若人冠絻焉",又以阴阳为据将"东北"和"西方"视作神明之舍墓,建言"天瑞下,宜立祠上帝,以合符应"。[1] 此说从术数上突出了首都长安对于西雍的优先地位,不过在祠祀对象上新垣平并未提出能够取代五帝神的至上神,只是将雍五畤所祠五帝平移至首都长安。文帝接受其建议,于渭水北岸设立五帝庙,令五帝神共处"一殿",同居一"神明之舍",并按照五行的方位秩序条理五帝神的位次,在具体的祭祀仪轨上也未有创新,只是将祠祭雍五畤的礼仪平移至渭阳五帝庙。

值得注意的是前元十六年(前 164)四月文帝亲拜霸渭之会"郊见渭阳五帝"后,又"使博士诸生刺《六经》中作《王制》,谋议巡狩封禅事",这说明文帝此时对于郊礼、封禅的推进基本沿袭贾谊等儒生的规划。司马贞《索隐》"作《王制》条":"刘向《七录》云文帝所造书有《本制》《兵制》《服制》篇。"[2] 但《汉书·艺文志》并未著录上述内容,今本《礼记·王制》亦无《兵制》《服制》。学者对此聚讼纷纭:或云二书为同源;[3] 或云

---

① 张守节《正义》引《括地志》云:"渭阳五帝庙在雍州咸阳县东三十里。"又引《宫殿疏》云"五帝庙一宇而五殿也。"并按称:"一宇之内而设五帝,各依其方帝别为一殿,而门各如帝色也。"(《史记》卷 28《封禅书》,第 1382 页)

② 《史记》卷 28《封禅书》,第 1383 页。

③ 《礼记·王制》疏引卢植语,(清)阮元校刻《十三经注疏》,第 1321 页。

二书不同。① 文帝令诸生所作《王制》与今本《礼记·王制》的关系为何？郑玄《三礼目录》将其与刘向《别录》相校，称《王制》篇"于《别录》属《制度》"。② 此外武帝封禅时，群儒又"采封禅《尚书》《周官》《王制》之望祀射牛事"。③ 这说明《索隐》所称文帝时作《王制》的内容应该属实，其中原本包含涉及封禅的内容，孙希旦辨称该书所涉封禅事宜应是为二戴"所删去"。④ 王应麟称"今《礼记·王制》篇盖其略也"。⑤ 由上述可知，文帝"谋议巡狩封禅事"的举措主要基于儒家经典，儒生的本意是王者受天命、行巡狩、封泰山、告天命。⑥ 然而此令一出，新垣平又以术数鼓噪：先是私刻"人主延寿"玉杯，并以望占"金宝气"的方式呈上；接着又"候日再中"，文帝据此改元更始；复次又望气称"东北汾阴直有金宝气，意周鼎其出乎？兆见不迎则不至"，文帝遂使使治庙汾阴南，临河，欲祠周鼎。⑦ 次年，新垣平事发下狱，自此文帝怠于改正朔服色神明之事，新立之渭阳、长门五帝庙坛皆交由祠官负责，文帝的礼乐改制以失败告终。综观此次改制，儒生、方士之间虽有对垒，但并无直接冲突，大致而言儒生主要依据儒家经说创制《王制》。据刘向《别录》所载该书不仅包含郊祀、封禅等内涵，而且涉及《本制》《兵制》《服制》，可以说此时的儒生已经勾勒出礼乐改制的基本路线图。至于新垣平则主要依托"望气"一类的占测数术进言改制所需之"符瑞"。与儒生所持理论相较，此类方术并无特定立场，其所占测之"金宝气"既可以作为"人主延寿"的祥瑞，也可以为汉家祠出"周鼎"，呈现兼杂公私的特征。儒生、方士间围绕礼乐改制形成的公私兼杂面向，也为其后武帝朝礼乐改革的走偏埋下伏笔。

建元元年（前140）"缙绅之属皆望天子封禅改正度"，武帝遂与群臣

---

① （清）王鸣盛：《十七史商榷》卷13"文帝王制"条，黄曙辉点校，上海古籍出版社，2016，第142页。

② （清）阮元校刻《十三经注疏》，第1321页。

③ 《史记》卷28《封禅书》，第1397页。

④ （清）孙希旦撰《礼记集解》，沈啸寰、王星贤点校，中华书局，1989，第309页。

⑤ （宋）王应麟：《汉书艺文志考证》卷2，张三夕、杨毅点校，中华书局，2011，第162页。

⑥ 《史记·封禅书》引《尚书·尧典》虞舜"类于上帝，禋于六宗，望山川，遍群神……五载一巡狩"云云（《史记》卷28《封禅书》，第1355~1356页）。此外《太史公自序》称"是岁天子始建汉家之封，而太史公留滞周南，不得与从事，故发愤且卒"，结合《封禅书》载"尽罢诸儒不用"，可知"封禅告成"乃是儒生的共同呼声。

⑦ 《史记》卷28《封禅书》，第1383页。

"欲议古立明堂城南","草巡狩封禅改历服色事",但次年十月御史大夫赵绾"请毋奏事东宫"激怒窦太后,此次改制在窦后的反对中戛然而止。①六年后窦太后去世,武帝再次发起改制,虽然此次改制有了公羊家的理论指导,武帝也接受了"必世而后仁"的时间表及以"郊祀""服色""正朔""封禅"为中心的路线图,但在具体的礼乐仪典细节方面并无现成资源可供参照。上有好者,下必甚之。受此风向影响,文帝时被抑制的儒生、方士再次复出,他们依托自身的文化传统为武帝的郊礼需求提供理论支撑,经过三十余年的发展最终确立了郊祀制度的汉家法式。② 上述过程大致可以析分为两个阶段,元光二年(前133)至元鼎四年(前113)为第一阶段,此一阶段儒生占据主导;元鼎五年(前112)至太初元年(前104)为第二阶段,此一阶段方士则居于支配地位。

(1)儒生主导下的礼乐改制:元光二年至元鼎四年期间,武帝五幸雍地、四祠五畤。③ 元光二年冬十月,武帝行幸雍,祠五畤,除此之外,未见有其他事项记载。但此次幸雍意义非凡,史迁以"今上初至雍,郊见五畤"叙之,④ 旨在强调汉家郊礼的探索之路得以恢复。其后的十余年间未见武帝"祠五畤"的举动,究其原因:一是其致力于现实层面的对外战争,钱穆称其动机乃是"欲广来四夷,以昭太平之盛也",⑤ 按照公羊家的说法,则是指"外攘夷狄""德归京师""天子无外";二是武帝及其朝臣对于郊礼的汉家法式仍需理论上的酝酿,在此期间儒生兴致太平的改制思路占据了主导。元狩元年(前122)十月武帝再次行幸雍祠五畤,"获一角兽,若麃然",有司以"麒麟"释之,遂作《白麟之歌》。济北王上书献出泰山及其旁邑以备天子封禅,自此"五岳皆在天子

---

① 《汉书》卷6《武帝纪》,第157页。逯耀东认为"虽然此次的政治斗争,表面上是一次儒术与黄老政治理念的冲突,实际上却是新崛起的王氏外戚集团,向长久掌握权力的窦氏集团,尤其窦太后的权威挑战而发起的"(逯耀东:《抑郁与超越:司马迁与汉武帝时代》,第126页)。

② 杨英指出"汉初,儒家、神仙家均有自己的封禅说,均由战国时期齐地的'封禅'说发展而来"(杨英:《"封禅"溯源及战国、汉初封禅说考》,《世界宗教研究》2015年第3期)。

③ 即:元光二年、元光六年、元狩元年、元狩二年、元鼎四年,史载武帝于元光六年(前129)六月"行幸雍",未记"祠五畤"(《汉书》卷6《武帝纪》,第166页)。此外,太初改历之前,汉家以十月为岁首,祠五畤的时间也多在该月。因此,元光六年六月行幸雍,应当未举行祠祭活动。

④ 《史记》卷28《封禅书》,第1384页。

⑤ 钱穆:《秦汉史》,第123页。

之（邦）〔郡〕"。① 元狩六年（前 117）诏令博士褚大等六分"循行天下"，存问鳏寡废疾，谕三老孝悌以为民师；② 元鼎四年冬十月祠雍五畤，东幸汾阴，十一月甲子"立后土祠于汾阴脽上"。遂行幸荣阳，还至洛阳，诏封孽子嘉为周子南君，以奉周祀。③ 同年六月，"得宝鼎后土祠旁"；"秋，马生渥洼水中"，作《宝鼎之歌》《天马之歌》。④

概而言之，在元光二年至元鼎四年第一阶段的礼乐改制中，儒生群体构成了此间武帝礼乐改革的智识主体，他们对于武帝郊礼的影响主要体现在以下几个方面。

一是以"瑞应"为据为武帝郊礼改革张本。《史记·封禅书》开篇即称："自古受命帝王，曷尝不封禅？盖有无其应而用事者矣，未有睹符瑞见而不臻乎泰山者也。虽受命而功不至，至梁父矣而德不洽，洽矣而日有不暇给，是以即事用希。"⑤《春秋繁露》："有非力之所能致而自至者，西狩获麟，受命之符是也……一统乎天子。"⑥ 董子亦将非人力而自致的"祥瑞"视作天子改制的重要前提。元狩元年所得"一角兽"及枝旁出又复合之"奇木"，谒者给事中终军上书称：

> 臣闻《诗》颂君德，《乐》舞后功，异经而同指，明盛德之所隆也……夫（人）〔天〕命初定，万事草创，及臻六合同风，九州共贯，必待明圣润色，祖业传于无穷。故周至成王，然后制定，而休征之应见。陛下盛日月之光，垂圣思于勒成，专神明之敬，奉燔瘗于郊宫，献享之精交神，积和之气塞明，而异兽来获，宜矣。昔武王中流未济，白鱼入于王舟，俯取以燎，群公咸曰"休哉！"今郊祀未见于神祇，而获兽以馈，此天之所以示飨，而上通之符合也。宜因昭时令日，改定告元，苴以白茅于江淮，发嘉号于营丘，以应绲熙，使著事者有纪焉。盖六鹢退飞，逆也；白鱼登舟，顺也。夫明暗之征，上乱飞鸟，下动渊鱼，各以类推。今野兽并角，明同本也；众支内附，示

---

① 《史记》卷 28《封禅书》，第 1387 页。《汉书》卷 25《郊祀志》，第 1219 页；同书卷 6《武帝纪》，第 174 页。
② 《汉书》卷 6《武帝纪》，第 180 页。
③ 《汉书》卷 6《武帝纪》，第 183~184 页；同书卷 28《封禅书》，第 1389 页。
④ 《汉书》卷 6《武帝纪》，第 184 页。
⑤ 《史记》卷 28《封禅书》，第 1355 页。
⑥ （清）苏舆：《春秋繁露义证》，第 157 页。

无外也。若此之应，殆将有解编发，削左衽，袭冠带，要衣裳，而蒙化者焉。斯拱而俟之耳！①

武帝对此予以首肯，"由是改元为元狩"。有司循此思路将此年郊雍所获"一角兽"解释为"麒麟"，并称"锡诸侯白金，风符应合于天也"，并作《白麟之歌》，其后的《宝鼎之歌》《天马之歌》亦复如是。济北王则依此瑞应献出所在封地，武帝又收常山为郡，其意旨在契合"五岳皆在天子之邦"的文化传统，为接下来的巡狩封禅作准备。

二是"封二王之后"，并派遣使者循行风俗。《春秋公羊传》隐公三年："王者存二王之后，使统其正朔，服其服色，行其礼乐，所以尊先圣，统三统，师法之义，恭让之礼，于是可得而观之。"汉武帝此时封孽子嘉为周子南君，②又令博士诸生"循行天下"，终军本传载徐偃矫制"使胶东、鲁国鼓铸盐铁"，此举遭到御史大夫张汤弹劾。徐偃对此引以《春秋》大义"大夫出疆，有可以安社稷，存万民，颛之可也"作为回应，张汤则不能"诎其义"，遂诏谒者终军诘问，后者称"今天下为一，万里同风，故《春秋》'王者无外'"云云。③以上种种说明，此时的武帝及其朝臣依据公羊家说以"天下远近小大若一"的"王者无外"作为改制目标，通过"存二王之后""循行天下"等先王传统为汉家封禅创造舆论条件。

三是以"阴阳"对偶之义重新定位天地祠祭格局。元鼎四年（前113）冬十月武帝郊雍后与公卿讨论礼制问题，议曰："今上帝朕亲郊，而后土无祀，则礼不答也。"颜师古注曰："答，对也。郊天而不祀地，失对偶之义。一曰，阙地祇之祀，故不为神所答应也。"对此，有司与太史公、祠官宽舒议曰："天地牲，角茧栗。今陛下亲祠后土，后土宜于泽中圜丘为五坛，坛一黄犊牢具，已祠尽瘗，而从祠衣上黄。"④于是天子遂东，始立后土祠汾阴脽丘，如宽舒等议。上亲望拜，如上帝礼。今按：太史公即司马谈，而宽舒则司职祠官，二人所引"天地牲，角茧栗"出自《礼记·

---

① 《汉书》卷64《严朱吾丘主父徐严终王贾传下》，第2814、2816~2817页。
② 不过成帝时方"封殷后"，汉世"封二王后"至此真正完成。
③ 《汉书》卷64《严朱吾丘主父徐严终王贾传下》，第2818页。
④ 《汉书》卷25《郊祀志》，第1221~1222页。

王制》"祭天地之牛角茧栗，宗庙之牛角握"，① "宜于泽中圜丘为五坛"近于《周礼·大司乐》"夏日至，于泽中方丘奏之，……若乐八变，则地示皆出，可得而礼矣"。② 《春秋繁露·郊祀对》亦引《王制》云云。③ 结合《史记·封禅书》称群儒"采封禅《尚书》《周官》《王制》之望祀射牛事"④，及董子本传称"仲舒在家，朝廷如有大议，使使者及廷尉张汤就其家而问之，其对皆有明法"，⑤ 可知司马谈、宽舒等人此时议礼所据主要出自儒家经义。《礼记·曲礼》及《王制》皆云"天子祭天地"，⑥ 武帝所称"礼不答也"当源于此。不过将"后土"作为社神乃是经学史的一桩公案，古今学者对此聚讼纷纭，未有定论，往往多从祖先神与自然神相结合的视角予以阐发。⑦ 文献中将后土列为地祇之首者最早见于《司马法·仁本》篇，⑧ 但在先秦及秦代传统中社祀并非国祀。田天强调："从东方传统中吸纳后土神进入国家祭祀，奉为地祇之最高、为设专祠，肇始于汉武帝。"⑨

四是以周鼎为据，增益周、汉道统。众所周知，周鼎在传统政治文化中具有浓厚的道统意涵，往往被视为帝王受命之象征。《左传·宣公三年》载楚庄王问鼎之事，彼时周王势衰，楚庄王觊觎周之王权问以周鼎之轻重。对

---

① （清）阮元校刻《十三经注疏》，第 1337 页上栏。
② （清）阮元校刻《十三经注疏》，第 790 页上栏。
③ （清）苏舆：《春秋繁露义证》，第 414~418 页。
④ 《史记》卷 28《封禅书》，第 1397 页。
⑤ 《汉书》卷 56《董仲舒传》，第 2525 页。
⑥ （清）阮元校刻《十三经注疏》，第 1286 页中栏、1336 页上栏。
⑦ 以往经学史对此讨论的核心材料为《左传》昭公二十八年晋太史始蔡墨所论之"共工氏有子曰句龙，为后土"［（清）阮元校刻《十三经注疏》，第 2124 页中栏］；《国语·鲁语上》"共工氏之伯九有也，其子曰后土，能平九土，故祀以为社"（徐元诰：《国语集解》，第 155 页）；《礼记·祭法》"共工氏之霸九州也，其子后土，能平九州，故祀以为社"［（清）阮元校刻《十三经注疏》，第 1590 页中栏］。相关研究可参见杜而未《中国古代宗教系统》，学生书局，1977，第 122~131 页；凌纯声《中国古代社之源流》，《中国边疆民族与环太平洋文化》，联经出版事业股份有限公司，1979，第 1417~1447 页；詹鄞鑫《神灵与祭祀——中国传统宗教综论》，江苏古籍出版社，1992，第 63~65 页；魏建震《先秦社祀研究》，人民出版社，2008，第 49~54 页；林素娟《土地崇拜与丰产仪典的性质与演变——以先秦及礼书为论述核心》，台湾《清华学报》新 39 卷第 4 期，2009，第 615~651 页。
⑧ "贤王制礼乐法度……乃告于皇天上帝、日月星辰，祷于后土四海神祇、山川冢社，乃造于先王。"（李零译注《司马法译注》，河北人民出版社，1995，第 7 页）
⑨ 田天：《秦汉国家祭祀史稿》，第 151 页。

此，王孙满以"在德不在鼎"应之，并将周鼎溯源至夏后氏，称："昔夏之方有德也，远方图物，贡金九牧，铸鼎象物，百物而为之备，使民知神奸，故民入川泽山林，不逢不若，螭魅罔两，莫能逢之，用能协于上下，以承天休，桀有昏德，鼎迁于商，载祀六百，商纣暴虐，鼎迁于周，德之休明，虽小，重也，其奸回昏乱，虽大，轻也，天祚明德，有所厎止，成王定鼎于郏鄏，卜世三十，卜年七百，天所命也，周德虽衰，天命未改，鼎之轻重，未可问也。"① 王孙满此说突出强调周鼎作为三代天命与王权的象征意义。② 我们知道，《左传》、《国语》、《世本》及《战国策》正是司马迁著书时所依托的主要史料。③ 上引《左传》"问鼎"事例，司马迁不仅录于《史记·楚世家》，而且贯穿《周本纪》、《秦本纪》、《秦始皇本纪》及《封禅书》各篇中，例如：

《史记·周本纪》："周君、王赧卒，周民遂东亡。秦取九鼎宝器，而迁西周公于憚狐。后七岁，秦庄襄王灭东（西）周。东西周皆入于秦，周既不祀。"

《史记·秦本纪》："五十二年，周民东亡，其器九鼎入秦。周初亡。"

《史记·秦始皇本纪》："始皇还，过彭城，斋戒祷祠，欲出周鼎泗水。使千人没水求之，弗得。"

《史记·封禅书》："其后百二十岁而秦灭周，周之九鼎入于秦。或曰宋太丘社亡，而鼎没于泗水彭城下。"④

---

① （清）阮元校刻《十三经注疏》，第 1868 页。

② 顾铁符指出古代文献对于"九鼎"传说包含两套叙事：一是《逸周书·克殷》之"迁九鼎三巫……"及《左传》桓公二年"武王克商，迁九鼎于雒邑"。这里的"九鼎"之"九"指"极多"，"鼎"则为铜器的代称；二是《左传》宣公三年"铸鼎象物"，为天命王权的代称（顾铁符：《楚庄王"问鼎"质疑》，《夕阳刍稿》，紫禁城出版社，1988，第 275 页）。

③ 《汉书·司马迁传》赞曰："故司马迁据《左氏》《国语》，采《世本》《战国策》，述《楚汉春秋》，接其后事，讫于天汉。"见《汉书》卷 62《司马迁传》，第 2737 页。王国维：《史记所谓古文说》，《观堂集林》卷七，第 309 页；金德建：《司马迁所称〈春秋〉系指〈左传〉考》，《司马迁所见书考》，第 105 页。

④ 《史记》卷 4《周本纪》，第 169 页；同书卷 5《秦本纪》，第 218 页；同书卷 6《秦始皇本纪》，第 248 页；同书卷 28《封禅书》，第 1365 页。

上引"其器九鼎入秦"张守节《正义》云:"器谓宝器也。禹贡金九牧,铸鼎于荆山下,各象九州之物,故言九鼎。历殷至周赧王十九年,秦昭王取九鼎,其一飞入泗水,余八入于秦中。"① 张氏称"九鼎飞入泗水"虽然荒诞,但此类说法并非子虚,而是多见于先秦子书。② 司马迁在《封禅书》中反复申说"受命"而"王"→"德恰"而"瑞应"→"瑞应"而"封禅",③ 此说并非司马迁首创,当是时人对于受命改制之程式的基本理解。司马迁据此旨在强调始皇封禅时为暴风雨所击的根本原因在于"无其德而用事",因此欲出周鼎而弗得。④ 以上种种说明史迁父子对于武帝朝"得鼎"及"封禅"的讨论,皆从《左传》所言的正统立场。

据《汉书·武帝纪》载,元鼎年间汾阴两出宝鼎,⑤ 由于"鼎大异于众鼎,文镂无款识",武帝君臣皆"怪之"。武帝对此专门派遣使者验问,有司应之曰:

> 闻昔泰帝兴神鼎一,一者壹统,天地万物所系终也。黄帝作宝鼎三,象天地人。禹收九牧之金,铸九鼎。皆尝亨鬺上帝鬼神。遭圣则兴,鼎迁于夏商。周德衰,宋之社亡,鼎乃沦没,伏而不见。《颂》云"自堂徂基,自羊徂牛;鼐鼎及鼒,不吴不骜,胡考之休"。今鼎至甘泉,光润龙变,承休无疆。合兹中山,有黄白云降盖,若兽为

---

① 《史记》卷5《秦本纪》,第218页。

② 例如,《墨子·耕柱》曰:"昔者夏后开使蜚廉折金于山川,而陶铸之于昆吾,是使翁难雉乙卜于白若之龟,曰:'鼎成三足而方,不炊而自烹,不举而自臧,不迁而自行,以祭于昆吾之虚,上乡!'乙又言兆之由曰:'飨矣!逢逢白云,一南一北,一西一东。'九鼎既成,迁于三国。"夏后氏失之,殷人受之。殷人失之,周人受之。夏后、殷、周之相受也,数百岁矣。"(吴毓江:《墨子校注》,第656页)《归藏·郑母经》云:"昔夏启筮徙九鼎,启果徙之。"(马国翰:《玉函山房辑佚书》,上海古籍出版社,1990,第36页下栏)由此可知,以九鼎象征正统当为战国秦汉间的流行说法。

③ 《史记》卷28《封禅书》,第1355页。

④ 《史记》卷28《封禅书》,第1371页;《太平御览·器物部一》"鼎"条引《史记》曰"周末有九鼎徙秦氏";曰"(宋)太丘社亡,而鼎没予泗水彭城下。其后百一十五年而秦兼天下。始皇二十八年,过彭城,斋戒祷祀,欲出周鼎,使千人没水求之,不得"。《太平御览》卷765,第3356页下。

⑤ 分别记于:元鼎元年(前116)"得鼎汾水上";元鼎四年六月"得宝鼎后土祠旁"(《汉书》卷6《武帝纪》,第182、184页)。荀悦据《封禅书》《孝武本纪》及《建元以来侯者年表》所载乐通侯栾大等相关事例,推论"得鼎应在四年",并称"盖《本纪》因今年改元而误增此得鼎一事耳,非两得鼎于汾水上也"[(东汉)荀悦、(东晋)袁宏:《两汉纪》,张烈点校,中华书局,2017,第279页]。

符，路弓乘矢，集获坛下，报祠大享。唯受命而帝者心知其意而合德焉。鼎宜见于祖祢，藏于帝廷，以合明应。①

上引有司之言大致包含"黄帝故事"和"周鼎传说"两套叙事。我们知道，彼时为武帝封禅建言的从臣以儒生、方士为代表，但"群儒既以不能辩明封禅事，又牵拘于《诗》《书》古文而不能骋"，无法满足武帝礼制改革的诉求，遂"尽罢诸儒不用"。此间真正获得武帝青睐并推动郊礼变迁的乃是方士群体的"黄帝故事"。

（2）方士主导下的礼乐改制：元鼎五年（前 112）至太初元年（前 104）

此一阶段方士群体对于武帝的改制事业占据了支配地位，其影响主要体现在两个方面：一是促成了"太一神"对于"五帝神"的更替，自此"太一神"成为至上神的代表并与"后土神"相结合构成了以"太一后土祠"为中心的汉家郊祀格局；二是以神仙方术为依托将儒家传统中的黄帝改造为神仙家之黄帝，② 最终推动了武帝立太一、行封禅、定历法。

元鼎四年（前 113）汾阴出鼎后，武帝的最初反应并非欣喜而是对此事颇存疑虑，故谨慎处之，先是"使使验问巫锦得鼎无奸诈"，后又"以礼祠，迎鼎至甘泉"。迎鼎过中山时"晏温，有黄云盖焉"，又"有麃过"，武帝"自射之"并"祭云"。到达长安后公卿大夫皆议请尊宝，武帝对此仍存有疑虑，称："间者河溢，岁数不登，故巡祭后土，祈为百姓育谷。今岁丰庑未有报，鼎曷为出哉？"③ 由上述可知，武帝最初兴立后土祠的动机乃是出于儒家经说中的祈谷传统，然而武帝认为彼时"河溢""岁数不登"，此类现象与儒生所持的太平理论相矛盾，因此他认为将汾阴所出周鼎视作祥瑞似有不妥。面对武帝的疑惑，儒生、方士分别从"黄帝故事"和"周鼎传说"两套叙事予以阐发，将汾阴所出之鼎释为"受命合

---

① 《史记》卷 28《封禅书》，第 1392 页。
② 逯耀东指出："司马迁的《史记》中有两个黄帝，一个在《封禅书》，另一个在《五帝本纪》，前者是神仙的黄帝，后者是历史的黄帝。司马迁将神仙的黄帝固定在《封禅书》中，然后再考论包括传说在内的其他材料，撰写《五帝本纪》之首的另一个中国历史开端的黄帝。"（逯耀东：《抑郁与超越：司马迁与汉武帝时代》，第 182 页）
③ 《史记》卷 12《孝武本纪》，第 464~465 页。

德"之符瑞，暂时说服武帝。以上种种情况说明，元鼎四年的汾阴出鼎构成了武帝朝郊礼改革的一个重要节点，由于宝鼎祥瑞的特出，武帝打破入汉以来"十月"祠祭雍五畤的惯例，选择于此年秋季郊雍。此次郊雍后，有司进言：

> 或曰："五帝，太一之佐也，宜立太一而上亲迎之。"上疑未定。①

彼时公卿建议将"太一神"作为至上神，希冀以此取代承秦而作的"五帝神"，武帝对此议犹豫不定。其所"疑"者一方面因为"太一神"的传说甚为驳杂，大致包含星象、军事神祇和宇宙本源三种含义，② 此类知识可能已经溢出了武帝认知，使其难以评判；另一方面则是自文帝以来儒生希冀的郊礼改革皆以泰山封禅作为最终环节，《汉书·艺文志》录有《汉封禅群祀》三十六篇、《封禅议》对十九篇，③ 这些资料应是朝臣对于封禅仪轨进行讨论的廷议记录。然而诸儒一方面慕古却又"牵拘于《诗》《书》古文而不能骋"，另一方面对于秦始皇所行封禅的往事成例也表现出强烈的鄙夷。可以想见，虽然朝臣皆欲改制，但对于封禅所需之礼乐仪轨又未能达成可行的共识，使得雄才大略的武帝也"疑未定"。

此一局面，伴随着方士公孙卿的出场，旋即得到改善。为便于分析，现将《史记·封禅书》所录公孙卿进言事例全录如下：

---

① 《史记》卷28《封禅书》，第1393页。
② 学界对此讨论甚夥，但未有定论，相关学术史参见钱宝琮《太一考》，《燕京学报专号》之八，哈佛燕京学社，1936年1月，收入《钱宝琮科学史论文选集》，科学出版社，1984，第207~235页；顾颉刚、杨向奎《三皇考》，《古史辨》第七册，该文原载《燕京学报专号》之八，哈佛燕京学社，1936年1月，收入《顾颉刚古史论文集》卷2，第1~248页；凌纯声《秦汉时代之畤》，《"中央研究院"民族研究所集刊》18分册，1964，第113~143页；龚鹏程《太一考》，《淡江文学》七期，此后作者又以政治学为视角续写为《儒家的星象政治学》，氏著《汉代思潮》（增订版），商务印书馆，2008，第117~151页；葛兆光《众妙之门：北极与太一、道、太极》，《中国文化》1993年第3期；李零《"太一"崇拜的考古学研究》，《中国方术续考》，第158~181页，该文初以英文发表"An archaeological study of Taiyi（Grand One）worship," translated by Donald Harper, *Early Medieval China*, vol. 2（1995-1996），pp. 1-39；土晖《商周文化比较研究》，人民出版社，2000，第57页；晏昌贵《巫鬼与淫祀——楚简所见方术宗教考》，武汉大学出版社，2010，第79~92页。
③ 《汉书》卷30《艺文志》，第1709页。

　　齐人公孙卿曰："今年得宝鼎，其冬辛巳朔旦冬至，与黄帝时等。"卿有札书曰："黄帝得宝鼎宛朐，问于鬼臾区。鬼臾区对曰：'黄帝得宝鼎神策，是岁己酉朔旦冬至，得天之纪，终而复始。'于是黄帝迎日推策，后率二十岁复朔旦冬至，凡二十推，三百八十年，黄帝仙登于天。"卿因所忠欲奏之。所忠视其书不经，疑其妄书，谢曰："宝鼎事已决矣，尚何以为！"卿因嬖人奏之。上大说，乃召问卿。对曰："受此书申公，申公已死。"上曰："申公何人也？"卿曰："申公，齐人。与安期生通，受黄帝言，无书，独有此鼎书。曰'汉兴复当黄帝之时'。曰'汉之圣者在高祖之孙且曾孙也。宝鼎出而与神通，封禅。封禅七十二王，唯黄帝得上泰山封'。申公曰：'汉主亦当上封，上封能仙登天矣。黄帝时万诸侯，而神灵之封居七千。天下名山八，而三在蛮夷，五在中国。中国华山、首山、太室、泰山、东莱，此五山黄帝之所常游，与神会。黄帝且战且学仙。患百姓非其道者，乃断斩非鬼神者。百余岁然后得与神通。黄帝郊雍上帝，宿三月。鬼臾区号大鸿，死葬雍，故鸿冢是也。其后黄帝接万灵明廷。明廷者，甘泉也。所谓寒门者，谷口也。黄帝采首山铜，铸鼎于荆山下。鼎既成，有龙垂胡髯下迎黄帝。黄帝上骑，群臣后宫从上者七十余人，龙乃上去。余小臣不得上，乃悉持龙髯，龙髯拔，堕，堕黄帝之弓。百姓仰望黄帝既上天，乃抱其弓与胡髯号，故后世因名其处曰鼎湖，其弓曰乌号。'"于是天子曰："嗟乎！吾诚得如黄帝，吾视去妻子如脱躧耳。"乃拜卿为郎，东使候神于太室。①

　　由上述可知，公孙卿觊上鼎书的过程并非一帆风顺。他先是将札书交由所忠审验，②然而所忠以"宝鼎事已决矣"为由婉拒了公孙卿此书。不过公孙卿并未气馁，又将此札书转由"嬖人"直接呈交武帝，最终得到天子认可，遂召问之。公孙卿抓住了此次机会，以"黄帝且战且学仙"的故事为中心，将之前儒生、方士所陈说的黄帝、郊雍、通神于明廷、铸鼎、

────────────

① 《史记》卷28《封禅书》，第1393~1394页。
② 今按：所忠不见载籍，只是《封禅书》及《平准书》偶有提及，《索隐》引服虔语称所忠"掌故官，取书于司马相如者"，可知当为文学掌故一类，因此得以审查公孙卿所上"札书"。

封禅等故事相杂糅，最终使黄帝成为由封禅而升仙不死的特殊形象，并深得武帝心意。其实，公孙卿所言种种前人皆有涉及，例如，雍畤郊天本就源于秦制传统；甘泉本来就是秦汉以来重要的军事要塞和宗教中心；[①] 所谓"明廷"当为"明堂"一类的神圣场所；黄帝常游之"五山"则类于虞舜巡狩五岳；最初将"太一"引入汉代国家祭祀者乃是武帝时期的亳人谬忌。[②] 其特异者在于，公孙卿以神仙家的学说为据，将黄帝打造成"封禅成仙"的唯一圣帝，又借"申公"（与文帝时传《鲁诗》之鲁申公并非一人）之口预言"汉兴复当黄帝之时""汉之圣者在高祖之孙且曾孙""宝鼎出而与神通，封禅"。此议之所以能获得武帝首肯并付诸实践，关键在于它满足了后者欲求速至太平、"致怪物与神通"毕其功于一役的双重目的。自此，有了公孙卿所言"黄帝故事"作参照，[③] 武帝朝的礼乐改制得以提速，甘泉泰畤、封禅泰山、改革历法等事宜皆在此后的数年间相继完成（见表1）。

表 1　武帝朝郊祭活动大事

年份		旧畤（雍五畤）	新祠		效仿黄帝故事	泰山封禅
			甘泉泰畤	汾阴后土		
元光	二年（前133）	冬十月，行幸雍，祠五畤				

---

① 参见史念海《直道和甘泉宫遗迹质疑》，《中国历史地理论丛》1988年第3期；辛德勇《秦汉直道研究与直道遗迹的历史价值》，载氏著《秦汉政区与边界地理研究》，中华书局，2009，第288~298页；李零《秦汉礼仪中的宗教》，载氏著《中国方术续考》，第100~141页；田天《秦汉国家祭祀史稿》，第158~177页。

② 《史记·封禅书》称：亳人谬忌奏祠太一方，曰："天神贵者太一，太一佐曰五帝。古者天子以春秋祭太一东南郊，用太牢，七日，为坛开八通之鬼道。"于是天子令太祝立其祠长安东南郊，常奉祠如忌方（《史记》卷28《封禅书》，第1386页）。周勋初认为"东皇太一——神，是燕齐方士利用道家本体论中的材料构拟出来的。他起先产生于齐国，战国中期时，大约只是流传在民间。汉武帝时，为了政治上的需要，始由谬忌传入长安，并成为君临全国的至上神"（周勋初：《九歌新考》，《周勋初文集》第1册，江苏古籍出版社，2000，第161页）。

③ 郭津嵩认为公孙卿在武帝封禅改制运动的谋划和展开中起到了关键作用。武帝的太初改历是对黄帝"迎日推策"的追模和再现，其封禅规划以"汉兴复当黄帝之时"的理论为重要基础，巡行和郊祀改革则分别受到黄帝通神于名山和"明廷"故事的推动（郭津嵩：《公孙卿述黄帝故事与汉武帝封禅改制》，《历史研究》2021年第2期）。

年份		旧時（雍五時）	新祠		效仿黄帝故事	泰山封禅
			甘泉泰時	汾阴后土		
元狩	元年（前122）	冬十月，行幸雍，祠五時 获白麟，作《白麟之歌》				
	二年（前121）	冬十月，行幸雍，祠五時				
元鼎	四年（前113）	秋，幸雍，且郊		十一月，立汾阴后土祠……封嘉为周子南君，奉周祀	六月，得宝鼎后土祠旁。秋，马生渥洼水中。作《宝鼎之歌》《天马之歌》	
	五年（前112）	冬十月，行幸雍，祠五時	冬至，立甘泉泰時，亲郊见，朝日夕月		十月，登空同	
元封	元年（前110）				冬十月，祠黄帝于桥山	四月，封泰山，降坐明堂，嘉与士大夫更始
	二年（前109）	冬十月，行幸雍，祠五時			六月，甘泉宫内产芝，作《芝房之歌》	四月，还祠泰山 秋，作明堂于泰山下
	四年（前107）	冬十月，行幸雍，祠五時		三月，祠后土		
	五年（前106）		四月，还幸甘泉，郊泰時		冬，作《盛唐枞阳之歌》	三月，增封泰山
	六年（前105）			三月，行幸河东，祠后土		
太初	元年（前104）			十二月，祠后土		十月，行幸泰山
	二年（前103）			三月，行幸河东，祠后土		
	三年（前102）					四月，修封泰山
天汉	元年（前100）		春正月，幸甘泉，郊泰時	三月，行幸河东，祠后土		
	三年（前98）					三月，行幸泰山，修封

续表

年份		旧時（雍五時）	新祠		效仿黄帝故事	泰山封禅
			甘泉泰時	汾阴后土		
太始	四年（前93）	十二月，行幸雍，祠五時				三月，行幸泰山，修封
征和	四年（前89）					三月，还幸泰山，修封
后元	元年（前88）		正月，行幸甘泉，郊泰時			

六 "汉亦一家之事"：儒生方士合流 与汉武帝的封禅告成

在上节中，我们梳理了以儒生、方士为主体的智识群体对于武帝朝礼乐改制进程的具体影响，概言之，该过程大致经历了从儒生到方士前后相继主导两个阶段，问题是自战国以来时人已将礼乐视作儒家的知识专长与标签，且呈现强烈的人文色彩；[①] 与之相较的方士群体，不论其行事风格，还是他们所持之知识形态多表现出强烈的巫术特征。此外，景帝时汉廷已经开始任命儒生为储君的文化导师，如王臧曾任太子少傅，负责教授刘彻儒家的经典与义理。故建元元年发起的初次礼乐改革即是源于王臧等人的主张，其理论遵循了申公"以礼义治之"的原则。六年后的再次改制又有了董仲舒、公孙弘的《公羊春秋》为指导，二人的建策依然遵循了儒家"以德善化民"的人文思想。但是当数年后谋议封禅大典时，何以雄才大略的汉武帝却"尽罢诸儒不用"，转而全面依托荒诞不经的方士之言。古今学者对此多以巫妄释之。例如，马端临《郊社考》称：

> 西汉之所谓郊祀，盖袭秦之制而杂以方士之说。日泰一，日五帝，丛杂而祀之，皆谓之郊天。太史公作《封禅书》，所序者，秦汉间不经之祠，而必以舜类上帝，三代郊祀之礼先之。至班孟坚，

---

① 陈来：《古代思想文化的世界——春秋时代的宗教、伦理与社会思想》，生活·读书·新知三联书店，2009，第270~271页。

则直名其书曰《郊祀志》，盖汉世以三代之所郊祀者祀泰一、五帝，于是以天为有六，以祀六帝为郊。自迁、固以来，议论相袭而然矣。①

马氏此说旨在追溯正史中有关"封禅""郊祀"书志的体例渊源，所谓"袭秦之制而杂以方士之说"确为彼时郊礼演进的真实写照，至于《封禅书》《郊祀志》则开始以儒家经学所载的三代礼制梳理秦汉郊礼的制度演进，将汉初所袭秦制及武帝时期受方士影响的汉制皆视为"不经之祠"。因此，马端临强调正史郊祀礼制的历史书写乃是"自迁、固以来，议论相袭而然矣"。清人梁玉绳《史记志疑》在此基础上更进一步将秦皇、汉武所行封禅视作"非礼"之举，他说：

三代以前无封禅，乃燕、齐方士所伪造，昉于秦始，侈于汉武。此书先杂引鬼神之事，比类见义，遂因其傅会，备录于篇，正以著其妄，用意微矣。惟牵引郊社巡狩诸典礼，未免黩经。②

梁氏将此结论的成立系于两个前提：一是儒家经说所载三代以前无封禅礼；二是《史记·封禅书》所引《管子·封禅篇》"多后人附会，非其本书"。故称《史记·封禅书》"先杂引鬼神之事，比类见义，遂因其傅会，备录于篇"，即认为史迁此书"用意微矣"。钱穆亦称：

故汉武一朝之所谓改制，有儒生之言礼乐，而不免于拘。有方士之推阴阳，求神仙，而不免于诬。有辞赋文学之士之颂功德，而不免于夸。至于帝王之纵其私欲，群下之争于迎合，而为之主张取舍，则岂能有当！而史臣重以恭俭之说绳之，亦只见其不相入矣。③

不可否认，以儒生、方士、辞客为主的智识群体在武帝朝礼乐改制中的确存在依违迎合之势，并且武帝在改制的最终环节弃用儒生所持之礼乐

---

① （元）马端临：《文献通考》卷68《郊社考一》，第2077页。
② （清）梁玉绳：《史记志疑》，第792页。
③ 钱穆：《秦汉史》，第117~118页。

天下，转从方士所言神仙学说，希冀以此"追寻一己之福"。① 因此，将武帝的此番摘择视作无妄之举也并无过错，但是这些讨论主要采纳了西汉后期儒家经学占据支配地位的礼乐话语，② 不自觉地忽略了对时人所处时代知识水平的理解，难以发掘所涉历史信息的生动细节。

其实，《史记·封禅书》并非司马迁独著，而是他与其父司马谈接续完成。③ 由于武帝"尽罢诸儒不用"，司马谈受到牵连"留滞周南"，在其弥留之际向其子司马迁交代后事，并反复强调："今天子接千岁之统，封泰山，而余不得从行，是命也夫，命也夫！"④ 从其感慨可知，"封禅告成"乃是时人对盛世大典的共同愿景。司马谈反复要求司马迁"无忘吾所欲论著矣"，而内含"受命而王，封禅之符罕用，用则万灵罔不禋祀，追本诸神名山大川礼"的《封禅书》正是其"所欲论著"的重要一篇。司马迁称："余从巡祭天地诸神名山川而封禅焉。入寿宫侍祠神语，究观方士祠官之意，于是退而论次自古以来用事于鬼神者，具见其表里。"⑤ 由此可知，《封禅书》虽然详细收录方士、祠官关于鬼神事例，

---

① 蒲慕洲：《追寻一己之福：中国古代的信仰世界》，上海古籍出版社，2007，第166~167页；〔美〕史华兹：《古代中国的思想世界》，程刚译，江苏人民出版社，2004，第386~388页。

② 其实学者对此的态度也并不统一，甚至前后矛盾，例如：梁玉绳在对《今上本纪》的考辨中作者称"《纪》中必不作毁谤语"，否定了司马迁作书"讥刺"的说法（《史记志疑》，第278页）；洪迈称"《史》《汉》所记事，或曰'若'，或曰'云'，或曰'焉'，或曰'盖'，其语舒缓含深意"；凌稚隆曰"按此书直书其事，而其失自见，又讽意，无贬辞，可作史纪时事者之法"。（〔日〕泷川资言：《史记会注考证》，第1572页）

③ 钱大昕："《封禅书》两称太史公，与祠官宽舒连文而不著名，为其父讳也。是年郊雍，为元鼎四年；其明年郊拜泰一，皆谈为太史公时事。谈以元封元年卒，卒后，迁始继之。"〔（清）钱大昕：《廿二史考异》卷1，上海古籍出版社，2014，第11页〕司马谈任太史公当在建元元年至元封元年之间，长达三十年之久，其间跟随武帝巡祠各地山川鬼神，乃是当时朝廷议礼的核心成员，然而却在即将礼成的关键时刻被武帝弃用"留滞周南"、郁郁而死。这是因为在时人眼中"封禅改制"乃是"受命穆清""接千岁之统"的文化大典，因此他在临终遗言中反复提醒史迁勿忘其所欲论著。李晚芳指出《封禅书》详录方士事例，"虽事属荒唐，业已主信国人，明著令典，职司载笔，若阙一不纪，何足为信史？"（《读史管见》卷1《封禅书》，杨燕起、陈可青、赖长扬编《历代名家评史记》，北京师范大学出版社，1985，第442页）司马谈死后三年，司马迁接任太史公，《封禅书》称"今上封禅，其后十二岁而还，遍于五岳、四渎矣"，又称"余从巡祭天地诸神名山川而封禅焉"，以上种种说明，史迁父子对于《封禅书》的专书并非偶然，而是力求将当时礼乐改制的前因后果全部收录，留待后世君子观览明辨。

④ 《史记》卷130《太史公自序》，第3295页。

⑤ 《史记》卷28《封禅书》，第1404页。

但司马迁的初衷并不是微文讥讽或谏言，其立意"只是将这个在当时与以后都发生的重大影响的历史事件，客观地记录下来，翔实地保存这批重要的史料"①。

此外，在汉初汉廷及军功集团眼中，儒学与方术并无严格界线，其性质皆为可御之"术"，而非应遵循之"学"。因此对于武帝朝郊礼走偏的评判不能仅以后世儒学的正统礼乐为据，而是应该回到"历史现场"，即通过梳理当时儒学与方术的互动寻求和理解彼时相关思想的"平均值"，② 以及时人对于此类知识和思想的接受过程，唯此方能真正接近其中的历史真实。

1. 巫风盛行：秦汉之际社会思想的"平均值"

众所周知，巫觋是中国文化的重要源头之一，虽然经历了春秋战国的哲学突破，巫觋的地位不断下降，③ 但巫觋文化依然在秦汉社会发挥影响。④ 汉高祖六年（前201）刘邦下令整顿宗教事务，其核心举措为：一是在其家乡丰地"治枌榆社"；二是在长安设置各类神祠，交由巫祝祠官负责。《汉书·高帝纪》："及高祖即位，置祠祀官，则有秦、晋、梁、荆之巫。"⑤ 同书《百官公卿表》"奉常"条云："奉常，秦官，掌宗庙礼仪，有丞。景帝中六年更名太常。属官有太乐、太祝、太宰、太史、太卜、太医六令丞。"⑥《史记·封禅书》对此记载更详，称：

---

① 逯耀东：《抑郁与超越：司马迁与汉武帝时代》，第173~174页。
② 葛兆光强调"知识"（knowledge）与"思想"（intellectual 或 thought 或 idea）之间并非存在天然的鸿沟，在历史过程中，"知识"与"思想"其实是一种相互影响、相互作用、相辅相成的关系，并提出要以"一般知识、思想与信仰世界"来考察中国古代思想的历史进程。参见葛兆光《思想史的写法——中国思想史导论》，复旦大学出版社，2004，第10~40页。
③ 林富士：《中国古代巫觋的社会形象与社会地位》，载林富士主编《中国史新论·宗教史分册》，联经出版事业公司，2010，第65~134页。
④ 参见〔日〕增渊龙夫《汉代的巫与侠》，载氏著《中国古代的社会与国家》，吕静译，上海古籍出版社，2017，第93~108页；林富士《汉代的巫者》；孙家洲《汉代巫术巫风探幽》，《社会科学战线》1994年第5期；孙家洲《汉代民俗与巫风初探》，《世界宗教研究》1994年第4期；孙家洲《巫术の盛行と汉代社会》，《古代文化》47卷第8号（1995年）；文镛盛《秦汉巫觋的地域分布》，《文史知识》1999年第8期；马新《论两汉民间的巫与巫术》，《文史哲》2001年第3期；王子今《战国秦汉时期的女巫》，载氏著《古史性别研究丛稿》，社会科学文献出版社，2004，第3~37页。
⑤ 《汉书》卷1《高帝纪》，第81页。
⑥ 《汉书》卷19《百官公卿表》，第726页。

令祝官立蚩尤之祠于长安。长安置祠祝官、女巫。其梁巫,祠天、地、天社、天水、房中、堂上之属;晋巫,祠五帝、东君、云中[君]、司命、巫社、巫祠、族人、先炊之属;秦巫,祠社主、巫保、族累之属;荆巫,祠堂下、巫先、司命、施糜之属;九天巫,祠九天:皆以岁时祠宫中。其河巫祠河于临晋,而南山巫祠南山秦中。①

上引巫祝官吏以梁巫、晋巫、秦巫、荆巫为主,外加九天巫、河巫、南山巫为辅。林富士推论上引"七巫"应是"太常"六令丞之"祠祀"的员吏。②《集解》引文颖曰:"巫,掌神之位次者也。范氏世仕于晋,故祠祝有晋巫。范会支庶留秦为刘氏,故有秦巫。刘氏随魏都大梁,故有梁巫。后徙丰,丰属荆,故有荆巫。"引应劭曰:"先人所在之国,及有灵施化民人,又贵,悉置祠巫祝,博求神灵之意。"③据此可知,刘邦建国初年的宗教改革所设梁、晋、秦、荆诸巫乃是出自"汉家""汉氏"的定位,④究其渊源当为战国传统,彼时的"天下一家"实际上是"帝家"和"帝室"的扩大。⑤

孙星衍辑录的佚名《汉官》录"太史待诏""太史灵台待诏"条,称:

太史待诏三十七人,其六人治历,三人龟卜,三人庐宅,四人日时,三人《易》筮,二人典禳,九人籍氏、许氏、典昌氏,各三人,嘉法、请雨、解事各二人,医二人。

太史灵台待诏四十一人,其十四人候星,二人候日,三人候风,十二人候气,三人候晷景,七人候钟律。一人舍人。⑥

---

① 《史记》卷28《封禅书》,第1378~1379页。
② 林富士:《中国古代巫觋的社会形象与社会地位》,载林富士主编《中国史新论·宗教史分册》,第106页。
③ 《史记》卷28《封禅书》,第1379页。
④ 行至东汉,中央政府将所设官巫称作"家巫",《续汉书》卷26《百官志》引《汉官》曰:"家巫八人",第3595页。
⑤ 〔日〕尾形勇:《中国古代的"家"与国家》,第178~204页。
⑥ (清)孙星衍:《汉官六种》,第1~2页。

据此，太史所辖并非单纯的"左史记言，右史记事"的人文传统，[①]
而是包含巫、史、祝、宗等各类宗教事务。[②] 后世类书及正史对此多有还
原，例如：

> 太史令凡岁将终，奏新年历。凡国祭祀丧娶之事，掌奏良日及时
> 节禁忌。[③]

> 京师大水，祭山川以止雨。丞相御史二千石祷祠，如求雨法。[④]

> 求雨，太常祷天地、宗庙、社稷、山川以赛，各如其常牢，礼
> 也。四月立夏旱，乃求雨祷雨而已；后旱，复重祷而已；讫立秋，虽
> 旱不得祷求雨也。

> 武帝元封日到七月毕赛之，秋冬春不求雨。[⑤]

其实，彼时的儒生、方士皆以其知识专长担任皇帝的文化待诏，以便
随时召问。[⑥] 安作璋、熊铁基指出"凡是待诏人物大都有所专长"，[⑦] 除经

---

① 《汉书·艺文志》："古之王者世有史官，君举必书，所以慎言行，
昭法式也。左史记言，右史记事，事为《春秋》，言为《尚书》，帝王靡不同之。"(《汉书》卷30《艺文志》，
第1715页）

② 张亚初、刘雨据殷墟卜辞的材料，指出"（商代）史官的活动并不局限于舞文弄墨。他
们也参与祭祀等宗教活动和从事对其他方国的掠夺性的军事活动"(《西周金文官制研
究》，中华书局，2004，第28页）。学者将先秦时期巫者的职事划分为：交通鬼神、祭
祀、占卜、祈雨、丧葬、逐疫、医疗、禳灾。参见瞿兑之《释巫》，《燕京学报》第七
期，1930；陈梦家《商代的神话与巫术》，《燕京学报》第二十期，1936；张光直《商代
的巫与巫术》，载氏著《中国青铜时代》，生活·读书·新知三联书店，2013，第261~
290页（该文最初发表于"中国殷商文化研讨会"，1987）；李零《先秦两汉文字史料中
的"巫"》，载氏著《中国方术续考》，第69~75页；许兆昌《先秦社会的巫、巫术与
祭祀》，《世界宗教研究》1990年第1期；童恩正《中国古代的巫》，《中国社会科学》
1995年第5期；赵荣俊《文献资料中的"巫"考察》，《中国历史文物》2005年第1期。

③ （唐）虞世南：《北堂书钞》卷55《设官部七》"太史令"条，清光绪十四年万卷堂刻本。

④ （汉）刘歆等：《西京杂记》（外五种），王根林点校，上海古籍出版社，2012，第1页。

⑤ 《后汉书·礼仪志中》，第3118、3120页。

⑥ 须指出秦及汉初的博士制度并非纯任儒生，而是经历了一个由"杂家"到"专经"的
过程。

⑦ 安作璋、熊铁基：《秦汉官制史稿》第二编，齐鲁书社，1985，第372页。

学外，还有医药、雅琴、祭祀方术、本草等。① 杨鸿年指出待诏的地点很多，包含太学、相府、承明金马、黄门宦署、保宫、掖庭、兵营、憨宫、鸿都门、公车署等，② 有学者指出"所有待诏都是皇帝的近臣，西汉甚至是'内朝官'的补充"③。

在此背景下，儒生与方士必然长期杂处，遂使汉世鸿儒对于祠祭方术的相关仪轨知识有所因应，例如，贾谊《新书·辅佐》称"奉常，典天以掌宗庙社稷之祀，天神、地祇、人鬼，凡山川四望国之诸祭，吉凶妖祥占相之事序，礼乐丧纪，国之礼仪，毕居其宜，以识宗室，观民风俗，审诗商命，禁邪言，息淫声，于四时之交，有事于南郊，以报祈天明。故历天时不得，事鬼神不序，经礼仪人伦不正，奉常之任也"④；董仲舒《春秋繁露》录有《求雨》《止雨》等篇，⑤《太平御览·礼仪部》："五仪元年，儒术奏施行董仲舒请雨事，始令丞相以下求雨雪，曝城南，舞童女祷天神五帝。五年，始令诸官止雨，朱绳萦社，击鼓攻之。"⑥《汉旧仪》："成帝三年六月，始命诸官止雨，朱绳反萦社，击鼓攻之，是后水旱常不和。"⑦ 由上述可知，太常所辖不仅包含礼乐教化，巫史祝宗等宗教事务也属其职事范围，因此其所涉知识必然涵盖术数方技。

对于汉廷统治者而言，医药、巫祝、祠祭皆为其宫廷生活、政治礼仪不可或缺的部分，因此对于上引巫祝仪轨亦有所因应。例如，王充《论衡》云："巫咸能以祝延□人之疾，愈人之祸者，生于江南，含烈气也。"⑧ 所谓

---

① 史籍所载，西汉时期待诏有如下类型：（1）经学待诏：《史记·叔孙通传》"秦时以文学征，待诏"；《汉书·蔡义传》"（武帝）诏求能为《韩诗》者，征（蔡）义待诏"；《汉书·公孙弘传》"（弘以对策第一，）拜为博士，待诏金马门"；《汉书·韩婴传》"孝宣时，涿郡韩生其后也，以《易》征，待诏殿中"；《汉书·翼奉传》"治《齐诗》，……元帝初即位，诸儒荐之，征待诏宦者署"。（2）医药待诏：《汉书·董贤传》"（东平王）云后舅伍宏，以医待诏"；《汉书·郊祀志》"候神方士使者副佐、本草待诏七十余人"；（3）音乐待诏：《汉书·王褒传》"宣帝时……知音善鼓雅琴渤海赵定、梁国龚德，皆召见待诏"。（4）方技待诏：《汉书·吾丘寿王传》"吾丘寿王……以善格五召待诏"；《资治通鉴·汉成帝建始四年》注"武帝置北军八校尉，射声其一也，……掌待诏射声士"；《太平御览》卷196"园囿"条引《汉书》曰"乃使……待诏能用算者二人"。
② 杨鸿年：《汉魏制度丛考》，武汉大学出版社，1985，第149页。
③ 陶新华：《汉代的"待诏"补论》，《社会科学战线》2005年第6期。
④ 阎振益、钟夏校注《新书校注》，第206页。
⑤ （清）苏舆：《春秋繁露义证》，第426~439页。
⑥ 《太平御览》卷526《礼仪部五》，第2388页上栏。
⑦ 《后汉书》志第5《礼仪志中》，第3120页。
⑧ 黄晖：《论衡校释》卷23，第1104页。

"延"即"移",汉人认为巫祝能够将人之疾病、灾祸延移于他人。故《史记·封禅书》称"祝官有秘祝,即有灾祥,辄祝祠移过于下"①。入汉后,虽然汉家皇帝多次下诏予以调整,但难以完全革除巫祝的影响,② 颜师古注:

> 文颖曰:"始汉家于道中祠,排祸咎移之于行人百姓。以其不经,今止之也。"师古曰:"文说非也。秘祝移过,文帝久已除之。今此总禁百姓巫觋于道中祠祭者耳。"③

由此视之,似乎文帝排抑巫祝的举措并未真正实行,原因在于巫祝除了能够移过外,还能降福、神通、祛病、媚道、延寿。例如以下事例。

吕后晚年举行袚礼,"还过轵道,见物如苍犬,据高后掖,忽弗复见。卜之,云赵王如意为祟。高后遂病掖(腋)伤"④。《汉书·五行志》作"袚霸上还",颜师古注曰:"除恶之祭。"⑤

文帝时,晁错上书建言"守边备塞,劝农力本",具体举措包含"为置医巫,以救疾病,以修祭祀,男女有昏,生死相恤,坟墓相从,种树畜长,室屋完安,此所以使民乐其处而有长居之心也"。⑥

景帝时,废太子刘荣之母栗姬"常使侍者祝唾其背,挟邪媚道",武帝陈皇后亦"挟妇人媚道"。⑦

此外,《史记·封禅书》称:

> 是时上(武帝)求神君,舍之上林中蹄氏观。神君者,长陵女子,以子死,见神于先后宛若。宛若祠之其室,民多往祠。平原君往祠,其后子孙以尊显。及今上即位,则厚礼置祠之内中。闻其言,不

---

① 《史记》卷28《封禅书》,第1377页。
② 文帝下诏除"秘祝移过于下",武帝天汉二年"秋,止禁巫祠道中者"(《汉书》卷28《封禅书》及卷6《武帝纪》,第1380、203页)。关于汉代"祝移"的社会影响可参见林富士《汉代的巫者》,第56~57页。
③ 《汉书》卷6《武帝纪》,第203页。
④ 《史记》卷9《吕太后本纪》,第405页。
⑤ 《汉书》卷27《五行志》,第1397页。
⑥ 《汉书》卷49《爰盎晁错传》,第2288页。
⑦ 《史记》卷49《外戚世家》,第1976、1979页。沈钦韩据《周礼》注疏认为"媚道"为房中术,钱钟书则认为"媚道"当属"厌魅","可以使人失宠遭殃,亦可以使己承恩致福"(钱钟书:《管锥编》,生活·读书·新知三联书店,2017,第484页)。

见其人云。①

由此可知，"神君"本为"人鬼"转化而成"宛若祠"，起初只是一种民间宗教行为，但由于武帝外祖母"平原君"常往祠，并求得"子孙以尊显"的效应，遂得到武帝认可，将其"舍之上林中蹄氏观"，其性质亦由"民祠"转为"官祠"。司马迁父子不吝笔墨交代此事，并将此事系于窦太后驾崩、武帝诏举贤良并初次郊雍诸事之后，② 说明时人对于礼乐事宜的理解包含公、私双重面向，区别在于前者源于儒生的天下公义，后者旨在求得帝王的一己之福。方士群体之所以能够得到统治者的认可并顺利干进，关键在于方士擅长之占测、祠祭符合时人对于宗教和礼仪生活的基本认知，此类知识正是战国秦汉之际宗教思想的"平均值"。

2. 武帝对方士的接受

前文已述，武帝在即位之初的建元元年就曾下令诏举贤良，议立明堂，"草巡狩封禅改历服色事"。由于窦太后"治黄老言，不好儒术"，此议遂寝。田蚡本传称其"好儒术"，但又强调他"辩有口，学《盘盂》诸书"。《集解》引应劭曰："黄帝史孔甲所作也，凡二十九篇，书盘盂中，所以为法戒也。诸书，诸子之书也。"孟康曰："孔甲《盘盂》二十六篇，杂家书，兼儒墨名法者也。"晋灼曰："案《艺文志》，孟说是也。"③ 如果说田蚡所学《盘盂》源于"黄帝史孔甲"，那么不应遭到"本好黄老"的窦太后的反对。由此看来，田蚡所学《盘盂》当为托名黄帝的"杂家"，其中应包含方术怪诞之事。据《史记·封禅书》载，第一个进入武帝视野的方士李少君曾"尝从武安侯饮，坐中有九十余老人，少君乃言与其大父游射处，老人为儿时从其大父，识其处，一坐皆惊"④。上述故事很有可能为田蚡的有意设计，目的是将李少君引荐给武帝，借此加强王太后一族对朝局的影响。逯耀东据此认为，建元年间的改制隐含着太皇太后窦氏家族和皇太后王氏家族之间政治斗争的隐线。他强调："窦太后虽然为了保持其既得的政治特权，但恐田蚡假借儒家之名，行鬼神之事，将十六七岁的

① 《史记》卷28《封禅书》，第1384页。
② 《史记·封禅书》："窦太后崩。其明年，征文学之士公孙弘等。明年，今上初至雍，郊见五畤。后常三岁一郊。"（《史记》卷28《封禅书》，第1384页）
③ 《汉书》卷53《窦田灌韩传》，第2379、2377~2378页。
④ 《史记》卷28《封禅书》，第1385页。

武帝引入歧途，也是非常有可能的。"① 甚确。此前，窦太后抑制王臧等人的礼制改革时即称"此欲复为新垣平邪"②。以上种种，说明时人对儒生、方术的认知并无严格界线，对于祠祭致福兼杂公私的动机也未作严格区分。据此，史迁父子将武帝改制的始末详细收录，为我们了解武帝改制礼乐时转任方士的原因提供了重要材料。

东汉时许慎、何休将"巫"和"医"分别释义为"巫，祝也。女能事无形，以舞降神者也"；"巫者，事鬼神，祷解以治病请福者也"③。武帝对于方士的起用正是由医疗、养生等方技所发。《封禅书》云："是时李少君亦以祠灶、谷道、却老方见上，上尊之。"李少君正是依托了"祠灶""却老方"，以及"黄帝封禅不死"故事捕获武帝心意。他对武帝解释道："祠灶则致物，致物而丹沙可化为黄金，黄金成以为饮食器则益寿，益寿而海中蓬莱仙者乃可见，见之以封禅则不死，黄帝是也。臣尝游海上，见安期生，食巨枣，大如瓜。安期生仙者，通蓬莱中，合则见人，不合则隐。"受此影响，武帝开始"亲祠灶"，并派遣方士入海求蓬莱安期生之属，欲"化丹沙诸药齐为黄金"，遂使"燕齐怪迂之方士多更来言神事"。④《汉书·艺文志》"诸子略"录有"小说家"十五家，其"小序"称"小说家者流，盖出于稗官。街谈巷语，道听途说者之所造也"⑤。逯耀东指出"若以时代区分，自《伊尹》至《黄帝》九家，属于先秦以前的作品，自《封禅说》以下六家，则是汉代，尤其是武帝时期的著作"⑥。杨树达按："方说者，《史记·封禅书》记李少君亦祠灶、谷道、却老方见上，亳人谬忌奏祠太一方，齐人少翁以鬼神方见上，胶东宫人栾大求见言方之类也。"⑦ 由此观之，其中作于武帝朝的著作有：

《封禅方说》十篇，班固自注：武帝时。（亡）

---

① 逯耀东：《抑郁与超越：司马迁与汉武帝时代》，第160页。
② 《汉书》卷53《窦田灌韩传》，第2379页。
③ （东汉）许慎：《说文解字》（附检字），第40页下栏；（清）阮元校刻《十三经注疏》，第2205页中栏。
④ 《史记》卷28《封禅书》，第1385~1386页。
⑤ 《汉书》卷30《艺文志》，第1745页。
⑥ 逯耀东：《志异小说与魏晋史学》，《魏晋史学的思想与社会基础》，中华书局，2006，第177页。
⑦ 杨树达：《汉书窥管》，商务印书馆，2015，第211页。

《待诏饶臣心术》二十五篇，班固自注：武帝时。（亡）师古曰："刘向《别录》云，饶，齐人也。不知其姓。武帝时待诏，作书名曰《心术》也。"

《待诏臣安成未央术》一篇。（亡）应劭曰："道家也。好养生事，为未央之术。"

《虞初周说》九百四十三篇。班固自注：河南人，武帝时以方士侍郎，号黄车使者。（亡）应劭曰："其说以《周书》为本。"师古曰："《史记》云虞初，洛阳人，即张衡《西京赋》'小说九百，本自虞初'者也。"①

以上情况说明，武帝对方士的起用，极大地鼓励了"燕齐怪迂之方士多更来言神事"，他们依托方技、术数进言改制事宜。班固注"虞初"，称其号"黄车使者"。《史记·封禅书》称："予方士传车，及间使求仙人以千数。"张衡《西京赋》云："千乘雷动，万骑龙趋。属车之簉，载猃猲獢。匪唯玩好，乃有秘书。小说九百，本自虞初。"② 即是对武帝派遣数千方士传车至各地求仙在长安出发时盛景的描述。其中影响较大者，以亳人谬忌、齐人少翁、上郡巫、胶东栾大为代表，他们分别以"太一方"、"致鬼"术、"神通"术获得武帝青睐，并由此推动了甘泉泰畤的成立。

（1）谬忌与"太一坛"的设立

在李少君之后，出场的是亳人谬忌，他向武帝觐献"太一方"，并得到首肯。《史记·封禅书》载："亳人谬忌奏祠太一方，曰：'天神贵者太一，太一佐曰五帝。古者天子以春秋祭太一东南郊，用太牢，七日，为坛开八通之鬼道。'"武帝接受其建议，令太祝在长安东南郊设立太一坛。受此鼓励，又有人接续上书称"古者天子三年壹用太牢祠神三一：天一、地一、太一"，"古者天子常以春解祠，祠黄帝用一枭破镜；冥羊用羊祠；马行用一青牡马；太一、泽山君地长用牛；武夷君用干鱼；阴阳使者以一牛"。武帝对此全盘招收，令太祝领祠于长安太一坛。泷川资言指出武帝

---

① 陈国庆：《汉书艺文志注释汇编》，中华书局，1983，第 161～162 页。
② 薛综注"秘书"称"即巫医卜祝之术"，又称"持此秘术，储以自随，待上所求问，皆常具也。"（《文选》卷 2，第 45 页上栏）

时太一之祀凡四：一是谬忌所奏长安城东南郊者，所谓忌太一坛也；二是春解祠之太一用牛者也；三是神君之所下之太一，祠于甘泉北宫之寿宫者也；四是祠官宽舒等所立之太一，祠坛在云阳甘泉宫之南，所谓太（泰）畤，三年一郊见者。①

（2）少翁与甘泉宫室的鬼神图像

元狩三年（前120），齐人少翁以"鬼神方见上"。② 因武帝所幸王夫人早卒，"少翁以方盖夜致王夫人及灶鬼之貌云，天子自帷中望见焉"。《汉书》作"李夫人"③，王先谦《补注》："王夫人者，与卫夫人并幸。计其始进，当在元光时，至元狩二年卒，前后相当。然《外戚传》，汉武实悼李夫人。惟少翁之诛在元狩中，李夫人卒，不得有少翁，此传误也。"④《论衡·自然》篇云："武帝幸王夫人。王夫人死，思见其形。道士以方术作夫人形，形成，出入宫门。武帝大惊，立而迎之，忽不复见。"⑤ 于是武帝拜少翁为文成将军，赏赐甚多，以客礼待之。后者又进言称："上即欲与神通，宫室被服非象神，神物不至。"武帝对此悉收之，令"作画云气车，及各以胜日驾车辟恶鬼"，"又作甘泉宫，中为台室，画天、地、太一诸鬼神，而置祭具以致天神"⑥。不久，少翁所献之方未达到武帝预期，所求之神"不至"，少翁又矫作伪书于牛腹，武帝将其诛杀。

（3）寿宫神君与武帝会于甘泉

元狩五年（前118），武帝大病于鼎湖宫，朝中巫医皆无所因应。⑦ 此时游水发根向武帝推荐上郡有神巫，可通"病巫之神"，武帝遂使人问神君。神君言曰："天子无忧病。病少愈，强与我会甘泉。"病愈，遂起，幸甘泉，病良已。《封禅书》：

（武帝）大赦，置寿宫神君。寿宫神君最贵者太一，其佐曰大禁、

---

① 〔日〕泷川资言：《史记会注考证》，第1615页。关于"太一神"及"三一神"的性质，前贤已有详辨，参见前引钱宝琮、饶宗颐、李零、邢义田、田天等人论著。

② 王先谦曰："《通鉴》诛文成在元狩四年。下云'居岁余'云云，是'见上'或在元狩三年。"见《史记会注考证》，第1617页。

③ 《汉书》卷25《郊祀志》，第1219页。

④ （清）王先谦：《汉书补注》，第1706页。

⑤ 黄晖：《论衡校释》卷18，第910页。

⑥ 《史记》卷28《封禅书》，第1387～1388页。

⑦ （清）王先谦：《汉书补注》，第1707页。

司命之属，皆从之。非可得见，闻其言，言与人音等。时去时来，来则风肃然。居室帷中。时昼言，然常以夜。天子袚，然后入。因巫为主人，关饮食。所以言，行下。又置寿宫、北宫，张羽旗，设供具，以礼神君。神君所言，上使人受书其言，命之曰"画法"。其所语，世俗之所知也，无绝殊者，而天子心独喜。其事秘，世莫知也。①

俞樾曰："神君乃巫之神，以巫为主人，居帷幄中可与人言。即所谓'上郡有神巫，病而鬼神降之'者也。"② 今按：寿宫神君所行当为"祝由"之术，大概包含"咒语""画法"等内容。《汉语大辞典》云"古代以祝祷符咒治病恶方术，后世称用符咒禳病者为'祝由科'"③，其特点是"以符咒治病的法术"④，或"祝说病由，不劳药石也"⑤。《中国文化辞典》称其为一种古代朴素的心理疗法，"源于《黄帝内经·灵枢·贼风篇》。即医者通过相病人说明生病的缘由，以达到治疗效果的心理疗法"⑥。此类知识为战国秦汉之际所习知，例如，《墨子·迎敌祠》云"从外宅诸名大祠，灵巫或祷焉，给祷牲"；⑦ 陆贾《新语·资质》篇云"乃使灵巫求福请命"。⑧ 从医疗社会史的角度来看，古代中医系统中确有"祝由科"，⑨ 有学者指出"祝由"二字"即是咒的合音字"，《黄帝内经·素问》之"移精变气"即是"通过巫术中念咒语的方式达到的神效"。⑩

总之，在巫医寿宫神君的影响下，甘泉宫开始成为武帝朝宗教活动的中心。在此期间，乐成侯又向武帝推荐胶东方士栾大，武帝令其以方"决

---

① 《史记》卷 28《封禅书》，第 1388~1389 页。
② 〔日〕泷川资言：《史记会注考证》，第 1618 页。
③ 《汉语大辞典》，汉语大辞典出版社，2003，第 892 页。
④ 《王云五大辞典》，商务印书馆，1930，第 594 页。
⑤ 谢观编《中国医学大辞典》，台湾商务印书馆，1958，第 2254 页。
⑥ 施宣圆、王有为、丁凤麟、吴根梁主编《中国文化辞典》，上海社会科学院出版社，1987，第 573 页。
⑦ 吴毓江：《墨子校注》卷 15，第 876 页。
⑧ 王利器：《新语校注》，第 110 页。
⑨ 参见林富士《"祝由"释义：以黄帝内经素问为核心文本的讨论》，《"中央研究院"历史语言所集刊》第 83 本第 4 分，2012，第 671~738 页；林富士《中国的"巫医"传统》，载生命医疗史研究室编《中国史新论·医疗史分册》，联经出版社事业公司，2015，第 61~150 页。
⑩ 张其成：《易学与中医》，中国书店，1999，第 21 页。

河"，并"夜祠其家，欲以下神"。① 司马迁云："余从巡祭天地诸神名山川而封禅焉。入寿宫侍祠神语，究观方士祠官之意。于是退而论次自古以来用事于鬼神者，具见其表里。"② 上引方士诸说对武帝变革郊祀制度产生了直接影响，所谓"寿宫"指的是武帝受上郡神巫影响对甘泉宫室的调整，即"又置寿宫、北宫"，《集解》引臣瓒曰："宫，奉神之宫也。"③ 而"神语"即指"祝由"所行"咒语"，也包括方士影响下"张羽旗"、"设供具"、行"画法"。此外，元鼎四年汾阴出鼎，武帝令人核实后又"迎鼎"至甘泉。这些情况说明武帝有将神异对象集中甘泉的意图。④

3. 公孙卿述"黄帝故事"与汉武郊祀封禅的公私转向

元鼎四年迎鼎至甘泉后，武帝曾与公卿诸生讨论封禅仪典事宜。《史记·孝武本纪》悉收此事，称：

> 自得宝鼎，上与公卿诸生议封禅。封禅用希旷绝，莫知其仪礼，而群儒采封禅《尚书》《周官》《王制》之望祀射牛事。齐人丁公年九十余，曰："封禅者，合不死之名也。秦皇帝不得上封，陛下必欲上，稍上即无风雨，遂上封矣。"上于是乃令诸儒习射牛，草封禅仪。数年，至且行。天子既闻公孙卿及方士之言，黄帝以上封禅，皆致怪物与神通，欲放黄帝以尝接神仙人蓬莱士，高世比德于九皇，而颇采儒术以文之。群儒既以不能辩明封禅事，又牵拘于《诗》《书》古文而不能骋。上为封祠器示群儒，群儒或曰"不与古同"，徐偃又曰"太常诸生行礼不如鲁善"，周霸属图封禅事，于是上绌偃、霸，尽罢诸儒弗用。⑤

参加此次会议的智识人员本来以"儒生"为主，他们多以《尚书》《周官》《王制》等儒家经说中的"望祀""射牛"之事"文之"，但似乎意见不合，主要原因在于：一方面"封禅用希旷绝"，经书不载，因而缺

---

① 司马迁专门将此系于寿宫神君致祠甘泉及汾阴出鼎事之间，虽然栾大的职事主要在于"求仙"，对于汉家郊祀格局无甚关系，但其"夜祠"或与此后致祠"太一"礼仪相涉，故备记于此。

② 《史记》卷28《封禅书》，第1404页。

③ 《史记》卷12《孝武本纪》，第460页。

④ 田天：《秦汉国家祭祀史稿》，第166页。

⑤ 《史记》卷12《孝武本纪》，第473页。

少现成的参照;① 另一方面针对武帝所创制者,他们又"牵拘于《诗》《书》古文而不能骋"。最终遭到武帝弃用,转由方士公孙卿负责推进。不过,儒生中也有附和者,兒宽即是其中的代表。其本传称:

> 及议欲放古巡狩封禅之事,诸儒对者五十余人,未能有所定。先是,司马相如病死,有遗书,颂功德,言符瑞,足以封泰山。上奇其书,以问宽,宽对曰:"陛下躬发圣德,统楫群元,宗祀天地,荐礼百神,精神所乡,征兆必报,天地并应,符瑞昭明。其封泰山,禅梁父,昭姓考瑞,帝王之盛节也。然享荐之义,不著于经,以为封禅告成,合袪于天地神祇,祗戒精专以接神明。总百官之职,各称事宜而为之节文。唯圣主所由,制定其当,非群臣之所能列。今将举大事,优游数年,使群臣得人自尽,终莫能成。唯天子建中和之极,兼总条贯,金声而玉振之,以顺成天庆,垂万世之基。"上然之,乃自制仪,采儒术以文焉。②

对于武帝的召问,兒宽以"唯圣主所由,制定其当,非群臣之所能列"应之,得到武帝的认可。正是在他的妥协下,武帝朝的礼乐大典得以飞速发展,但由于放弃了儒家所持之礼乐的"天下"公意,这场改制转至求得武帝的"一己之福"。

结　语

有学者指出,秦汉之际的宗庙、郊祀、封禅虽然有范围上的大小内外之别,但在理论上实为一种大圈套小圈的同心圆,即:以首都的宗庙、郊祀为内圈;而东部的封禅为外环。③ 西汉前中期的郊祀改革基本循此思

---

① 钱穆指出"封禅"古义有二:一指"巡狩考绩",出自《尧典》;二指"受命告成",出自《管子》。"其说皆起于齐","窃谓巡狩乃古代游牧国家一种大会猎之礼。凡诸部落共戴一盟主者,则必会猎之礼而至,以示其主从之等⋯⋯巡狩会猎之礼,继之以盟誓而告上下神祇,是即为封禅。故《管子》书言必受命然后得封禅,盖必巡狩封禅而后见其为当时之共主也。然则巡狩、封禅之事,于古非无,而后之说者遂忘其本真,夫实益远,而有附会于邹衍五德终始之说者"。(钱穆:《秦汉史》,第103页)
② 《汉书》卷58《公孙弘卜式兒宽传》,第2630~2631页。
③ 李零:《秦汉礼仪中的宗教》,载氏著《中国方术续考》,第106页。

路，此种祭祀格局之所以呈现大圈套小圈，目的是彰显内圈（首都）的中心地位，明显有意依托郊祀改革重塑皇权的至上属性。概而言之，这个过程又可细分为三个阶段。首先，高祖、惠帝时，由叔孙通主导完成了宗庙礼乐的重建，即以首都的太上皇庙、高祖庙外加各地郡国庙所组成，此举实际上是对秦制的效仿，旨在通过宗庙增强中央王朝与东部王国的血缘纽带；其次，文帝时接受方士新垣平的建议，将"雍五畤"徙至长安，是为"渭阳五帝（坛）庙"。此举淡化了承秦而作的"雍五畤"作为宗教中心的历史地位，并另起炉灶试图以首都长安的"渭阳五帝（坛）庙"作为国家宗教中心，紧接着他又"使博士诸生刺《六经》中作《王制》，谋议巡狩封禅事"。① 不过由于新垣平矫作祥瑞之事被揭发，文帝的改制事业无疾而终。此后由于东部王国问题频发，继位的景帝主要致力于削藩，形上的礼制改革一直被搁置；武帝即位伊始，在赵绾、王臧的建议下欲立明堂、朝诸侯、行封禅、改历服色，旨在完成其祖父文帝未竟的礼制事业。然而由于窦太后的阻挠，建元初年的改制事业无疾而终。六年后窦太后去世，武帝得以亲政并重启礼乐改革，经过数十年的探索最终形成了由首都长安附近的太一后土祠为内圈，巡狩封禅为外圈的汉家郊祀格局。

文帝朝的郊祀改革基于贾谊所上《论定制度兴礼乐疏》，其议包含以削藩为主的形下政策，以及以正朔、服制、官名、郊礼为主体的形上礼乐，旨在建构"天子受天命治天下""兴礼乐""致太平"的王道理想。建策伊始，由于军功遗老、藩王势力的掣肘，贾生的规划未能付诸实践。其后，文帝通过"列侯之国""易侯邑"等法律政策的推进，东西异制的局面得到改善；前元十二年《淮南王歌》在社会上广泛流播，使得文帝意识到仅仅依托汉法不仅难以实现文化统一的目标，而且容易加剧中央与王国之间的文化冲突，于是他又重新审视贾谊的改制建议，并于次年发起郊祀改革。然而此时贾谊已经离世，文帝不得已只能将此事交由出自齐鲁的公孙臣与新垣平。他们二人虽然掌握一定的礼乐知识，在时人眼中也是东方文化的代表，但其学识涵养与作为醇儒的贾谊相距甚远，并且在行事上处处以天子的私意为据。伴随新垣平矫作祥瑞的事发，以及匈奴侵边的军

---

① 《史记》卷28《封禅书》，第1382页；《汉书》卷25《郊祀志上》，第1214页。

事压力，[①] 文帝不得不为这场轰轰烈烈的郊祀改革画上休止符。

综括言之，贾谊依托"五百年必有王者兴"的传统观点将文帝打造为待时而出的汉家王者，希冀后者能够举王道、兴礼乐、致太平。《尚书·吕刑》云："一人有庆，兆民赖之，其宁惟永。"[②]《孝经·天子》篇亦持此说，称："一人有庆，兆民赖之。"[③] 其后伴随儒家经典的官学化，"天子受命""代天而治"的说法逐渐成为学者共识，故司马迁称："盛哉，天子之德！一人有庆，天下赖之。"[④] 在贾谊、董仲舒、司马迁等鸿儒眼中，郊祀礼乐虽然兼杂公私，但"天下一家"本质上等于"天子无家"，因此郊礼的目标乃是以天下公意为主。然而，文帝对于新垣平的特殊拔擢明显侧重"一己之福"，不仅背离了其改制的初衷，也为武帝朝郊礼改革的走偏埋下伏笔。虽然武帝改制理论以儒家经说为指导，并以公羊家的相关论说作为礼乐改制的路线图和时间表。可惜在具体的推进中，武帝未能全面贯彻照董仲舒等鸿儒所擘画之礼乐蓝图，而是摆荡于儒生、方士所倡之方案的公私之间。对于汉廷的统治者而言，儒生与方士皆为当时东方文化的代表，起初他们均以文化待诏的身份进入汉朝视野，然而时人对儒术、道术、法术并无严格分别，故司马谈《论六家要旨》称"务为治者也"，也就是说他们对于学术的评判皆以其能够发挥的效用为据。随着武帝"外攘夷狄""德归京师"改制事业的持续推进，儒生、方士、词客一同构成了郊礼廷议的智识人员。面对武帝改制所需的郊祀、封禅、巡狩等各项礼乐仪轨，他们纷纷依托自身文化传统欲以"廷议"的方式议定郊礼格局的发展方向，由此便形成了《封禅书》《郊祀志》中所载"曰""或曰"云云。经过双方的不断拉锯，最终将"黄帝"视作封禅告成的理想先王。然而，儒生眼中的"黄帝"乃是"居明堂""行封禅""治天下"的"王者"；而

---

① 《史记·孝文本纪》云："十四年冬，匈奴谋入边为寇，攻朝那塞，杀北地都尉卬。上乃遣三将军军陇西、北地、上郡，中尉周舍为卫将军，郎中令张武为车骑将军，军渭北，车千乘，骑卒十万。帝亲自劳军，勒兵申教令，赐军吏卒。帝欲自将击匈奴，群臣谏，皆不听。皇太后固要帝，帝乃止。于是以东阳侯张相如为大将军，成侯赤为内史，栾布为将军，击匈奴。匈奴遁走。""后六年冬，匈奴三万人入上郡，三万人入云中。以中大夫令勉为车骑将军，军飞狐；故楚相苏意为将军，军句注；将军张武屯北地；河内守周亚夫为将军，居细柳；宗正刘礼为将军，居霸上；祝兹侯徐悍门：以备胡。数月，胡人去，亦罢。"（《史记》卷10《孝文本纪》，第428~429、431~432页）

② （清）阮元校刻《十三经注疏》，第249页中栏。

③ （清）阮元校刻《十三经注疏》，第2546页上栏。

④ 《史记》卷21《建元已来王子侯者年表》，第1071页。

方士眼中的"黄帝"则是"且战且寻仙",最终"接万灵明廷"的"仙人"。于是,在儒生、方士的持续影响下,郊祀封禅又承载了"兴致太平""合不死之名"的双重功能。虽然,武帝在改制之初接受了董仲舒、公孙弘所举之《春秋》公羊学的改制理论,并以"必世而后仁"的卅年之期、尊王攘夷、德归京师等方案予以推进,但随着武帝年岁的增长以及个人受疾病的困扰,他又倾慕于公孙卿所举之"封禅不死"的神仙方术,最终使得原本"一人有庆,天下赖之"的改制事业,漏掉了"天下"而仅余"一人",故而遭到后世儒者的批驳。

The reform of National Sacrifices in the middle of the Western Han Dynasty

Zhang Junjie

Abstract:The national sacrifice in the middle of the Western Han Dynasty was marked by the Taiyi-Houtu Temple, plus sacrificial ceremony on Mount Tai. This move was initiated by Jia Yi, and the original intention was to reshape the unified imperial power of "one family under heaven" through the reform of rites and music. However, due to the early death of Jia and the demagogy of shaman Xin yuanping, the reform of rites and music in the Wen Dynasty was forced to be put on hold until Emperor Wu ascended the throne and was reinstated. At the beginning of the restructuring, Emperor Wu accepted the restructuring theory of *Gongyangchunqiu* cited by Dong Zhongshu and Gongsun Hong, and promoted it in accordance with the thirty-year period, but with the growth of Emperor Wu's age and the troubles of personal diseases, he admired the immortal magic advocated by shaman Gongsun Qing, and finally made the original was omitted from the "All the people depend on it", and only "A blessing for oneself" remained, so it was refuted by Confucianism.

Keywords:Middle Western Han Dynasty;Taiyi-Houtu Temple;Rites and Music;Imperial

(编辑:单印飞)

简牍时代《史记》写本的源流与传承过程

〔韩〕琴载元*

摘　要:《史记》的最早载体是简牍,之后经历了纸卷时代的写本和印刷术发明后的版本,直至现代的电子版本。《史记》现存实物主要为印刷术发明后的版本,早期写本极为罕见,且尚未发现简牍写本实物。由于缺乏简牍写本实物,现代人对《史记》的认知存在不足。《史记》写本研究在认知结构缺失的情况下进行,难免有缺陷。通过简牍时代的地下出土简牍,可重新审视传统文献,并扩大"二重证据法"的应用。司马迁编写的《史记》,形成名山本和京师本两个版本,后因转写过程中的混杂导致不同版本的出现。校勘《史记》可利用《汉书》,《汉书》因直接转写而更接近原本。校勘过程中常见四种情况:"误""错""加""删"。今后应致力于消除《史记》变型带来的偏见,重塑其来龙去脉。

关键词:《史记》;简牍;写本;转写;传承

导　论

西汉武帝在位期间,司马谈和其子司马迁担任太史之职,著有《太史公书》,即后来专称为《史记》的史书。对这部史书的研究,今天已形成了一个被称为"史记学"的研究领域,特别是《史记》传承研究,因为《史记》被视为中国历史学的开端,在中国史学史领域具有重要价值。

从最初的撰写到今天的传承,超过两千年的《史记》研究史不可能全部囊括在一篇稿件中。承认这一局限,本稿仅从载体的发展史这一角度,

*　琴载元,韩国庆北大学校人文学术院HK研究教授,研究方向为出土简牍与秦汉史。

探讨《史记》的传承问题。最初制作《史记》的载体是简牍，经历了简牍时代，随着纸的发明而到来的纸卷时代的"写本"，自印刷术发明以来因出版文化的兴盛而进入划时代且广泛传承的"版本"，甚至到现代数字多媒体时代的到来，多方面立体呈现的电子本①，《史记》传承的史学史本身就是涵盖两千多年东亚记录文化整体的通史。因此，《史记》的研究不仅在传统的中国古代史领域中十分重要，而且作为贯通东亚记录文化的最主要样本资料也应予以重视。

然而，尽管《史记》的源流和传承研究已经积累了丰富的资料，但长期以来仍存在无法克服的难关。也就是说，《史记》实物绝大多数是印刷术发明之后的"版本"，而之前时代的"写本"则极为稀少。这也是相关研究仅限于版本研究或基于版本的写本研究的原因之一。《史记》的写本，除了现存最早的纸质写本——日本石山寺藏的《张丞相列传》和《郦生陆贾列传》残片等约 15 种存于日本的写本外②，最近在俄罗斯藏敦煌文书中整理出的《李斯列传》残片③，使得研究的可能性有所提升。然而，仅凭极少数的资料进行全面研究仍几乎是不可能的。更何况，纸质写本虽有所发现，但简牍写本的实物至今尚未发现。④ 这种实物的缺乏也影响了人们的认知，使得现代人相比生活在简牍和纸卷文化中的古代人，对其了解甚少。由于《史记》写本的研究是在认知结构（cognitive structure）丧失的"无知时代"进行的，不可避免地存在无法解决的缺陷。

笔者认为，现有的《史记》写本研究大致存在两个问题。第一，现有研究往往未能区分版本体系和写本体系，而是混淆地应用相关概念。最典

①　张显成在概说简牍文献的著作中，提出了按载体的时代区分，即"简帛时代—纸卷时代—印刷时代"的三段时代区分。进而说明当今为"电子数据时代"。《简帛文献学通论》，中华书局，2004，第 11 页。

②　现有的日本《史记》写本及版本研究中，水泽利忠的巨著《史记会注考证校补》（史记会注考证校补刊行会，1957~1970）被认为是最全面且最完善的研究成果。该书于 1986年由中国上海古籍出版社再次出版。有关这方面的综合分类和整理，可参张宗品《近百年来〈史记〉写本研究述略》，《古籍整理研究学刊》2014 年第 3 期。

③　张宗品：《俄藏敦煌文献所见存世最早的〈史记〉写本残片及其缀合》，《敦煌研究》2011 年第 5 期。

④　现在收藏于大英博物馆的 T. Ⅵ. b. i301 号简，早在《流沙坠简》中被考释为误列的《史记·滑稽列传》残简（罗振玉、王国维：《流沙坠简》，中华书局，1993，第 218 页"简牍遗文"参照）。然而，"久不相见"这一句实际上并不仅限于《滑稽列传》中的用语，它在西北汉简的书信中常被用作"久未见面"的习惯性表达。因此，不能单凭王国维、罗振玉的早期观点，断定这就是《滑稽列传》的残简。

型的例子就是目前关于《史记》个别篇章真伪的争论。① 这些争论中，无论是有意还是无意，都假设了版本的存在来判别伪作，或者混淆了版本和写本中可能出现的伪作情况，往往将真伪问题简单化。这种观点需要通过提高对写本的认识来进行调整。此外，即使在写本中，简牍写本和纸卷写本也需要加以区分，但大多数研究未能做到这一点，而是将二者同等对待。由于简牍和纸之间存在实物上的显著变化，其制作、增补和遗失的现象绝不相同。因此，有必要严格区分它们的不同结构。本文将基于笔者对简牍的研究经验，假设简牍《史记》写本的固有特性，并尝试确立其体系和传承的概念。

第二，由于简牍《史记》写本的实物尚未发现，因此其研究始终存在无法"实证"而只能"想象"的根本性局限。这也是本文无法克服的问题。然而，追溯《史记》的源流真的只是追逐海市蜃楼吗？尽管无法确认实物，但《史记》的原本或写本以简牍形式传承的事实是不可否认的。由于存在无须证明即可确信的事实，我们可以展开"合理的想象"。已经有足够的背景事实可以作为佐证。当今大量出土的简牍文书及典籍，以及在敦煌和各地发现的纸质文书等实物抄本，表明关于简牍文献的想象有可能在未来变成可以证实的事实。这也是以简牍时代的地下出土简牍为佐证，重新思考地上的传统文献，扩大"二重证据法"② 的可能领域。

简而言之，东亚典籍的载体经历了从简牍到纸卷、出版印刷品、数字多媒体的更替，现代人早已忘记了《史记》的原始载体是简牍。而且，简牍《史记》原本实际被发现的可能性几乎为零，我们失去了追溯源流的指引，只能对《史记》进行想象。尽管本文仍然停留在想象的领域，但至少提出了一个目标，即恢复通向实证的指引，重建在人的思维中被遗忘已久

---

① 典型的例子是与后述的"十篇有录无书"相关的真伪争论。此外，还有《战国策》和《史记》相关篇章的伪作争论、基于对《屈原贾生列传》的怀疑提出的"屈原否定论"，以及集中于贾谊的改编争论等。

② 王国维最早提出的"二重证据法"自陈寅恪在《王静安先生遗书序》中定义为三种方法论以来，已成为今日中国中小学历史理论教材中的基础理论之一（该论述也收录于《中学历史教学》2006 年第 4 期）。即，陈寅恪将王国维的史学归纳为"取地下之实物与纸上之遗文互相释证""取异族之古书与吾国之旧籍互相补正""取外来之观念与固有之材料互相参证"。其中，将考古学与古代史进行比较和对照的第一类即为实证史学领域的"二重证据法"。虽然有学者尝试通过将历史学与社会学或文化人类学等领域的结合，扩展为"三重证据法"或"四重证据法"，但其基本原则始终是比较和验证具有不同特性的两种资料的"二重"框架。

的简牍认知结构。

一 简牍《史记》的转写路径

司马迁在《史记》最后一篇《太史公自序》中确认了"太史公书"的完成。该书共 130 篇，约 526500 字。他提到将正本收藏于名山，副本存放于京师。也就是说，《史记》被制作成两份相同的写本，一份是正本"名山本"，另一份是副本"京师本"。①《汉书·司马迁传》中也记载了相同的内容。② 然而，《汉书》还补充了另一个事实。班固可能是无意间提及，但这给两千多年的《史记》研究史留下了一个未解之谜。众所周知，《史记》有"十篇有录无书"③ 的问题，即，在 130 篇中，有 10 篇只有目录，而文稿已经失传。

《汉书》虽然没有具体说明这 10 篇是什么，但曹魏时期的人物张晏指出，这些篇章是"迁没之后，亡景纪、武纪、礼书、乐书、律书、汉兴已来将相年表、日者列传、三王世家、龟策列传、傅靳蒯列传。元成之间，褚先生补阙，作武帝纪，三王世家，龟策、日者列传，言辞鄙陋，非迁本意也"④。唐代司马贞撰写的《索隐》沿用了张晏所说的失传 10 篇的目录，并进一步详细说明："景纪取班书补之，武纪专取封禅书，礼书取荀卿礼论，乐取礼乐记。"⑤ 由此，基于班固的证言，通过张晏和司马贞的解释，"十篇有录无书"的说法逐渐具体化，并成为历代许多学者所信奉和遵循的《史记》传承常识。然而，今天已经没有学者完全相信这一说法，且存在许多提出疑问和反驳的研究成果。尽管进行了长期研究，但各个学说仍分散讨论，没有任何一种成为定论。

"十篇有录无书"争论的最大问题在于，它并没有将从《史记》到

---

① "凡百三十篇，五十二万六千五百字，为太史公书。序略，以拾遗补艺，成一家之言，厥协六经异传，整齐百家杂语，藏之名山，副在京师，俟后世圣人君子。第七十。"《史记》卷 130《太史公自序》，中华书局，1959，第 3319~3320 页。

② "藏之名山，副在京师，以俟后圣君子。第七十……"《汉书》卷 62《司马迁传》，中华书局，1964，第 2724 页。

③ "……迁之自叙云尔。而十篇缺，有录无书。"《汉书》卷 62《司马迁传》，第 2724 页；同样的证言在《艺文志》中也提到过一次："（太史公百三十篇）十篇有录无书。"《汉书》卷 30《艺文志》，第 1714 页。

④ 《史记》卷 130《太史公自序》，第 3321 页。

⑤ 《史记》卷 130《太史公自序》，第 3321 页。

《汉书》这大约 200 年的时间作为讨论的主题。如果跳过这段时间直接从张晏的说法开始讨论，就变成了忽略汉代的情况，从三国时期的视角来讨论《史记》。尤其是到了三国时期，蔡伦改进并普及了"蔡侯纸"①，文书载体从简牍向纸张转变，进入了纸、木并用的时代。载体结构的变化会导致人们对文本的认知结构也随之改变。我们无法确切知道张晏所见到并解读的《史记》是由简牍还是由新载体纸张构成的，然而，随着这一时期的推进，张晏等人开始编纂注释，脱离了简牍的狭小书写空间，迎来了纸张带来的创新和扩展。随着纸载体的精进和纸卷时代的确立，到了南朝时期，《史记》的"具注"——《史记集解》的编纂也成为可能。问题在于，不能将反映纸卷时代资料的《史记集解》的认知与简牍时代汉代人的认知等同起来。在简牍与纸张混杂的认知中，区分各自的时代，并判断这些说法是否符合简牍时代的传承原则，是解决相关问题的首要任务。这个过程并不简单。因此，在讨论之前，笔者将综合自己的想法，对《史记》传承路径的概要模式进行整理，以便于理解。

如上所述，《史记》最初经由司马迁之手制成了①名山本和②京师本（见图 1）。通常理解是①为正本，②为副本。关于如何理解①中的"名山"，各论者有不同的看法。大致可以分为两种说法：一种是如颜师古的注释那样，认为"名山"是存放在某特定山中的书库，这属于一般的观点；②另一种是依据司马贞的解释，认为"名山"是官府的书府，这就成了④的西汉皇室秘书本，形成了《史记》的正本。③ 在第二种说法中，将"名山"的意义解释为寓意或许是可能的，但如果直接将其与④相联系，在简牍的传承原则上会出现几个难题。换句话说，如果①和②都是司马迁为了传承目的而制作的，那么这是否真的是司马迁的本意值得怀疑。

暂且不论"名山"的含义，先探讨司马迁提及它的本意。他在制作《史记》时，可能是意图形成作为古文固定的正本（藏之名山）和作为今

---

① "自古书契多编以竹简，其用缣帛者谓之为纸。缣贵而简重，并不便于人。伦乃造意，用树肤、麻头及敝布、鱼网以为纸，元兴元年奏上之，帝善其能，自是莫不从用焉，故天下咸称蔡侯纸。"《后汉书》卷 78《宦者列传》，中华书局，1973 年，第 2513 页。

② "颜师古注：藏于山者，备亡失也。其副贰本乃留京师也。"《汉书》卷 62《司马迁传》，第 2724 页。

③ 可参易平、易宁《〈史记〉早期文献中的一个根本问题——〈太史公书〉"藏之名山，副在京师"考》，《南昌大学学报》（人文社会科学版）2004 年第 1 期。

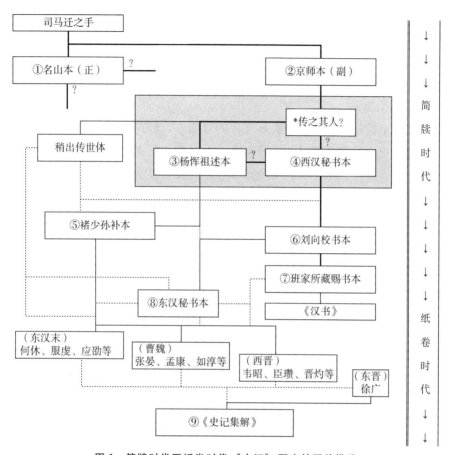

图 1　简牍时代至纸卷时代《史记》写本转写的推移

注：
	粗线	：直接转写
	细线	：间接或部分转写后集成
	虚线	：或许转写，但无法确定
＊		：《史记》写本源流变型区间

文流通的副本（副在京师）。从这个角度看，尽管简单，颜师古认为正本的收藏是为了防止丢失的注释更接近核心。而且，司马迁提到的"京师"范围内也包括皇室，因此，如果将"名山"解释为中央朝廷的书库，那么"名山"和"京师"就会成为重复表达。撇开这些细节问题，无论书籍是由官方还是民间制作，一旦离开作者之手，变型是不可避免的，司马迁对此应当很清楚。制作正本和副本的双重方式正是为了防止简牍文书变型，并保持原本内容的转写方法。秦汉的行政文书中也存在将文书按正本或副

本流通的行政程序。① 法律文书也按照这种正副本的原则进行转写，并不断进行校勘。② 司马迁自称"太史公"，正是指他担任了基层法律、行政文书书写的史官考试主考官，即太史。③ 总之，司马迁在抄写领域是当时的顶尖专家。①和②正是依据他的专业知识，遵循"转写"的原则，以防止原本丢失和变型。

尽管不能排除①已经外泄并流传的可能性，但即使考虑到这一点，为了保持原本的完整性而保存的固定型正本的存在是毫无疑问的。基于这一概念，本文将①视为正本，②视为副本。根据《汉书》的记载，作为流通用的②在司马迁去世后，其部分内容逐渐外泄，到宣帝时期，其外孙杨恽祖述，即抄写的写本③流传于世，全面公开。④ 大概在那个时期，④也得以确立。然而，向④的传承路径并不明确。根据《汉书》的记载，③先形成，然后传至④的可能性较高。但是，由于司马迁父子在世时制作书籍已是公开的事实⑤，完成的书籍无论如何都应该以某种形式献给官府。因此，也不能排除②不通过③，直接传至④的可能性。

关键在于②的首批传承者是谁。这个对象并不是多数人，而是特定的

① 比如，有明确规定要送正本文件的"上真书"或"腾真书"这样的行政用语（陈伟主编《里耶秦简牍校释》（第一卷），武汉大学出版社，2012，第47、52页）。还有"当腾"或"当腾腾"等行政用语也频繁出现。今天，这些用语被解释为"应该传送的文件就传送"的意思，但在早期，"腾"是"誊"的通假，可理解为"抄录"的意思（《里耶秦简牍校释》（第一卷）第3～4页注释［9］详细集录了相关用语）。由于简牍文书的特性，"移书"必然伴随着"抄录"，因此没有必要严格区分这两种行为。仍然可以接受现有的解释，将其视为伴随"抄录"即"转写"的传送。

② 秦汉时期的律令有一个原本的概念，即"三尺律令"，并有通过地方郡属下的县官传播和校对律令的"雠"过程，旨在保持与原本的一致性。相关研究可参拙文《家传的简牍文书——睡虎地秦简法律文书性质的再考》，《中国古中世史研究》（韩国）第六十辑，2021。

③ 彭浩、陈伟、工藤元男主编《二年律令与奏谳书》，上海古籍出版社，2007，第296页。条文显示，史学童的考试和成绩评定、任用的总权在太史手中："史、卜子年十七岁学。史、卜、祝学童学三岁，学佴将诣太史、太卜、太祝，郡史学童诣其守，皆会八月朔日试之……郡移其八体课太史，太史诵课，取最一人以为其县令史，殿者勿以为史。三岁壹并课，取最一人以为尚书卒史。"

④ "迁既死后，其书稍出。宣帝时，迁外孙平通侯杨恽祖述其书，遂宣布焉。"《汉书》卷62《司马迁传》，第2737页。

⑤ 《太史公自序》中记录了上大夫壶遂与司马迁讨论当代（武帝时期）撰写史书著作必要性的公开讨论内容（《史记》卷130《太史公自序》，第3297～3300页）。这表明其他朝廷官员也知道"太史公"父子正在编纂史书。而且，如后文所述，司马迁在写给朋友任安的信中也详细提到"太史公书"的存在。

个人或少数的群体。对于我们这些生活在一个通过一个版本就能传给不特定多数人的时代来说，这可能是一个陌生的概念，但在印刷术发明之前，所有书籍都是写本，即通过转写仅传给特定个人，这反而是常识。司马迁在写给朋友任安的信中，再次提到由正本和副本组成的"太史公书"的存在。在这封信中，他提到：

　　藏之名山，传之其人通邑大都。①

　　这是①、②的另一种表达，特别是他透露了实现②的构想。司马迁为什么会说"传之其人"，即"传给那个人"呢？与熟悉出版和数字媒体的现代人不同，司马迁的认知结构中可能没有将知识直接传播给不特定多数人的概念。在他的时代，个人为了传播知识所能做的，只有传给特定的个人。因此，他有意识地提到"传之其人"这一必要过程。在②传递到③和④之前，必定有某个人作为第一个传承者。如果是通过②—③的路径，杨恽所得到的《史记》应该是②的副本（称之为②-N）。从②传抄给②-1的个人必须存在，这样③才有可能成立。这个人可能是杨恽的母亲（司马迁的女儿），也可能是在昭、宣年间担任过丞相的他父亲杨敞。② 或者，他们从其他人那里得到②-1，或者是再次转写的②-2。即使形成了不经过③而直接从②到④的路径，②-1的存在也是必要的。无论是司马迁本人还是他的第一个传承者，为了在京师地区流通，没有副本的情况下，不会只有单一的写本献给皇室。这意味着，一旦《史记》写本离开了②，不管是否有意，原本的变型是不可避免的。

　　从②到③、④的区间是在司马迁可以意识到的范围内进行的直接转写，因此属于《史记》写本的源流范畴。相反，⑤以下的区间则是司马迁

---

① 《汉书》卷 62《司马迁传》，第 2735 页。

② 《汉书》卷 66《公孙刘田王杨蔡陈郑传》中提到，杨恽因其母亲是司马迁的女儿而开始阅读《史记》，并展现了他对《春秋》的才能："恽母，司马迁女也。恽始读外祖《太史公记》，颇《春秋》。"虽然父亲杨敞的角色在记录中没有提及，但曾任丞相的他，在社会地位和作为家长对家传文书的控制权方面，很可能参与了《史记》的传承。然而，关于"司马英"这个司马迁女儿的名字，以及"名山"指代"华山"的说法，都是没有根据的传言。这些传言包括司马迁因李陵事件而将女儿送到华阴避难，并将《史记》正本带去华山等，都是因司马迁的人生经历和《史记》创作的戏剧性元素而产生的情感投射。《汉书》卷 66《公孙刘田王杨蔡陈郑传》，第 2889 页。

去世后无法预见的间接或部分转写，因此可以将其归类为《史记》写本的支流。⑤是元、成年间褚少孙通过私人途径汇编的内容，属于支流。流传的《史记》内容不完整，多数案例源于⑤的传承。然而，"十篇有录无书"的问题并非因⑤而起。这个问题还涉及⑥、⑦、⑧的情况，后文将详细讨论。

　　从④传承到⑥，是由成帝年间开始校正皇室秘书的刘向以及他儿子刘歆形成的写本。这些写本根据校正的程度，可能与④相同，也可能有所变异。关于⑥的记录是通过班固兄弟在其著作《汉书》中的《叙传》传下来的，他们参考了从⑥传承的副本⑦。班彪的叔父班斿在成帝时期与刘向一起参与了皇室秘书的校正工作，并因其贡献而获得了秘书的多个副本①，其中就包括⑦。我们现在看到的《汉书》中与《史记》重复的许多内容，就是从⑥转写而来的。这里有一个重要的特性，就是皇室"秘书"的独特性。它是一个封闭性的传承系统，不允许通过民间渠道进行间接或部分转写。东平思王曾希望获得"太史公书"但被皇帝拒绝的例子，充分展示了这种特性。② 班固在《叙传》中特别提到这个故事，表达了班家获得未经过任何外界干扰的"原型写本"（即⑥）的自豪感。

　　基于上述分析，现在可以讨论"十篇有录无书"的问题了。失传10篇是《汉书》编纂者班固，或最终完成此工作的班昭所下的结论。它的基本素材可能是班家收藏的⑦，并且是班固在获得东汉皇室的批准后，通过与收藏于东观或兰台的⑧进行比较，综合审查得出的结论。然而，现今我们所看到的《史记》大多源自⑤，因此无法通过这些内容来验证其真实性。⑤的内容形成时间比班固生前的⑦、⑧早100年以上，早于⑥的形成，因此无法保证其与⑦、⑧的情况相同。宋代以后形成的《史记》版本很可能大部分传承自⑤，少部分可能来自⑦、⑧，或由早期流出的部分篇章通过各种途径补充汇编而成。篇章的缺漏情况可能与⑦、⑧相同，也可能有

---

① "斿博学有俊材，左将军史丹举贤良方正，以对策为议郎，迁谏大夫、右曹中郎将，与刘向校秘书。每奏事，斿以选受诏进读群书。上器其能，赐以秘书之副。时书不布，自东平思王以叔父求太史公、诸子书，大将军白不许。语在东平王传。"《汉书》卷100上《叙传》，第4203页。

② "太史公书有战国从横权谲之谋，汉兴之初谋臣奇策，天官灾异，地形厄塞：皆不宜在诸侯王。不可予。"《汉书》卷80《宣元六王传》，第3324~3325页。《宣元六王传》中详细介绍了东平思王请求获得诸子及太史公书并被拒绝的原因和过程。主要原因是太史公书中包含了战国时期纵横家的策略、汉朝初期谋臣的奇策、天官灾异以及重要的军事地理位置，这些内容不适合诸侯王拥有。

所不同，可能超过 10 篇，也可能少于 10 篇。简而言之，我们仍无法得出确定的结论。

类似地，今天对《史记》不完整性的另一个误解是，认为主导皇室秘书校勘的刘向、刘歆是《史记》部分篇章"伪作"的"元凶"。在对此进行详细论证之前，需要一个前提认识。即在⑥（成帝以后）形成之前，⑤（元、成之间）已传承下来了，往上追溯，在②、③、④的源流区间内，也有通过各种途径流传到民间的写本。换句话说，刘向并不具备掌握所有《史记》写本的条件。而且，目前我们接触到的《史记》更多受⑤的影响，而非⑥。要有意伪造篇章并用其替换原本，只能在传承路径单一的②的首次传承及③、④包含的源流区间内进行。⑥已经属于脱离源流的支流。因此，刘向、刘歆不可能介入《史记》篇章的伪造，即使他们尝试伪造，也会在⑤及其他多条民间传承路径中被对比发现。

在提出《史记》写本"伪作"问题之前，首先需要认识到，《史记》是通过"转写"而不是"版刻"传承的。在简牍时代，相比于整体伪造，通过增加或减少篇章内容、调整简牍编缀顺序等进行"改作"更为容易。从某种意义上说，伪作是一种"创作"，在简牍制作的条件下，这与创作原本一样困难。此外，当我们思考伪作时，常常应用出版时代的常识，这种常识的前提是存在"版权"的概念。伪作能够成立，关键在于通过出版追求盈利的可能性。换句话说，存在大众书籍市场决定了这种伪作的可能性，但在简牍时代这种可能性并不高。

简牍时代是一个通过转写进行书籍"流动传承"的时代，这与通过版刻进行"固定传承"的版本概念截然不同。这种概念的变化可能是宋代以后伪作争论开始活跃的原因。① 写本的主要争论焦点是"改作"而非"伪作"，因此也不存在贬低"转写"价值的"剽窃"概念。事实上，司马迁也是在父亲司马谈的著作基础上，结合自己采集的资料进行"转写"，但没有人会因此批评《史记》是剽窃之作。值得注意的是，对《汉书》编纂

---

① 例如，东晋时期豫章内史梅赜献上的《古文尚书》，在南宋时期朱熹首次提出质疑后，经过清代阎若璩的考证，最终被确认为伪书。类似地，《竹书纪年》传至唐代后在宋代失传，后出版的辑佚今本《竹书纪年》因各种外部记录的混入而被认为是伪书。然而，也有少数研究认为这是在长期抄写过程中发生的变型，并试图从中追溯原本，夏含夷的研究就是一个典型例子（Edward L. Shaughnessy, *Before Confucius: Studies in the Creation of the Chinese Classics*, State University of New York Press, 1997）。

者班固的批评，即他只是《史记》的"剽窃者"的说法，也是宋代以后出现的。^① 这种批评源自出版时代对"版本"的评价。如果从写本的角度来看，《汉书》能够很好地"转写"自《史记》，这其实是一种肯定，而不应被视为"剽窃"。

本文的结论可以总结为：对于《史记》的写本用写本概念、对简牍用简牍的概念，以更接近其传承的实际。在简牍时代，并不存在如出版时代那样的"伪作"和"剽窃"现象。这一点可以通过考察与"转写"相关的各种术语得知。《史记》最初分为"藏"和"副"，这意味着正本和副本的成立是以转写为前提的。而传承禁止的皇室"秘书"在刘向和刘歆的手中变成了"校书"，这包含了对金文和古文两种写本进行对比的"雠"的校正工作。而且，司马迁的外孙杨恽所进行的"祖述"意味着完全按照原本进行书写，即抄写。另外，孔子所说的"述而不作"^② 实际上也是强调了抄写原本的重要性。当时的学者们之所以重视"述"而不是"作"，正是因为忠实传承古籍是非常困难且有价值的工作。简牍《史记》写本需要从"流动传承"的特性，即从"转写"的角度来重新定义其概念。

二 误、错、加、删：简牍《史记》写本变型之例

目前我们看到的《史记》是不完整的。这是出版物时代版本的不确定性，更进一步说，是在简牍和纸卷时代写本传承过程中产生的变型所致。与版本不同的写本的流动传承，是这种变型的主要因素。那么，是否有办法校正目前不完整的《史记》呢？当然，除非发现司马迁亲自抄写的《史记》原本，否则无法完美地实现这一目标。不过，通过对不同写本进行对校，部分校勘是可能的。

---

① 《通志》的作者郑樵的意见是一个典型代表。在《总序》中，他激烈批评班固"自高祖至武帝，凡六世之前，尽窃迁书，不以为惭"，认为班固在撰写前六世的历史时，完全剽窃了司马迁的书，却不感到羞耻。甚至还用"迁之于固，如龙之于猪"这种尖刻的比喻，来表达他对班固的贬斥。这些言论生动地反映了在出版时代正式开始后，知识分子对"剽窃"的愤怒（参见《通志》，台湾新兴书局影印本，1958，第 1 页）。此后的情况与郑樵的时代并无太大不同，直到明代，仍然有贬低班固《汉书》为剽窃各种资料之作，推崇《史记》的"尊马抑班"现象持续存在。参见〔日〕大木康著，金成培译，《〈史记〉与〈汉书〉》，天地人（韩国），2010。

② 《集注》注释："述，是传旧而已。作，则创始也。"（宋）朱熹：《四书章句集注》，中华书局，1983，第 93 页。

这种校勘的对象可以从《汉书》中找到。正如上文所述,《汉书》属于不同于⑤(传世本《史记》版本的原型)的支流。《汉书》以④的校书⑥转写的⑦为底本。由于⑦从②起通过单一路径传承下来,比起通过间接转写和收集汇编的⑤,它在某种程度上更能忠实地反映原本的内容。《汉书》因为大量转写《史记》的相同内容,自宋代以来被批评为"剽窃",但《汉书》的这种内容反而成为对校传世本《史记》的有用资料。

当然,《汉书》也有很多修改《史记》原本内容的例子。然而,由于篇幅限制,本文无法对《汉书》中的所有例子与《史记》进行对校验证。本文将仅限于通过《汉书》补充《史记》内容的代表性案例。通过与《汉书》的对校,可以发现《史记》变型的类型,用一个字来总结,即本节的标题所示:"误""错""加""删"。

其中,"误"和"错",即"误记"和"错简",属于转写过程中常见的小错误,是无意的错误,定义为无意图的变型。相反,"加"和"删",即"加笔"和"删失",则涉及更为重要且有意识的改动,因此是更难以验证的对象。这种变型可能发生在⑤或⑥以下的支流区间,但也可能发生在②、③、④内的源流区间。尤其是后者,《汉书》也可能受其影响,因此通过对校难以察觉变型的发生。

尽管如此,《汉书》不仅包含与《史记》相同的内容,还补充了新的内容或删减了《史记》的内容。通过对相关内容先后关系的审查,至少可以推测这些变型是发生在支流中还是发生在源流区间的早期变型。以下将分段解释各个例子。

1. 误记和错简:无意图的变型

首先,作为误记的例子,可以比较以下两个记录。

● 《史记》

项梁尝有栎阳逮,乃请蕲狱掾曹咎书抵栎阳狱掾司马欣,以故事得已。①

● 《汉书》

梁尝有栎阳逮,请蕲狱掾曹咎书抵栎阳狱史司马欣,以故事

---

① 《史记》卷7《项羽本纪》,第296页。

皆已。①

这是关于反秦起义发生前，项羽的叔父项梁的事迹的相同记录。除《史记》记载了项梁的姓名，并添加了接词"乃"之外，《汉书》的文字构成与《史记》基本相同。当项梁在栎阳被捕时，他请求蕲县的狱掾给栎阳的"狱掾"司马欣写信，希望通过"故事"了结此事。这里，《汉书》将栎阳的"狱掾"记作"狱史"，将事件了结的"得已"记作"皆已"。

从简牍文书中可以看出，秦代县级吏员的职称中有"狱史"，但没有"狱掾"。② 因此，将其记作"狱史"的《汉书》的表达更为准确。更重要的问题在于如何解释"得已"和"皆已"，这也是《汉书》中的"皆已"更准确。"皆已"的字典意义是全部完成，而"得已"的意思是从自己的愿望中出来，按照自己的意志行事，是"不得已"的反义词。《汉语大词典》唯一引用了上述《史记》的例子，认为"得已"也可以表示"终结"的意思③，但从与《汉书》的对比中可以看出，这一解释需要重新考虑。目前发现的简牍资料中"皆已"和"得已"的例子也支持上述结论（见表1）。

表1　简牍资料中的"皆已"和"得已"

皆已（11例）	□令鬼薪耘小城旦乾人为贰春乡捕鸟及羽=皆已备	8-1515A	LY-1
	问之白翰鸟皆已	9-125	LY-2
	□陵丞主移敢告主￥库主当□皆已□听书以律令	9-1893B	LY-2
	斧刃二破斧头一破·皆已易……蓬索一币·已易	112·023	J0-2
	……负吕昌线二百五十皆□□」皆已入毕前所移籍当去	EPT51：77	JN-3
	奉唯官赋以付强钱□前十月皆已出三	EPT52：521A	JN-3
	人肉钱六十皆已	EPT59：364B	JN-5
	□□□约皆已成叩头死罪死罪	EPT59：657	JN-5
	居延流民亡者皆已得度今发遣之居延它未有所闻	EPF22：325B	JN-7
	皆已□身将来急官司檄事□	EPW31：94A	JN-7
	☑十五日所作治皆已毕成敢言之	99ES17SH1：8	EJ

---

① 《汉书》卷31《陈胜项籍传》，第1769页。

② 相关的《岳麓书院藏秦简》第三卷至第七卷中收录了多项案例及法律条文（上海辞书出版社，2013、2015、2017、2020、2022）。根据现有数据，共发现了21例"狱史"，而"狱掾"则一次也没有出现。

③ 可参，《汉语大词典》（知网版）"得已"（http://hd.cnki.net/kxhd/Search/Result）。

得已 （3例）	<u>毋入饭中</u>，不可得已 以彭故不遣已至意得已蒙厚恩甚厚谨因子春致书彭叩头单 □□愿足下善毋羞间者□遣卒幸得已甚善<u>迫身伏</u>前言	ZOUYAN-169 ZJ 495.004B J0-4 T23：239 JS-2

＊源代码

LY-1：《里耶秦简》（壹）（2012）；LY-2：《里耶秦简》（贰）（2017）；J0-2：《居延汉简》（贰）（2015）；J0-4：《居延汉简》（肆）（2015）；JN-3：《居延新简集释》（3）（2016）；JN-5：《居延新简集释》（5）（2016）；JN-7：《居延新简集释》（7）（2016）；EJ：《额济纳汉简》（2005）；ZJ：《张家山汉墓竹简》（247号墓）（释文修订本）（2006）；JS-2：《肩水金关汉简》（贰）（2012）

这里所提供的"皆已"的11个例子可以确认，这个词在里耶秦简以及居延汉简等多种公文书中被用来表示某种行政程序的完成。相比之下，"得已"的例子仅有3次，而且都是按照其原来的字典意义，用来表示"按照意愿进行"。此外，"得已"更多地出现在私文书中，而不是公文书中。总之，在这些例子中，"皆已"用于官府行政中的治狱程序完成的情况更为常见，因此在原本的《史记》中，记录"皆已"的可能性比"得已"更大，正如《汉书》中所见。

其次，让我们来看一个错简的例子。

- 《史记》
  所过*毋得*掠卤，秦人喜。
- 《汉书》
  所过*毋得*卤掠，秦民喜。

这个段落涉及反秦起义期间，刘邦军向关中进军时，因为不进行掠夺而受到秦人的喜爱。《汉书》将"掠卤"改为"卤掠"，并将"秦人"改为"秦民"，但意义上没有差别。实际上，《汉书》的这种写法可能更接近原本。

问题在于，这一相同内容的段落在《史记》和《汉书》中出现在不同的背景中。它们的前后事实关系如表2所示。

表2 《史记·高祖本纪》与《汉书·高帝纪》对比

	《史记》①	《汉书》②
南阳之役	乃以宛守为殷侯，封陈恢千户。引兵西，无不下者。至丹水，高武侯鳃、襄侯王陵降西陵。还攻胡阳，遇番君别将梅鋗，与皆，降析、郦。〔脱简?〕遣魏人宁昌使秦，使者未来。是时章邯已以军降项羽于赵矣。	七月，南阳守齮降，封为殷侯，封陈恢千户。引兵西，无不下者。至丹水，高武侯鳃、襄侯王陵降。还攻胡阳，遇番君别将梅鋗，与偕攻析、郦，皆降。〔所过毋得卤掠，秦民喜。〕遣魏人宁昌使秦。是月章邯举军降项羽，羽立为雍王。瑕丘申阳下河南。
蓝田之役	又与秦军战于蓝田南，益张疑兵旗帜，诸〔所过毋得掠卤，秦人喜〕秦军解，因大破之。又战其北，大破之。乘胜，遂破之。	沛公引兵绕峣关，逾蒉山，击秦军，大破之蓝田南。遂至蓝田，又战其北，秦兵大败。

资料来源：①《史记》卷8《高祖本纪》，第360~361页。②《汉书》卷1《高帝纪上》，第20~22页。

这是分别指刘邦军队进入关中之前的南阳战役和进入关中后的蓝田战役。《史记》中该句子被插入在蓝田战役部分，似乎传达了关中的"秦人"欢迎刘邦军队的到来。然而，陈苏镇已经指出了这一错误。① 在《汉书》中，这句话出现在使郡守及南阳的多个县投降后，安抚民心的自然情境中；而在《史记》中，这句话却在激烈战斗进行的情境中突然出现。这可能是因为《史记》版本的底本是简牍写本，从而出现了错简。后来的版本没有修正这一错误，直接刻印，使得错误延续至今。

2. 加笔和删失：原本变型意图之谜

与误记和错简不同，加笔或删失可能涉及意图的介入。这种介入可能基于个人的特定知识或价值观，甚至反映出超越个人的时代精神，因此需要更加谨慎地对待。

首先，我们来看一个简单的加笔例子。当时的皇帝汉高祖刘邦考虑废除长子太子的地位时，据传叔孙通以下的谏言反对这一决定。

● 《史记》

秦以不蚤定扶苏，令赵高得以诈立胡亥，自使灭祀，此陛下所亲见。②

---

① 陈苏镇：《〈春秋〉与"汉道"：两汉政治与政治文化研究》，中华书局，2011，第26~27页。

② 《史记》卷99《刘敬叔孙通列传》，第2725页。

- 《汉书》

秦以不早定扶苏，胡亥诈立，自使灭祀，此陛下所亲见。①

这里，"秦不早立扶苏为太子，胡亥诈立，从而社稷灭亡，陛下亲眼所见"的劝谏在《史记》和《汉书》中都有记载。关键的区别在于，《史记》中"胡亥诈立"被记为"令赵高得以诈立胡亥"，即"让赵高得以诈立胡亥"，明确了赵高作为阴谋主使者的身份。两者虽然看似相同，但在具体的事实关系上却有很大差异。

最近公布的《北京大学藏西汉竹书》中《赵正书》一篇中，包含了颠覆既有历史认知的内容，指出胡亥是依照秦始皇的意愿合法继位的，而不是赵高和李斯的阴谋。这一发现与宫崎市定在解读《李斯列传》的文章中对该故事真实性的怀疑相一致。②

如果支持《史记》的记载，那么熟知秦朝政治的叔孙通可能根据事实关系作证，证明赵高的阴谋确实存在，这可以用来反驳《赵正书》的内容。然而，如果《汉书》的记录是准确的，叔孙通的证词只是符合反秦起义军的逻辑而已。③《史记》中相关段落可能是后来有人意识到诏书被篡改后添加的。本文由于篇幅限制，不能进行详细分析，仅作为加笔的一个例子提出。相关问题将另行撰文详细分析。

比前面更复杂的一个例子是《史记·屈原贾生列传》。虽然该篇不属于"十篇有录无书"的一部分，但它是关于真实性争论最激烈的篇章之一。最初，讨论集中在屈原是否真实存在，但最近，这种争论扩展到了对合传对象贾谊的叙述上，甚至一度引发了中国学界的激烈争论。④ 怀疑其

① 《汉书》卷43《郦陆朱刘叔孙通传》，第2129页。
② 可参，宫崎市定《史记李斯列傳を讀む》，《东洋史研究》35，1977。
③ 当时，胡亥的诈立和扶苏的正统性是陈胜、吴广反秦军的口号。这一口号更多是出于战略选择，而非事实依据。
④ 自汪春泓发表了其研究《读〈史记·屈原贾生列传〉献疑》（《文学遗产》2011年第4期）以来，关于《屈原贾生列传》是否由刘向或其父刘德伪造的讨论愈发热烈。随后，刘国民在《〈史记·屈原贾生列传〉的作者、主旨及存在的问题——兼论汪春泓〈读〈史记·屈原贾生列传〉献疑〉》（《学术界》2012年第7期）一文中提出了批判和修正意见。此后，王培峰、赵望秦的《〈史记·屈原贾生列传〉作者祛疑》》（《陕西师范大学学报》（哲学社会科学版）2013年第3期）、王克家的《出土文献与〈史记·屈原贾生列传〉的可信性问题》（《文艺评论》2014年第6期）、张树国的《汉初隶变楚辞与〈史记·屈原贾生列传〉的材料来源》（《中华文史论丛》2018年第1期）等相关研究也对此陆续提出了修正意见。

为伪作的核心证据在于，列传末尾似乎有非司马迁所加的内容。通过对比《史记·屈原贾生列传》和《汉书·贾谊传》的相关段落，可以看出如下差异：

> • 《史记》
> 及孝文崩，孝武皇帝立，举贾生之孙二人至郡守，而贾嘉最好学，世其家，与余通书。至孝昭时，列为九卿。①
> • 《汉书》
> 孝武初立，举贾生之孙二人至郡守。贾嘉最好学，世其家。②

《史记志疑》中也曾指出这一段的疑点，认为这是后人"增改"所致。③ 在"及孝文崩"之后应是景帝即位，但《史记》却跳过这一过程直接写"孝武皇帝立"，显得不自然。而且，司马迁在武帝在位期间编纂《史记》，因此"孝武皇帝"通常被称为"今上"。再者，"至孝昭时"这一表述若按时间推算应是宣帝之后，而这时司马迁已去世。因此，这段话不可能是司马迁所写。相比之下，《汉书》中删除了这些有疑问的句子，如"及孝文崩""与余通书""至孝昭时，列为九卿"。

《汉书》删除了可疑的加笔段落，但保留了其余部分，这表明《汉书》确实是从《史记》抄写过来的。对于《汉书》中未记载这些问题段落，有两种可能性可以考虑：其一，《汉书》参考的写本⑦中可能没有这些段落；其二，⑦中有这些段落，但班固兄弟意识到其问题并有意删除。如果是前者，这意味着加笔是在④—⑥—⑦的转写之外的③—⑤支流区间中发生的。反之，如果是后者，则表明这是在早期源流区间内发生的，之后所有传承的抄本都包含了这些加笔段落。

至于"与余通书"中的"余"，即第一人称作者是否为刘向或其父刘德，以及《屈原贾生列传》是否由他们伪造④，现在似乎不再需要考虑。在前节中，笔者已经通过探讨《史记》的转写路径论证了通过刘向的校书发生伪造是不可能的。尽管《汉书》直接受到了⑥的影响，但它并未记录

---

① 《史记》卷 84《屈原贾生列传》，第 2503 页。
② 《汉书》卷 48《贾谊传》，第 2265 页。
③ （清）梁玉绳：《史记志疑》，中华书局，1981，第 1307 页。
④ 汪春泓：《读〈史记·屈原贾生列传〉献疑》，《文学遗产》2011 年第 4 期。

这些可疑段落。

考虑到简牍传承的特性，《史记》整体篇章的"伪作"可能性较小，更有可能是部分内容的"改作"。在资料极其匮乏的情况下，我们只能依靠逻辑推断。不过，根据笔者的判断，《屈原贾生列传》中关于贾谊的后半部分内容，很多是有意"删失"的。而《汉书》参考的写本⑦的《屈原贾生列传》也可能经历了与写本⑤相同的删改过程。也就是说，写本的改作是在②、③、④的源流区间内发生的。《汉书·贾谊传》收录了大量《屈原贾生列传》中没有的新内容，这是班固兄弟意识到写本⑦的不足，并进行修改和补充的结果。对此，我通过以下三个线索进行推断。

第一个线索可以从《贾谊传》本传后附的班固的赞语中找到。他引用了刘向对贾谊的评价，据说刘向在审阅了贾谊的多篇著作后，认为贾谊的才能出众，甚至超过了伊尹、管仲，但由于庸劣臣子的陷害而未被重用，因此感到非常"悼痛"。① 这正是通过与屈原的对比来凸显悲剧形象的《屈原贾生列传》的意图。

然而，班固比刘向更进一步，他进行了冷静的考察。班固最终判断，贾谊并不是未被重用的悲剧人物。因此，班固对贾谊的评价是"谊亦天年早终，虽不至公卿，未为不遇也"。换句话说，贾谊在有生之年已充分施展才华，其不幸仅在于未能享受荣华的短暂生命。作为证据，班固在传记中直接列出了贾谊著作的 58 篇摘要。② 由此可见，《屈原贾生列传》中没有的《贾谊传》后半部分内容，是班固从贾谊的著作中转写的新内容。

第二个线索是《贾谊传》在转写《史记》的内容和撰写新内容的阶段上有明确的分界点。具体来说，《贾谊传》前半部分内容覆盖了贾谊被贬为长沙王太傅的时期，这部分内容取自《史记》；后半部分内容描述了贾谊转任梁怀王太傅并在此职位上去世的六年时间，则是新撰写的内容。前后内容的转折点在一个著名的故事中得以体现，即汉文帝与贾谊在未央宫宣室夜谈鬼神的对话。

> 后岁余，文帝思谊，征之。至，入见，上方受釐，坐宣室。上因

---

① 《汉书》卷48《贾谊传》，第2265页："贾谊言三代与秦治乱之意，其论甚美，通达国体，虽古之尹、管未能远过也。使时见用，功化必盛。为庸臣所害，甚可悼痛。"

② 《汉书》卷48《贾谊传》，第2265页："谊亦天年早终，虽不至公卿，未为不遇也。凡所著述五十八篇，掇其切于世事者著于传云。"

感鬼神事，而问鬼神之本。谊具道所以然之故。至夜半，文帝前席。既罢，曰："吾久不见贾生，自以为过之，今不及也。"乃拜谊为梁怀王太傅。怀王，上少子，爱，而好书，故令谊傅之，[（*《汉书》补充部分）数问以得失。]①

通常，这个故事被理解为汉文帝虽然召见了人才，但只是询问鬼神之事，并未真正重用贾谊，表现出对人才的冷淡。然而，班固似乎认为这个故事有寓意。因此，他在《汉书》中增加了《史记》所没有的五个字："数问以得失"。也就是说，汉文帝不可能只是为了询问鬼神之事而召见贾谊，更不可能只是为了无关紧要的事情而与贾谊谈论到深夜。他甚至称呼比自己小三岁的贾谊为先生，即"贾生"，并任命他为自己宠爱的小儿子的太傅，必有深意。

如果这正如班固所理解的那样，是为重用贾谊所做的铺垫，那么司马迁为什么在描述了这样一个戏剧性的场景后，依然匆匆结束了列传，并将贾谊描写成一个最终未被重用、在悲剧中死去的人物呢？贾谊在第一次见到刚即位的汉文帝时，到被贬为长沙王太傅的时期，总共度过了六年的时间。而从被任命为梁怀王太傅直到去世，也同样是六年，但《史记》却大幅省略了这一时期的内容。

这里提供一个更为决定性的第三个线索。今天流传下来的《史记·孝文本纪》中，正是贾谊从被任命为梁怀王太傅到去世这段时间的记录，即班固推测为"数问以得失"的文帝七年至十二年的时间记录"没有"。②因此，这段内容看起来是被"删失"的，与《屈原贾生列传》相比，可以推测这是有意的"删失"。

那么，删除贾谊和汉文帝"六年"记录的人是谁呢？首先可以怀疑的是作者司马迁本人。这意味着可能在原本制作阶段就被删除，而不是在写本中"删失"的。有研究表明，司马迁根据自己的主观意愿批评武帝及其权臣，并美化了文帝的政治作为理想境界。③此外，贾谊的形象符合在

---

① 《汉书》卷48《贾谊传》，第2230页。
② 《史记》卷10《孝文本纪》，第426~427页。
③ 《伯夷列传》的最后一句话："（像伯夷、叔齐和颜渊这样的）闾巷之人，欲砥行立名者，非附青云之士，恶能施于后世哉？"表明了司马迁希望成为发掘这些隐士的"青云之士"的目标。《史记》卷61《伯夷列传》，第2127页。

《伯夷列传》中宣扬列传的构思，与司马迁希望在历史上找到并拯救"正义的失败者"的意图一致。因此，为了掩盖与此意图相违背的贾谊的权谋和文帝的霸道，他可能有意删除了他们的"六年"记录。

然而，也有其他可能性。司马迁在其他篇章中已经表达了对文帝和贾谊的不同看法，比如，他提到文帝"本好刑名之言"①，以及将贾谊和晁错归为"明申、商"②的思想派系。这些都表明，《史记》中文帝和贾谊的形象可能并非司马迁的看法，而是后世读者选择并形成的观点。更重要的是，如果司马迁真的想抹去那六年历史，他应该从第二个线索中的夜间对话开始删除。这个故事显然是一个寓言性的叙述装置，提供了大约200年后班固进行解读的空间。因此，笔者推测司马迁不是试图隐藏那六年的史实，而是想传达某种信息。

除此之外，还有很多可疑的候选人。可能是从司马迁处第一批继承《史记》的"传之其人"的对象杨恽，或者是将其传给儿子杨恽的司马迁的女儿，或者是女婿杨敞。他们可能与贾嘉或其他与贾谊相关的人有我们不了解的某种利益关系。也可能是当时的权力人物霍光、皇帝昭帝或宣帝，或是期间的废帝刘贺的相关政治原因导致的。

但是本文将在这里停止推论，再往下推论就进入了没有任何线索的纯粹想象领域。通过留下的记录来了解历史，我们的有限想象力无法得到更多的事实。文帝和贾谊，以及西汉政治的更广阔、更复杂的未知历史存在于《史记》和《汉书》之外。今后的任务是，即使从出土简牍资料中发现了违背既有历史常识的新记录，也要冷静面对，去除偏见，重新构建事实关系。

结　论

最初的《史记》原本是如何制作的呢？对此，邢义田在居延汉简测量的经验基础上曾进行过重现。③ 参考这一点，可以想象，最初司马谈可能在某个地方准备了大量加工完成的竹简或木简。如果这些简牍长度约23厘米，即一尺简，他可能将自己收集的资料每简大约写38字。或者，他将转

①　《史记》卷121《儒林列传》，第3117页。
②　《史记》卷130《太史公自序》，第3119页。
③　邢义田：《地不爱宝》，中华书局，2011，第12页。

写工作交给理解自己意图的助手，自己则负责最后的校对。司马谈未能在一生中完成这项工作，便将这一事业传给了儿子司马迁。由司马迁最终完成的超过13000枚简牍，按照篇章被分为130篇，每篇制作成一个卷轴，共130简册。根据简牍的材料，成书的《史记》重量少则50千克，多则超过100千克。司马迁按照相同的方式制作了一份副本。最后，司马迁将正本藏于名山，将副本传给某人，以便在京师地区流通。

简牍时代制作的《史记》的传承是"流动传承"，即不断"转写"的连续过程。这也是不断变型的连续过程。现有研究往往忽略了这种传承的特性讨论《史记》的散佚或改编问题，因此论点常常偏离本质。排除版本世界中的伪作和剽窃的概念，转变思维结构，使其符合简牍的传承原理，我们才能真正建立通向《史记》源流的指标。

本文列举的简牍写本变型的四种类型——误、错、加、删，虽然只是初步的，但按照上述概念进行了分类。其中，涉及意图介入的变型，即加笔和删失的问题，可能发展成为颠覆现有学说的重大议题。例如，已知的汉代理想政治模型"文景之治"可能会揭示完全相反的事实。而长期以来被隐藏在面纱后的贾谊这个人物，也可能因为他在担任梁怀王太傅后的六年时间的填充，而呈现与以往完全不同的新形象。

以上的提议虽然看起来可能很出格，但实际上这也是简牍与文献相融合的自然过程的一部分。例如，由于偶然原因发现的睡虎地秦简以及其他秦代简牍资料，提供了在《史记》中无法见到的各种资料，彻底改变了当今秦史研究的方向。40多年前，当睡虎地秦简首次被发现时，学术界确实受到极大的震撼。然而，现在学者们在将其与现存文献进行比较和验证时并不感到异样。此外，在湖北地区集中发现的多种楚简、西汉初期的张家山汉简、汉武帝以后的西北地区汉简以及包含后汉和三国资料的长沙地区简牍等相继出现，比较资料日益多样化。

夹在其中的文景时期的简牍资料，只是由于偶然的机会尚未到来，所以相对较少。然而，2006年在发现睡虎地秦简的同一地区，一座属于佐史系列小吏的墓中出土了大量文景时期的法律文书，这些简牍正在整理中（截至2022年2月）。[①] 被命名为睡虎地汉简的这些文书，预计将成为像过

---

① 湖北省文物考古研究所等：《湖北云梦睡虎地M77发掘简报》，《江汉考古》2008年第4期；熊北生等：《湖北云梦睡虎地77号西汉墓出土简牍概述》，《文物》2018年第3期。

去睡虎地秦简一样的突破性资料。此外，目前正在发掘和整理中的荆州胡家草场汉简，据传也包含了大量文帝时期的编年史《世纪》及其时的法律文书。① 本文在尚未看到这些资料的情况下提出问题，因此，相关议题在未来资料公开后可能需要进行一些修改，而这也是笔者所希望的。

简牍的发现为重新认识《史记》提供了机会。但这并不意味着《史记》不再重要。如果说以往的历史是围绕《史记》转动的，那么现在则是《史记》与众多简牍资料一起，回归到以历史为中心的位置上。正如地球依旧在转动，《史记》也将在其原有的位置上展现其应有的价值。

综合来说，《史记》实际上不是事实本身，而是对事实的一个或多个观点。这将更加明确地体现《史记》的真实性。如果我们生活的世界上有一百万个人知道一个事实，那么这就意味着存在一百万个观点。过去的历史也是某些人生活的世界，因此我们需要更多样化的观点和更立体的故事材料。简牍的发现正是在这种多样性中揭示了《史记》的观点，而这种多样性将在一个历史中展现有机的关系。在历史的大框架下，《史记》作为一个既反映事实又投射观点的文本，具有一定的价值。

＊本稿原文曾刊登在《中国古中世史研究》（韩国）第六十三辑，2022，第 1~34 页。

---

① 李志芳、蒋鲁敬：《湖北荆州市胡家草场墓地 M12 发掘简报》，《考古》2020 年第 2 期；李志芳、蒋鲁敬：《湖北荆州市胡家草场西汉墓 M12 出土简牍概述》，《考古》2020 年第 2 期。目前已选择部分公开出版，见荆州博物馆、武汉大学简帛研究中心编著《荆州胡家草场西汉简牍选粹》，文物出版社，2021。

The Origins and Transmission Process of Shiji （史记） Manuscripts in the Bamboo and Wooden Slips Era

Keum Jaewon

Abstracts：The earliest medium for recording "Shiji" （史记） was bamboo and wooden slips. It later went through the era of handwritten scrolls and printed editions following the invention of printing, eventually reaching modern electronic versions. The existing physical copies of "Shiji" are primarily printed editions from after the invention of printing, with early handwritten copies being extremely rare and no bamboo and wooden slip manuscripts having been discovered so far. Due to the lack of bamboo and wooden slip manuscripts, modern understanding of "Shiji" is limited. Research on the handwritten copies of "Shiji" inevitably has deficiencies due to the lack of cognitive structure. By examining the underground unearthed bamboo slips from the bamboo and wooden slip era, traditional literature can be reassessed, and the application of the "dual evidence method" can be expanded. Sima Qian （司马迁） compiled "Shiji," creating the Mingshan （名山） and Jingshi （京师） versions. Afterward, different versions emerged due to the mixing of various transcriptions. The "Hanshu" （汉书） can be used to collate "Shiji," as it is closer to the original due to direct transcription. Four common situations occur during collation："errors" （误）, "mistakes" （错）, "additions" （加） and "deletions" （删）. Future efforts should focus on eliminating biases caused by the variations in "Shiji" and reconstructing its origins and development.

Keywords：*Shiji*；Bamboo and Wooden Slips；Handwritten Manuscripts；Transcription；Transmission

（编辑：白立超）

里正与堰头：唐代西州乡村末梢体系的构造与运行

耿元骊[*]

摘　要：唐代西州乡村利用水利灌溉渠道所形成的管理系统，将其作为乡村社会管控手段加以运用，通过依托既有的水利管理系统，把统治权力延伸到具体个人，推进了社会控制系统的进一步细密化。里正是国家正式制度中设定的基层管理人员，主要任务是保证赋税的稳定征收。因西州地理环境所限，里正管辖范围仍然偏大，管理对象数量偏多，里正随时触达单个个体仍有困难。而依托农业生产所必需的水渠形成知水人、渠长、堰头等整套系统，空间范围相对最小，特别是身处最低层级的堰头在日常劳作中与其他百姓密切接触并直接参加劳作，因而承担了官府的爪牙任务。里正和堰头两个系统，形成了西州乡村社会管控的末梢体系。

关键词：唐代；西州；里正；堰头；末梢管控体系

乡村是中国社会的根本，稳定乡村局势，掌控赋税基础，是历代统治者维系朝政稳固的关键。尽量掌控乡村内部秩序并能保证其稳定提供赋税，是朝廷决策的基本出发点，但朝廷并不关注乡村百姓日常生活，无论是其衣食住行还是情感需求都放任自流，但是朝廷对赋税来源的把控和乡民群起反抗可能性的监测却是从未放松。唐王朝建立之后，循此模式，对乡村社会控制有增无减，特别是在新纳入管辖范围的西域地区，更是完全按照内地模式，打造了西州乡村社会管控体系。不过因为史料记载有限，20世纪80年代以前，对西州乡村社会运行实际状况并不能很清楚地了解。但是由于当地特殊的纸葬习俗，大量官私文书得以作为纸棺、纸衣而留存，近代以来出土甚多，也得到

---

* 耿元骊，河南大学历史文化学院教授，研究方向为唐宋史和中国经济史。

了深入整理。吐鲁番文书大规模整理、公布以后，在学术界持续努力之下，西州反而比其他地区更多地留下了百姓生活细节。通过这些官私文书，我们也能更深入了解到乡村生活细节，对西州百姓生活分析取得了较为深入的成果。

唐代西州因地制宜，根据绿洲农业需求，建立了一个完善的水利灌溉系统，形成了系统性水利管理机制。这种水利管理机制，既是农业生产的必然要求，同时因其管控便利性，也构成了乡村基层社会管理体系的一部分，随之也形成了以灌渠负责人为乡村社会管控节点的末梢体系。通过水利管理系统运作，乡村基层社会在原有国家牢牢控制之下，又多加了一层锁链。关于西州乡村社会中基层社会管控、水利管理与水利运行的研究成果迭出，精彩纷呈。① 但是由于关注点不同，大多数论著只关注了水利系统本身，对于依托水利系统而形成的乡村基层管理体系讨论较少。不过，因为水利在西州所有管控系统中深入基层最彻底，所以围绕水利设施特别是灌渠而形成的技术性维护体系可以直达百姓也就是社会管理最末梢。官府当然会利用这个渠道，形成正式非正式的控制体系。在这个体系当中，官府发挥了最大作用，为系统形成奠定了基础，也利用此系统搭建了一个可以直达普通民众的最大控制网络。本文即对此略有申说，主要讨论西州乡村借助水利管控系统形成了乡村管控体系的过程，并分析乡村社会当中

---

① 主要有：苏金花《从敦煌吐鲁番文书看古代西部绿洲农业的灌溉特点——基于唐代沙州和西州的比较研究》，《中国经济史研究》2015年第6期；〔日〕白须净真《吐鲁番的古代社会——新兴平民阶层的崛起与望族的没落》，《西域研究》1999年第4期；〔日〕荒川正晴《唐代吐鲁番高昌城周边的水利开发与非汉人居民》，《吐鲁番学研究》2013年第2期；王晓晖《西州水利利益圈与西州社会》，《江西社会科学》2008年第5期；李方《汉唐西域民族与丝绸之路和边疆社会》，《吐鲁番学研究》2017年第2期；孙晓林《唐西州高昌县的水渠及其使用管理》，武汉大学历史系魏晋南北朝隋唐史研究室编著《敦煌吐鲁番文书初探》，武汉大学出版社，1983，第519页；李方《中古时期西域水渠研究（二）》，《敦煌吐鲁番学研究》第13卷，上海古籍出版社，2013，第241页；李方发表了一系列关于西域水利设施的论文，参阅《唐西州高昌城西水渠考（续）——中古时期西域水利研究之八》，《吐鲁番学研究》2014年第2期；刘子凡《万里向安西》，社会科学文献出版社，2024；王旭送《唐代西州基层组织管理的再审视——以乡城、乡主者、坊为例》，《西域研究》2024年第1期；刘再聪《从吐鲁番文书看唐代西州县以下行政建制》，《西域研究》2006年第3期；谷更有《唐代的村与村正》，《中国社会历史评论》第6卷，天津古籍出版社，2006，第109页，李浩《唐代的村落与村级行政》，常建华主编《中国社会历史评论》第6卷，天津古籍出版社，2006，第93页；张国刚《唐代乡村基层组织及其演变》，《北京大学学报》（哲学社会科学版）2009年第5期；鲁西奇《唐代乡里制度再认识》，《中华文化》2018年第2期；耿元骊《唐代乡村社会的权力结构及其运行机制》，《社会科学战线》2016年第2期。

最末梢的运转模式，进而观察朝廷对乡村社会控制的路径与手法。

一 乡村水利设施及管理

西州诸县均位于沙漠绿洲当中，百姓在城中居住，而每日出城劳作。以水源为核心，环城以沟渠分水，形成了农田。农耕百姓必然围绕水渠而生存，所以水渠成为农作物的生长关键，具有极为独特而突出的地位。因此，西州都督府也极为看重水利系统，重视水渠建设维护，同时形成了一整套管水、分水、用水办法。

孙晓林、李方梳理出来56条水渠线索。这些水渠当然不是一夜之间突然建成的，而是从高昌国时期就逐步建设，持续了数百年之久。每年高山融雪情况大致稳定，形成绿洲的总水量，人们建设水渠，进而形成了较为稳定的农田。据孙晓林研究，唐代高昌城外水渠大致如图一所示。

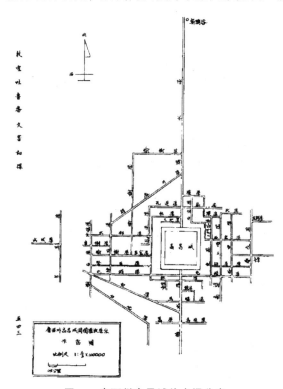

图一 唐西州高昌城外水渠分布

资料来源：武汉大学历史系魏晋南北朝隋唐史研究室编著《敦煌吐鲁番文书初探》，武汉大学出版社，1983，第543页。

再据李方研究，高昌城附近水渠名称大体如表一所示。

表一　唐西州高昌县水渠名数

序号	水渠名称	序号	水渠名称	序号	水渠名称	序号	水渠名称	序号	水渠名称
1	满水渠	12	谷中渠	23	高宁渠	33	芳其渠	44	简干渠
2	大地渠	13	南渠	24	北部渠（高宁）	34	武城渠 *	45	中渠
3	潢渠	14	七顷渠			35	索渠	46	范至渠
4	孔进渠	15	北渠	25	左官渠	36	樊渠	47	塞渠
5	石宕渠	16	左部渠	26	枣树渠	37	马埆渠	48	□林渠
6	张渠	17	屯头渠	27	神石渠	38	马堰渠	49	冬渠
7	榆树渠	18	胡道渠	28	白渠	39	蒿渠 *	50	仪北渠
8	胡麻井渠	19	全底渠	29	白地渠	40	王渠	51	大王渠
9	杜渠	20	宋渠（高宁）	30	坚石渠	41	原房渠	52	匡渠
10	东渠	21	辛渠（酒泉）	31	树石渠	42	屯亭渠	53	申石渠
11	土门谷渠	22	璨渠（酒泉）	32	沙堰渠	43	涧东渠		

总计：53 条水渠

注：序号 1~39 为孙晓林所列水渠，40~53 为本文考补新增水渠。

资料来源：李方：《中古时期西域水渠研究（二）》，《敦煌吐鲁番学研究》第 13 卷，第 241 页。

总的来看，东西水渠较多，也就是可供耕种的土地较多。具体负责管理这 50 多条水渠的负责人，就是渠长。比较长的水渠甚至有两个渠长。每条水渠当中，按水渠流经地块，设置了一道道堤堰，每堰放水所涉及区块范围，各有负责人员，即"堰头"。①

这些堤堰，与内地管理模式相同，需要每年维护。从国家全局角度看，工部设有水部司，有郎中一人，管理全国"川渎陂池"，负责掌握"导达沟洫，堰决河渠"②，具体事务则由都水监负责，设都水使者，"凡京畿之内渠堰陂池之坏决，则下于所由而后修之"，每条水渠都有"斗门"③，各置长一人。《水部式》也规定了各水渠设有渠长和斗门长，"专知节水多

---

① 参阅〔日〕周藤吉之著，姜镇庆、那向芹译《吐鲁番出土佃人文书的研究——唐代前期的佃人制》，中国敦煌吐鲁番学会主编《敦煌学译文集——敦煌吐鲁番出土社会经济文书研究》，甘肃人民出版社，1985，第 32 页。

② 《唐六典》卷 7《尚书工部》，卷 23《都水监》，陈仲夫点校，中华书局，1992，第 226、599 页。

③ 《旧唐书》卷 44《职官三》，中华书局，1975，第 1897 页。

少"，各堰还可以差劳役管理，"分番看守，开闭节水，所有损坏，随即修理。如破多人少，任县申州，差夫相助"①。这套内地管理办法，也照样被移用于西州。开元二十二年（734），高昌县需要维修新兴谷内 16 所堤堰，需要人力 600 人次；维修城南堤堰何箭杆渠，则需要人力 850 人次。"每年差人夫修塞，今既时至，请准往例处分"②，每年都需要修缮，已经形成了惯例。与关中平原类似，这些事务都是由县级官府负责，如果县级无法完成任务再向上申请帮助。高昌县这次修缮，动员人力较多，不是小县高昌可以独立完成的，所以县里行文呈西州都督府，请求人力支援，这是西州当地各级官员的日常任务之一。官员对各种水利使用分配负有责任，需要处理。如西州录事参军，龙朔三年（663）四月十日，西州高昌麴武贞等牒为请给水事，要求具体办理。③

刘子凡讨论了从知水、渠长到堰头的基层水利组织体系，认为在西州水利事务当中，官府主导作用十分明显，大型维护工作由官府操办，田边小渠的日常维护则由百姓自行管理。④ 这是十分准确的判断，官府掌控了乡村水利设施，同时通过对用水权的处置，掌握了水源分配办法。知水是基层官员之外，层级较高的管理人员。天授二年（691），有知水康进感，身属天山县，⑤ 但是文书缺失，不知道他是哪个层级的知水。不过在同案文书当中，有另外一位知水李申相，是安昌城知水。⑥ 安昌城是一个乡，所以知水大概就是在乡的层级设置。刘子凡推测，康进感大概是南平乡知水。案卷本来是调查天山县主簿高元桢职田情况，找康进感、李申相调查，说明官府从上到下，都认为知水掌握的情况较为准确，可以提供准确信息，所以要求两位知水提供具体信息。这大概说明，知水不仅仅是管水，通过管水，他们也掌握了土地的具体耕作细节。前述高昌县维修水渠文书，也提到了"知水官"这一职务，由两个人来担任，即杨嘉运、巩虔

① 唐耕耦、陆宏基主编《敦煌社会经济文献真迹释录（二）》，全国图书馆文献缩微复制中心，1990，第 577~578 页。

② 《唐开元二十二年西州高昌县申西州都督府牒为差人夫修堤堰事》，《吐鲁番出土文书》（图录本）肆，文物出版社，1996，第 317 页。

③ 《唐龙朔三年四月十日西州高昌麴武贞等牒为请给水事》，荣新江等主编《新获吐鲁番出土文献》，中华书局，2008，第 111 页。

④ 参阅刘子凡《唐前期西州高昌县水利管理》，《西域研究》2010 年第 3 期。

⑤ 《武周天授二年康进感辩辞》，《吐鲁番出土文书》（图录本）肆，第 74 页。

⑥ 《武周天授二年安昌城知水李申相辩辞》，《吐鲁番出土文书》（图录本）肆，第 73 页。

纯。一般认为他们都具有官的职务，但是这也很有可能是一种随意称呼，即管水的那个职务，被称呼为"官"而已。甚至更大可能性是，杨、巩仅仅是乡"知水"而已，与康进感、李申相地位差不多。

乡里的管水人还有渠长，"当城渠长，必是细谙知地"①，对于所耕作土地的数量，渠长掌握得十分清楚。上级对这样的局面也非常了解，上级官府试图掌握具体事实之时，需要"老人、城主、渠长、知田人等"来提供具体细节信息。这也说明，在当时的共识里面，这四种人对周边土地情况是应该了解得比较深入的。特别是渠长，甚至可能对水渠周边土地由谁耕作、谁受益等情况掌握得更为清楚。所以，渠长成为重要知情人和基层负责人。渠长之下，还有堰头，堰头掌握的基层情况更为清楚细致，但是上级调查的时候，并没有找堰头调查，这大概是因为到了渠长这一层面，耕地受益者已经能掌握清楚了，而调查的目的，并不需要掌握具体青苗亩数等。但是堰头仍然负责数十亩土地的浇灌分配管理任务，这也是水利设施管控链条上的重要一环。同时，高昌县还有"水子"这一职务，从"一水子专领人勾当"②"差水子一人处分"③等用语来看，水子大概是在水利工程修造过程中，带领人员施工的"工头"，很可能只负责技术工作，较少负担日常管理任务，也大概不会承担日常行政管控事务。

总之，绿洲农业当中，水利的重要性极为突出。从官府到百姓，都高度重视水利设施，围绕水利设施形成了一整套管理办法，也必然形成了一个水利管理、维护管理与施工队伍。糊口所需农业耕作不停止，这套水利管理系统就不会停止运作。与其他管理系统相比，这套系统的韧性和可持续性就具有特殊地位，几乎所有管理者都不会忽视这套系统的存在，甚至还要把其他工作都放到这个系统当中来，特别是试图管控乡村时，其他系统运作不良或者难以维系之时，这个现成且不会停止运作的系统，就被地方官员纳入了乡村管控体系当中。

---

① 《武周天授二年安昌合城老人等牒为勘问主簿职田虚实事》，《吐鲁番出土文书》（图录本）肆，第75页。

② 《唐开元二十二年西州都督府致游奕首领骨逻拂斯关文为计会定人行水浇溉事》，《吐鲁番出土文书》（图录本）肆，第315页。

③ 《唐残牒为高昌县差水子事》，《吐鲁番出土文书》（图录本）肆，第327页。

二 多重乡村管控体系的形成

掌控基层，对基层实现有效治理，特别是通过掌控基层来掌控最基本的税源，以保证皇粮国税收入能长期维系，是基层官员的首要任务。搭建乡村管控体系，是县级官员的首要工作任务，西州地方官也不例外。唐代西州按照内地模式，又根据当地现实情况，逐步形成了里正、城主、水利三个乡村管控系统。

唐代乡村管理体系基本如《通典》所云："诸户以百户为里，五里为乡，四家为邻，五家为保。每里置正一人（若山谷阻险，地远人稀之处，听随便量置），掌按比户口，课植农桑，检察非违，催驱赋役。……在田野者为村，别置村正一人。其村满百家，增置一人，掌同坊正。其村居如（不）满十家者，隶入大村，不须别置村正。"① 里正系统由来已久，《通典》中则提到："大唐凡百户为一里，里置正一人；五里为一乡，乡置耆老一人。……贞观九年，每乡置长一人，佐二人，至十五年省"。② 这是官府设置基层统治体系最底层的环节。里正曾经被算作正式官员，但是其数量庞大，朝廷无力维系，逐渐成为不拿官俸，不纳入体系，但是仍然有管理任务的基层爪牙。里正还可以长期任职，"里正等，若有景行，明闲案牍，任经十年，不在解限"③。里正（以及后来更改名称的基层管理人员），是大唐王朝维持统治的基石，万变不离其宗。在西州，同样是由里正来维持基层社会秩序的正常运转。按李方研究，可考西州里正有98位，并可估算西州里正总数约有千人之数。④ 如贞观十九年，高昌县武城乡，同时有4位里正，即赵延洛、康隆士、左相柱、张庆相。⑤ 一乡有4位里正，这和"当乡何物贵，不过五里官"⑥ 的说法十分接近了。这些里正就是基层政务的实际执行者，时时刻刻面对具体百姓，是官府规划正规管控体系的基础。这些里正负责基层事务，掌管乡间事务基本的运行。他们要上值，要

① （唐）杜佑：《通典》卷3《食货三》，王文锦等点校，中华书局，1996，第63页。
② （唐）杜佑：《通典》卷33《职官十五》，第924页。
③ （宋）王溥：《唐会要校证》卷69《丞簿尉》，牛继清证，三秦出版社，2012，第1044页。
④ 李方：《唐西州诸乡的里正》，《敦煌吐鲁番研究》第9卷，中华书局，2006，第187页。
⑤ 《唐贞观十九年里正赵延洛等牒》，《吐鲁番出土文书》（图录本）叁，第21页。
⑥ （唐）王梵志：《王梵志诗校注（增订本）》卷2《当乡何物贵》，项楚校注，上海古籍出版社，2010，第109页。

处理日常事务，实际上是乡级所有烦难之事的承办人。同时还要负责收税和转递，事务庞杂，所以能处理额外事务的时间就非常有限。因此，当更多的临时性工作增加时，县级官府还会另外寻找办事人员。

在西州，还有所谓"乡主者"，他们也是西州地方上乡村管控体系的重要组成部分。① 官府有任何问题需要基层报送材料，或者搞清楚具体事实的时候，需要由"乡（城）主"来负责。例如，长安二年（702），城主王交行就专门为要求管控某位僧尼到县里，呈上具体执行情况的说明。② 龙朔三年（663），高昌县武城乡"主者"③，也有义务处理上级所要求关于"上烽"人员分配的事务。永淳元年（682），高昌县太平乡有"主者"，他要处理的事务是百姓应该按户等储存粮食。④ 同一份材料中还有一位里正杜定护，他"奉处分令百姓各贮一二年粮"，可见这个处分来自上级，最低也是县级官府的命令。然后县级官府又下发了一个命令给"太平乡主者"，由他去执行这个要求每家每户储粮的任务。官府还派史玄政来回巡检，也就是进行检查核实，看看太平乡主者是不是完成了官府要求的任务。太平乡主者也要负责检查一个士兵患病是否属实。⑤ 这些"乡主"也是由各级官府主动设置，是常规设置的基层管理人员。无论他们地位如何，是不是与里正、父老、耆老等重复称呼，他们都是官府在基层的执行触手，为官府行动提供最基层的支持。这主要是因为大唐土地广阔，在废乡之后，各地都形成了自己惯用的一套管理办法，但是基本遵循了统一原则，即因地制宜，设置不同形式的小型组织，赋予其一定权力和义务，使其为官府服务。西州在落实"跑腿"之体系时，一方面按统一规则形成了里正，这些里正负责常规运作；另一方面也设定了可以监督及与里正互补的"主者"，也就是专门主管某一类事务的骨干。如"当城置城主四、城

---

① 王旭送：《唐代西州基层组织管理的再审视——以乡城、乡主者、坊为例》，《西域研究》2024 年第 1 期。

② 《武周长安二年西州浐林城主王交行牒为勒僧尼赴县事》，《吐鲁番出土文书》（图录本）叁，第 450 页。

③ 《唐龙朔三年西州高昌县下武城乡符为上烽事》，《吐鲁番出土文书》（图录本）叁，第 101 页。

④ 《唐永淳元年西州高昌县下太平乡符为百姓按户等贮粮事》，《吐鲁番出土文书》（图录本）叁，第 487 页。

⑤ 《唐西州高昌县下太平乡符为检兵孙海藏患状事》，《吐鲁番出土文书》（图录本）叁，第 488 页。

局两人、坊正、里正、横催等在城有卅余人"①，可见在一个城或者一个乡当中，负责各种事务的人员数量很多。他们都是官府的爪牙和触角，承担最底层的事务。

而里正、乡主仍然有完不成的海量工作任务，如逐项登记等需要大量人手的任务。这些任务就落在了依靠水利系统形成的渠长、堰头身上。官府将渠长、堰头这些必然长期存在，轻易不会逃跑和松散掉的基层组织也挪用过来当作乡村管控体系的一个组成部分。西州基本没有村，但是有渠长、有堰头，他们承担了村一级的管控作用。只不过西域是绿洲农业，大家都居住在城里，只有耕种在城外。当需要掌控清楚农耕事务之时，居住在城里的里正、乡主就很容易推脱或者办事不力。前述知水、渠长、堰头、水子这些水利维护人员，依靠水渠天然形成了一个管控体系。官府必然要利用这个管控体系来为自己服务。例如，天授二年（691），堰头骨恶是就负责曹贞信、陈胡子、翟某某、董永贞、某某子、马英连、张满住、某某护、骨恶是、康鼠子、康令子、某某进、王绪仁、严君君、赵盲盲、何阿骨盆、何元师、安某信、范信信、赵才仁、尚某苟苟、宝海住、苏建隆、康父师、董玄护、安阿禄山、赵定洛、康德集、田德师、张屯子、魏欢绪、匡海绪、匡（马吕）子、苏建仁等人的青苗亩数和佃人名单的申报工作，相关文书已经残缺，但仍然遗留下来34人的名字。②骨恶是自身只是租佃他人土地耕种，但是仍然可以担任"堰头"，他负责这34人青苗亩数的清点呈报工作，而且是由他来申牒，而不是由里正申牒。这说明堰头在这个体系当中，有着具体的任务职责。大概是因为渠是一个比较长的水流，中间分为若干堰，每堰就天然形成了一个段落，以田地为核心，这些人被聚拢起来，形成了区域范围内的小集合团体。

按照朝廷统一规划，里正的职责是负责本乡百姓的各种事务。在西州绿洲农业的生产模式下，大多数居民居住在城里，并不按耕作区域居住。而城外水渠上青苗亩数，里正很难掌握清楚，所以里正负责赋税类事务，青苗申报等事务就由自身也要参加耕作的堰头负责。而究其本意，堰头只应该管水，其他事务和他是无关的。现在渠长、堰头等水利兼职负责人

① 《唐某人与十郎书牍》，《吐鲁番出土文书》（图录本）肆，第336页。
② 《周天授二年西州高昌县诸堰头申青苗亩数佃人牒》，大谷2368号，〔日〕小田义久编《大谷文书集成》第1卷，法藏馆，1983，第86页。参阅王永兴《唐代土地制度研究——以敦煌吐鲁番田制文书为中心》，兰州大学出版社，2014，第213页。

员，因为有现成的网络系统，被官府直接挪用，成为乡村管控体系当中的重要组成部分。

三 乡村社会中的末梢运作

基层官府推动多重乡村管控体系的形成，其目的就是使其承担庞杂的事务性日常工作，也就是推动里正、乡主、堰头等都围绕着官府特别是县的工作运转起来。只有这些不拿俸禄或者只拿微薄俸禄但是又能被官府指使的人员执行大量公务，县级官府才能完成上级指派的海量任务。

西州里正首先要执行一般性的"按比户口，课植农桑，检察非违，催驱赋役"任务，例如，贞观十八年（644），西州高昌县的户口账中说明"新、旧、老、小、良、贱、见输、白丁，并皆依实，后若漏妄，连署之人依法罪"①，后面是里正共同署名；乾封二年（667），某乡户口账②后面署名是里正牛义感。这个工作，就是按比户口的工作，是里正的法定任务。麟德元年（664），高昌县崇化乡里正史玄政，向官府纳龙朔三年（663）粮小麦六斗，由负责具体事务的史志敬、高未、令狐阴、氾守达、史怀达五人收纳，③ 这大概就是执行"催驱赋役"的工作。里正执行上级指令，直接面对乡民百姓来保持政令的上传下达。

其次，除开这些常规工作，西州里正还有些特殊工作需要完成。例如，永徽二年（651），文欢受雇送冰，④ 但是一直没有得到劳务费，所以向官府起诉里正成熹。显然不可能是成熹自费雇用文欢送冰储存，这一定是上级安排的公务。这个公务并不在里正法定事务当中，但是成熹肯定也没有推脱不干的可能性。他出面雇用了文欢，但是又不想由自己来支付这笔劳务费用，一直拖到第二年还没有结清，导致文欢起诉。成熹自然是有苦说不出，我们不知道后续具体情况，但这么微小的拖欠，大概只能是成熹自行承担来解决。这个藏冰的工作，当然不是里正本身日常工作，但是又是他不得不完成的工作。

---

① 《唐贞观十八年西州某乡户口帐》，《吐鲁番出土文书》（图录版）贰，第121页。
② 《唐乾封二年某乡户口帐》，《吐鲁番出土文书》（图录版）叁，第174页。
③ 《唐西州高昌县崇化乡里正史玄政纳龙朔三年粮抄》，《吐鲁番出土文书》（图录版）叁，第484页。
④ 《唐永徽二年牒为征索送冰井坊银钱事》，《吐鲁番出土文书》（图录版）叁，第264页。

西州作为边境地区，还要承担内地所没有的上烽事务，这个工作也落在了里正身上。龙朔三年（663），高昌县要求调查宁昌乡一个姓侯的白丁，是不是应该上烽的事情。[①] 官府将这一任务交给了里正杜定护、王守护，让他们确认和调查清楚。上烽本来是军事任务，但是责成给边境居民，任务就得由县里来完成。而县府又不能亲自找到上烽人逐人核实情况，只能纳入常规管控系统当中，由里正承担。调露元年（679），吏部侍郎裴行俭率军征讨西突厥十姓可汗阿史那都支，其从军兵员中有一位叫"孙海藏"的士兵，行经西州，孙患病，"风痫及冷漏"[②]，无法继续前行，先后在蒲昌县、交河县休息，但是上级官员要求"责保问乡"，这时候大概已经走到了高昌县境内，所以高昌县官府指令太平乡去调查孙海藏的身体状况。太平乡找到了保人，然后由里正杜定护署名，证明孙海藏确实没有痊愈，无法跟上队伍，只能留在太平乡休养。里正所承担这个工作非其本职，属于在上级压力之下，不得不完成的事务。

里正有着法定任务，是国家规定的相对正式的"职务"，也还要承担额外劳务。不属于国家法定职务，仅仅存在于西州的堰头等水利管理人员，在西州一方面要承担本来正常设定的管水用水任务，另一方面要承担本不属于他们工作范围的事务性工作。在绿洲农业用水日常生活当中，常常发生纠纷，"每欲浇溉之晨，漏并无准"，有的户人多，可以轮流排队，就能多浇几次，有的户人少，就浇不上地。所以大家都觉得不公平，要求"转牌看名用水"，这就需要一个专门管理人员，唐城南营就共同推举了老人董思举，因为他"性直清平，谙识水利"，所以请他具体执行操作。[③] 这个老人，如果没有官府背景，他是无法正常完成任务的。即使有官府背景，他也不能义务劳动，就是不知道他到底有何收入。龙朔三年（663），高昌县有个乡民麴武贞，因为原有堰渠坏掉，无法取水，所以向官府请求新增用水，"望请给水"，特意说明"其田正当水渠左侧"[④]，高昌县长官批示下来，要求知水、渠长"检水次至，依给"。以上这些，本是基层水

---

① 《唐龙朔三年西州高昌县下宁戎乡符为当乡次男侯子隆充侍及上烽事》，《吐鲁番出土文书》（图录版）叁，第102页。

② 《唐西州高昌县下太平乡符为检兵孙海藏患状事》，《吐鲁番出土文书》（图录版）叁，第488页。

③ 《唐城南营小水田家牒稿为举老人董思举检校取水事》，《吐鲁番出土文书》（图录版）肆，第339页。

④ 荣新江等主编《新获吐鲁番出土文献》，第111页。

利管理人员的正常工作。如果水渠损坏，用水人有维修义务，官府也有管理责任。如某勋官所诉，水渠上游之人用水而不修渠，导致水流到了水渠之外，但是他和上游用水人沟通无果，所谓"比共前件人论理不伏"①，所以起诉要求上游用水人及时修复水渠。相关文书残破，不知道官府处理结果，但是大概是责成渠长、堰头来负责维修，保证正常用水秩序。

而堰头不仅仅只管理水利事务，也要听官府指令，承担其他日常事务的运作管理。最早关注到堰头操办了非水利事务的是日本学者周藤吉之。他指出，"吐鲁番地区兴建了许多渠和堰，这些堰都设有堰头。他们向县衙呈报了其管下的青苗亩数、自耕和佃耕之别以及四至和作物名称从而成为编造全县青苗簿的依据和县政的重要参考资料。这些堰头有的是自佃者，有的是自佃兼佃人，还有的是佃人等。他们大多都是在农业上积累了丰富经验的人。并且，他们所管理的耕作面积范围，大概在三四十亩到六十亩左右。总之，堰头在西州各地的政治和社会生活中都担负了重要任务。"② 但是堰头的责任也不能过高估计，主要还是起到了基层的爪牙作用，算不上承担什么重要任务。

天授二年（691），高昌县堰头康阿战统计了当堰所有田地归属及种田人，计有都督府职田、仁王寺寺田、县公廨田等以及其他百姓私田，还涉及每人所有的土地亩数、具体耕作人信息，以及所种作物品种等情况。城外这些土地所有者及耕作者信息，身居城内的高昌县衙看来掌握得不是很清楚，如果让居住在城内的里正来调查和统计，无论是速度或者效率都满足不了官府需求。所以这些基本信息，还要通过堰头汇总起来，最终形成文书来报告。从文书中看，堰头自己也要参加劳动，大概都不具备书写阅读能力，不会也无法独立完成申牒工作，只能额外找人书写并呈报给县级官府，这说明他们承担了大量本职之外的工作。如此成系统又不需要官府提供俸禄、其本身因为耕作肯定会长期存续的基层系统，县级官府必然要利用起来，也就是让他们负责自己熟悉的活动范围，这些人对农业生产有经验，对周边农户又有威望，官府通过他们逐级统计，获得准确的管理数据。官府利用这些现成的人员，就完成了基层管控的末梢运作。在西州这

---

① 《唐勋官某诉辞为水破渠路事》，《吐鲁番出土文书》（图录本）叁，第48页。

② 〔日〕周藤吉之著，姜镇庆、那向芹译《吐鲁番出土佃人文书的研究——唐代前期的佃人制》，中国敦煌吐鲁番学会主编《敦煌学译文集——敦煌吐鲁番出土社会经济文书研究》，第43~44页。

些最细微的乡村末梢运作过程中，官府发挥了最关键的主导性作用。官府利用权力，在半强制状态下，利用现有人员特别是有着完善组织系统的水利人员，实施了对基层社会最底层赋税基础的掌控。

西州绝大多数人是乡村百姓，他们虽然因环境所限，居住于高昌城内，但是他们生活来源是农业耕作。作为朝廷的最基层代表，只有县衙少数人可以脱离农业生产劳动，而西州大部分人都要通过农耕来谋生。限于当地特殊的自然环境，绿洲农业成为他们的必然选择。官府少数人要掌控从事绿洲农业的大多数人，自然就会掌控绿洲农业的关键，也就是水利系统。掌握了水利系统，县级官府也就掌控了县域内的经济生活。

同时，因为绿洲农业的长期存在，维系绿洲农业的水利管理人员就会长期存在。如此成系统且可以自行运转的良好系统，官府必然会加以利用，在水利管理的同时，把他们作为官府在乡村基层社会的触角。官府利用这个现成的组织系统，把行政任务添加进去，利用这个网络来管控基层社会，使基层水利系统在正规里正系统之外，逐渐发挥乡村末梢管控体系的作用。堰头主动或被动地成为国家的触角，深入基层社会当中。堰头也必须亲自从事劳动，只是凭空又多负担了责任，成为官府爪牙，但是并不享受国家正式俸禄。堰头既无奈，但是又不得不承担这个任务，在西州基层社会当中起到了重要作用，在县乡管理当中也具有重要作用。总之，西州乡村社会中渠长、堰头是官府权力向下延伸到每一个具体百姓的触角。通过水利设施，那些试图逃避国家掌控的个体家庭，都重新被纳入大一统管理体系当中了。

Lizheng and Yantou: The Construction and Operation of the Rural Peripheral System in Xizhou in Tang Dynasty

Geng Yuanli

Abstracts: In Tang Dynasty, the management system by using water conservancy irrigation channels in the countryside of Xizhou was regarded as a measure of rural social control. It was based on management of grass-root organizations and officials, whose task was to ensure the stable collection of taxes. Due to the geographical environment of Xizhou, the amount of Lizheng was not enough, and the number of residents was still too large to make it difficult for Lizheng to reach individuals at any time. Relying on the water canals for agricultural production, a complete set of systems such as water knowledge, canal chiefs, and weir heads were formed。 The weir heads at the lowest level were in close contact with other people in their daily work and directly participated in the work, so they undertook the minion tasks of the government. The two systems of Lizheng and Yantou form the peripheral system of rural social control in Xizhou.

Keywords: Tang Dynasty; Xizhou; Lizheng; Yantou; Rural Peripheral System

（编辑：高滨）

论崔致远对儒家经世致用思想的践行

李继武*

摘 要：经世致用思想是儒家文化的核心价值取向，对中国传统社会的儒家士大夫有着重要的影响。来自新罗的留学生崔致远受到儒家文化的熏染，终其一生践行着经世致用的理念。青少年时期的学习使崔致远对经世致用思想有着精深的理解和掌握，崔致远十二岁入唐，自幼就在国子监学习中国的儒家文化，他不仅对中华儒释道文化体系有高度的认同感，也将经世致用思想作为自己最重要的人生观之一。在唐为官的经历为崔致远践行经世致用思想提供了良好的机会，崔致远在担任溧水县尉和扬州高骈幕僚时，政绩斐然，出色地完成了政务工作。回到新罗以后，崔致远继续践行经世致用的理想，多次向当权者上书提出切实的建议，但新罗朝政腐败，怀有强烈爱国情怀的崔致远被排挤疏离。他无奈地选择归隐，但同时也通过著书继续践行其经世致用的理想。

关键词：崔致远；经世致用；儒家文化；新罗

崔致远，字海夫，号孤云，又号海云，谥文昌侯，朝鲜半岛新罗王京人。崔致远 12 岁时入唐求学，18 岁时进士及第，先出任溧水县尉，后被淮南节度使高骈聘为幕府，授职幕府都统巡官，28 岁时，以"国信使"身份东归新罗。崔致远一生经历传奇，著述颇丰，影响巨大，是中韩文化交流史上里程碑式的人物。以往学者较为关注崔致远的文学成就[①]、

---

* 李继武，西北大学玄奘研究院兼职教授，研究方向为宗教史学和宗教制度。

① 参见张天来、刘建军《新罗文学家崔致远的汉文诗》，《东南大学学报》（哲学社会科学版）2000 年第 s1 期；袁棠华《崔致远诗歌中的中国元素研究》，《延边大学学报》（社会科学版）2020 年第 4 期。

作品思想①、交游经历②以及其在中韩文化交流中的作用③，或是利用新出文献对崔致远进行新的讨论。④ 本文通过对其人生经历的简要分析，论述其一生对儒家经世致用思想的忠实践行。

一 经世致用思想是儒家文化的核心价值取向

经世致用，就是指知识分子要关注社会现实，面对社会矛盾，并用所学解决社会问题，以求达到国治民安的实效。这一思想源自儒家文化体系，体现了中国传统知识分子讲求功利、求实务实的思想特点及其以天下为己任的情怀。

经世致用思想源自先秦思想家——孔子，儒家经典《礼记·大学》中提出"古之欲明明德于天下者，先治其国。欲治其国者，先齐其家。欲齐其家者，先修其身。欲修其身者，先正其心。欲正其心者，先诚其意。欲诚其意者，先致其知。致知在格物。物格而后知至，知至而后意诚，意诚而后心正，心正而后身修，身修而后家齐，家齐而后国治，国治而后天下平"⑤。这套"修齐治平"的思想体系，不仅为儒者提出了人生的终极追求，而且指出了经世致用的逻辑理路。经仔细分析可以看到，传统儒学本身就是奉行经世致用的"入世哲学"。孔子一生不遗余力地宣传他的思想，目的就是号召人们改变春秋末年社会动乱、礼崩乐坏的局面，恢复理想中

① 参见方晓伟《崔致远思想和作品研究》，广陵书社，2007；〔日〕濱田耕策编著《古代東アジアの知識人崔致遠の人と作品》，九州大学出版会，2013。

② 参见党银平《"东国文学之祖"崔致远生卒年考》，《辽宁师范大学学报》2001 年第 5 期；《崔致远与唐末徽籍诗人的文学交游》，朱万曙主编《徽学》第三卷，安徽大学出版社，2004，第 271~277 页；蔡振念《来唐新罗诗人崔致远生平著作交游考》，刘昭明主编《文与哲 台湾南区大学中文系策略联盟学术论丛》，"国立"中山大学中国文学系、清代学术研究中心，2014，第 425~456 页。

③ 参见王周昆《唐代新罗留学生在中朝文化交流中的作用》，《西北大学学报》（哲学社会科学版）1994 年第 2 期；张云飞《浅析中韩唐代文化交流——从传播中韩文化的先驱崔致远说起》，《文学界》（理论版）2010 年第 4 期。

④ 参见〔韩〕郭丞勳《崔致遠의四山碑銘撰述에대한試論》，歷史實學會：《實學思想研究》第 19~20 辑，第 7197 页；拜根兴、李艳涛《崔致远"四山塔碑铭"撰写旨趣论》，杜文玉主编《唐史论丛》第十五辑，陕西师范大学出版社，2012，第 265277 页；拜根兴《七至十三世纪朝鲜半岛石刻碑志整理研究》研究篇第六章《崔致远"四山塔碑铭"涉及问题研究》，社会科学文献出版社，2022，第 474~486 页。

⑤ （汉）郑玄注，（唐）孔颖达正义，吕友仁整理《礼记正义》卷六六《大学》，上海古籍出版社，2008，第 2237 页。

的社会秩序。此外，作为一套济世治国思想体系，儒家思想不尚思辨，它对诸如世界的本原问题、今生与来世问题或是人世与鬼神的关系等问题避而不谈，但是对于教导人们如何做人、如何行事，教导统治者如何治国等问题给予了高度的关注和系统的论述。正如顾炎武所说："孔子之删述六经，即伊尹、太公救民于水火之心，而今之注虫鱼、命草木者，皆不足以语此也。故曰：'载之空言，不如见诸行事。'……愚不揣，有见于此，故凡文之不关于六经之指、当世之务者，一切不为。"①

由此可见，儒家思想从其产生之时，就具有强烈经世致用的导向，这对中国传统社会的知识分子产生了重大影响。他们吸收了这种经世致用思想，并将其作为自己重要的责任，自觉地担负起关心时政、关注国事、针砭时弊，甚至救国于危难之中的使命。正是因为有儒家经世致用精神的关照，中国传统知识分子才有以天下为己任的情怀，在社会安定之时，他们积极入仕为官，建言献策，参与国家治理。每当国家政权遇到巨大政治危机时，他们又围绕国家治理问题从儒家思想的角度提出新的思想和学说以改变世风，挽救国家。兴起于宋代的"程朱理学"和明代的"陆王心学"就是经世致用精神的代表，他们都强调发挥人的主观能动作用，重视实务，反对脱离现实、不关怀世事的空谈之学。虽然程朱理学和陆王心学后来衰落，但在其发展过程中对知识分子的影响却是不容忽视的。"宋明以来，儒学的理想与儒者的天下国家之责任，一以贯之传承于这六百年之间，并以主流文化的感染力影响了越来越多的知识分子，与这个过程相伴的，是知识分子的士气日益高涨。"② 于是，在明清之际，这一实学思潮达到顶点，士大夫中的优秀分子和新兴的士民代表，反对空谈，主张关心时政，其中以顾炎武、黄宗羲、王夫之为杰出代表。

由此可见，经世致用思想源自儒家，后来成为中国传统知识分子的思想方针和最终指引，从其形成后便经历代代不息地流传和嬗变，但是万变不离其宗的是指引士人关注国家安危、为国计民生而奋斗的人生目标。

---

① （清）顾炎武撰，华忱之点校《顾亭林诗文集·亭林文集》卷四《与人书三》，中华书局，1983，第 91 页。

② 张学枚主编《中华优秀传统文化与语文教学》，黑龙江人民出版社，2018，第 13 页。

二 青少年时期的学习深刻影响了崔致远的
经世致用思想

唐懿宗咸通九年（868），12 岁的崔致远乘船西渡入唐。初在都城长安就读，曾游历洛阳。唐僖宗乾符元年（874）进士及第，并排名新罗、日本、渤海等外邦进士之首，使得新罗深感荣耀，"举国怀恩"①，特呈国书致谢。

大唐王朝当时是世界上最为强盛的国家，疆域广阔，物资丰饶，文化发达，其开放与包容，泽被四海，广纳百川。唐朝廷专门为来自周边各国的学生开设了国子监的留学机构，并为他们的学习提供相应的资助。当时的"国子监"其实是一座颇负盛名的国际性大学，据史料记载，国子监可容纳 3000 多名学生，留学生人数众多，其中以新罗、日本留学生居多。除此之外，唐王朝还对外国学生开放科举考试，外国留学生亦可考取功名，登科及第，称作"宾贡进士"。② 这一开明政策引得四方异域学子纷至沓来，入唐留学蔚为一时风气。在这个过程中，逐渐形成了以唐王朝为中心、以儒释文化为主体的东亚文明圈，而同处于东亚文明圈中的新罗、日本等国共同参与了东亚文明圈的形成和发展。因此，当时来自新罗、日本等地的留学生不仅对中华儒释道文化体系有高度的认同感，而且对学习和接受儒释道文化也无太大的困难和隔阂。

崔致远来唐的年代，已是晚唐，虽无盛唐时期的全面强盛气象，但在思想文化方面盛世余韵犹存，崔致远就是在这样一种文化氛围中开始了他 16 年的学习和工作的历程。崔致远从 12 岁开始入唐学习，到 28 岁归国，中间经历了刻苦学习、科举考试、入仕为官的完整过程。这一时间段使崔致远从一个懵懂少年成长为一位成熟的士人，在此期间，与其一起学习、生活、入仕为官的人，基本上都是接受正统的中华文化教育的士人阶层，他们共同的文化结构和思想体系对崔致远而言无疑是其最主要的思想来源。因此可以说，崔

---

① 〔新罗〕崔致远：《孤云先生文集》卷一《与礼部裴尚书瓒状》，李时人、詹绪左编校《崔致远全集》，上海古籍出版社，2018，第 560 页。

② 关于"宾贡进士"的研究，可参见高明士《宾贡科的起源与发展——兼述科举的起源与东亚士人共同出身之道》，史念海主编《唐史论丛》第八辑，陕西人民出版社，1995，第 68~109 页；张伯伟《"宾贡"小考》，南京大学古典文献研究所编《古典文献研究》第 6 辑，江苏古籍出版社，2003，第 275~299 页；刘后滨《从宿卫学生到宾贡进士——入唐新罗留学生的习业状况》，《社会科学战线》2013 年第 1 期。

致远就是在中国儒释道三教文化浸泡中成长的，而作为儒家文化最核心的价值观——经世致用思想必然成为崔致远重要的人生观之一。

崔致远本人一生也是以儒家后学门生自居，他对儒家经典及相关著作非常熟悉，在他的各种著作和诗文中，对儒学成语典故以及原句的引用或点化活用俯拾皆是，其内容涉及《尚书》《易经》《春秋》《国语》《论语》《孟子》《荀子》《管子》《礼记》《周礼》《诗经》《楚辞》等儒家经典和主流文献，这说明他的儒学知识非常渊博，并且运用得非常娴熟。同时，崔致远对儒学的核心思想有着非常透彻的理解，如他在政治上崇尚仁政爱民①，主张尚贤节俭②；在社会观念上推崇君臣有别的名分思想和强调忠孝并重的家国意识③；在个人修养上赞扬谦恭中庸的君子风范与忧道不忧贫的人文操守。④ 当然，对于儒家的经世致用思想的领会，不只是停留在文字当中，更是用其一生来践行，他因此被誉为"东国儒宗"、"东方理学之宗"及"学问巨擘"等。他不仅留给后世大量阐述儒学思想的重要文献，为梳理古代东亚儒文化的交流史提供了宝贵的原始资料文献，而且他用自己一生的经历给后人昭示一位儒士经世致用的种种行迹。故此才有韩国学者认为朝鲜半岛"三千里内礼仪之俗，先生实倡发焉"⑤，认为崔致远"比任何人都更具儒学家的素质与能力"。⑥

三 在唐为官的经历为崔致远践行经世致用思想
提供了良好的机会

如果将崔致远中举之前的经历看作理论学习阶段，那么中举之后的入仕做官时期则是其将所学的儒家理论进行实际应用的阶段。在古代中国，

① 〔新罗〕崔致远：《桂苑笔耕集》卷一三《请泗州于尚书充都指挥使》，李时人、詹绪左编校《崔致远全集》，第293页。

② 〔新罗〕崔致远：《桂苑笔耕集》卷一《贺回驾日不许进歌乐表》，李时人、詹绪左编校《崔致远全集》，第33页。

③ 〔新罗〕崔致远：《孤云先生续集》卷一《鸾郎碑序》，李时人、詹绪左编校《崔致远全集》，第701页。

④ 〔新罗〕崔致远：《桂苑笔耕集》卷一三《前邵州录事参军顾玄夫摄桐城县令》，李时人、詹绪左编校《崔致远全集》，第296页。

⑤ 〔韩〕卢相稷：《〈孤云先生文集〉重刊序》，李时人、詹绪左编校《崔致远全集》，第831页。

⑥ 韩国哲学会编《韩国哲学史（上）》，白锐译，社会科学文献出版社，1996，第301页。

儒家文化作为官方意识形态的主体性文化，是指导官员进行施政管理的理论基础，当时的各种政治制度中处处体现着儒家文化的政治理念，正如长孙无忌在《律疏·名例》中所言："德礼为政教之本，刑罚为政教之用，犹昏晓阳秋相须而成者也。"① 唐代的整个政治制度强调"一准乎礼"②，即完全以儒家的礼教纲常作为治国的指导思想和理论依据。因此，严格的儒学教育和训练，是入仕为官的基本要求。

崔致远自幼就树立了入唐游学、扬名科场、光宗耀祖的远大人生志向。他在国子监经过六年"悬刺无遑"③ 和"雪作夜光，冰为夕饮"④ 的勤勉苦学，终于进士及第。这段刻苦学习的经历，不仅使他系统地掌握了儒家文化理论，获得了无上荣誉，而且为他日后在人才济济的官场上脱颖而出奠定了良好的基础。

仕途与隐逸是传统儒家提倡士人所践行的两种途径，崔致远曾撰文对这两种行为表达自己的看法：

> 人能弘道，贤臣以致尧、舜为先；世实须才，俊士以效巢、由是耻。古者只传于方策，今也共仰于德门。伏惟郎中大雅含清，中庸处厚。既以高名肃物，能将全德镇时。柱晴空而岳顶无云，莹秋色而潭心有月。比者兰抛粉闼，竹领朱轓，出分天子之忧，来慰海人之望。况彼郡也，户吞越水，窗列吴山。得袁宏举扇之风，灵涛缩怒；使谢运枉帆之路，钓渚含春。及其五鼓传歌，百钱流誉。寻迎睿渥，遥陟华资。怀宝令名，谁发迷邦之问；司珍正位，伫成匡国之谋。而乃得之若惊，直而不倨。选胜于岩轩涧户，贪欢于酒赋琴歌。久聆万乘虚怀，忍见四方失望？今者枭声向息，凤纪重兴。晋傅长才，待示指南之制；魏牟积变，伫申拱北之诚。入觐蒌阶，坐调梅鼎。岂止应月中之梦，必期成天下之春。然则致尧、舜之大猷，永匡宸展；效巢、由之小节，不介尊襟。某远卖鲛绡，惭非重价；仰趋马帐，忝预生徒。⑤

① 刘俊文：《唐律疏议笺解》卷一《名例》，中华书局，1996，第3页。
② （清）永瑢等：《四库全书总目》卷八二《唐律疏议三十卷》，中华书局，1965，第712页。
③ 〔新罗〕崔致远：《〈桂苑笔耕〉序》，李时人、詹绪左编校《崔致远全集》，第3页。
④ 〔新罗〕崔致远：《桂苑笔耕集》卷二〇《祭巉山神文》，李时人、詹绪左编校《崔致远全集》，第489页。
⑤ 〔新罗〕崔致远：《桂苑笔耕集》卷一九《与金部郎中别纸》，李时人、詹绪左编校《崔致远全集》，第458~459页。

　　《与金部郎中别纸》开篇就指出儒家士大夫要以辅佐圣主贤君为先，而不是效仿巢父、许由等隐士独善其身。在奠定了这一主旨之后，崔致远更详细讨论了在出任地方官时要如何践行经世致用的理念，"出分天子之忧，来慰海人之望"，地方官是地方上为皇帝分忧解难的，并且要体察民情，以百姓为重。文中更化用袁宏扇、邓攸五鼓歌、"一钱太守"刘宠等古来仁吏、廉吏的典故，均体现了崔致远以民为重，廉洁奉公的为政观。最后，崔致远再次强调儒生士大夫要以匡国辅政为先，以践行经世致用的理念来弘扬儒道，这才是"人能弘道"。上述为政的观念也一直指导着崔致远出任地方官员时的作为。

　　进士及第的荣誉使得崔致远获得了出任江南道溧水县尉的机会，成为唐朝廷正式任命的外国官员，在地方行政机构中展现了一个新罗人的能力和才华，为他实践经世致用思想创造了良好的机会。在担任溧水县尉的三年中，崔致远因正直清廉而获得了良好的官誉，这为他后来再一次获得更好的职位创造了机会。

　　公元880年，崔致远在溧水县三年的任职期满，正欲西回长安述职。恰遇黄巢起义，起义军攻破潼关，长安沦陷。对于崔致远而言，这是一个非常不好的际遇。但是他出众的才能和优良的品行使得他获得了顾芸等人的大力推荐，为扬州节度使高骈所用。此时大唐虽已风雨飘摇，扬州却繁盛依旧，商贸活跃，生活富足，才士云集。崔致远由此展开了一段人生最为辉煌的时期。高骈本人虽为武将，但其文才甚高，喜与文人交游，幕下才士云集。虽然如此，但崔致远还是能够以其出众的才华，深得高骈赏识。在高骈幕下这段时间，崔致远实质上充当着贴身秘书、高级参谋的角色，为高骈拟就了大量诏、启、状之类的公文。

　　公元881年5月，高骈起兵讨伐黄巢，崔志远拟就的《檄黄巢书》，天下传诵，檄书中一句"不唯天下之人皆思显戮，抑亦地中之鬼已议阴诛"[1]，因言辞之峻切凌厉，令一代豪雄黄巢都心生怯意，崔致远并凭此获"赐绯鱼袋"勋位。由于其出色的能力和高骈的致力举荐，崔致远先后担任侍御府内奉、都统巡官、承务郎、馆驿巡官等职位。在此期间，崔致远不仅撰写了大量的公文，同时也创作了各种题材的文学作品，他的文学才

---

① 〔新罗〕崔致远：《桂苑笔耕集》卷一一《檄黄巢书》，李时人、詹绪左编校《崔致远全集》，第222页。

华在这个过程中得到了淋漓尽致的展示。

崔致远在扬州任职期间，不仅出色地完成了本职工作，而且为促进新罗与唐朝廷的政治文化交流做出了积极贡献。隋唐之际，随着运河的畅通和唐王朝对外贸易的活跃，扬州已成为唐代最繁荣的经济都会和重要的对外贸易口岸，游唐的日僧圆仁在其《入唐求法巡礼行记》中记载，当时扬州和淮南管内的楚州便设有新罗坊，有新罗人从事业盐、修船、烧炭、航运等经济活动。① 唐代末期，扬州在与新罗交往中的重要作用日益突出，新罗和淮南之间的官方交往和民间贸易都空前繁盛，不仅不少新罗商人来到淮南道的首府扬州留居经商，而且新罗和淮南双方还互派使节，进行了正式的友好交往。在崔致远的《桂苑笔耕集》中，就记载了这样的事情：唐中和三年（883）新罗王室派探侯使朴仁范携新罗王给高骈的书信和给唐廷的国礼来到淮南，朴仁范在探询前往西川行经的路途艰难后，准备折返新罗，崔致远奉高骈之命写了别纸《新罗探侯使朴仁范员外》，劝说朴仁范打消从扬州折返新罗的念头，"勿移素志，勉赴远行"，坚持完成新罗王所托付的入觐兼探侯的使命。② 还有一次是在唐中和四年（884），新罗王派新罗入淮南使金仁圭渡海来到扬州，从事官方交往。该年八月，崔致远作为回访使者，以"淮南入本国兼送诏书等使"的身份和这一批新罗使者同乘一船回国。③ 由于崔致远在扬州担任官职的原因，新罗与淮南藩镇建立了较其他地方更为密切的关系，由此而言，崔致远对于新罗与唐朝之间的政治文化交流发挥了重要的促进作用。

从以上史料可以看出，崔致远不管是在溧水县任职，还是在扬州任职，都有非常出色的表现，这不仅因其有着过人的能力，更重要的是他将儒家经世致用思想作为人生指导思想，将担任各种职位期间的具体工作作为实现自己人生理想的方式之一。因此，在崔致远担任职官期间，不仅撰写了大量的表、状、启等公文，还创作了更为丰富的诗、文、赋、碑、序、愿文、传记等文学作品。这些公文不仅成为研究唐代历史的重要文献，而且他所创作的文学作品也成为文学史上的代表之作和开山之作。这

① 〔日〕圆仁著，白化文等校注《入唐求法巡礼行记校注》卷四，中华书局，2019，第472页。

② 〔新罗〕崔致远：《桂苑笔耕集》卷一〇《新罗探侯使朴仁范员外》，李时人、詹绪左编校《崔致远全集》，第201页。

③ 〔新罗〕崔致远：《桂苑笔耕集》卷二〇《上太尉别纸》，李时人、詹绪左编校《崔致远全集》，第484~488页。

一切均体现了他作为一个士人经世致用的情怀，其中洋溢着他在实现自己人生理想路上的满怀激情。

四　崔致远回国之后对经世致用思想的践行

公元 884 年，崔致远之弟崔栖远，由新罗涉海来唐，奉家信迎崔致远回国。从当年的懵懂少年离家，以大唐三品官衔荣归故国的崔致远，是新罗历史上留学生中成就最高的一位。促使崔致远归国的因素众多，比如，有学者认为崔致远感觉到唐的局势混乱，他所依靠的高骈因其自身的原因早晚会遭灭顶之灾，于是决定回国。但是本文认为使得崔致远决定回国的内因是他经世致用观念与报效祖国的情怀，外缘则是高骈的失意和新罗国的召唤，他更多想的是如何用在唐朝学到的满腹经纶和治政良策来报效新罗王朝，振兴自己的民族。

崔致远以显赫官衔与声望荣归故里，自然风光无限。当时新罗宪康王为了加强王权，主动招来进唐留学并及第的崔致远，并给予优厚的待遇，而崔致远本人也想通过应用自己在唐朝学习获得的先进制度和经验，为新罗的中兴发挥作用。他因此受到了当时君主宪康王的重用，被任命为侍读兼翰林学士、守兵部侍郎、知瑞书监事。回国第二年，崔致远即将其在唐时所著杂诗赋及表奏集成二十八卷呈献给宪康王，欲以汉文化的先进理念济世救国，振兴朝纲，熏化民众。遗憾的是宪康王在当年去世，崔致远遭到排挤被派遣至外职，事实上，失去了他以其之学为新罗中兴效力的机会。此后由于新罗王位的频繁更迭，政途瞬息万变，官僚腐化堕落，崔致远的仕途也是一波三折，于公元 890 年被外放至泰山郡任太守，两年后，继续外放至更远的富城郡，从此，再未回到中央政府。

虽然仕途坎坷，但是将经世致用观念内化为其精神支柱的崔致远在积极关注并参与国家治理和传播汉学方面仍然不遗余力。公元 893 年，崔致远奉真圣女王之命，以贺正使身份再度入唐，致力于两国文化交流，回国后，向女王献《时务策十余条》。他的《时务策十余条》具体内容虽然没有留下来，但可以看出应该主要是改革当时弊政的方案，该建议最终虽未得到施行，却凝结了崔致远对国事探索的心血。"四山塔碑铭"是崔致远回到新罗后的重要作品，分别是《有唐新罗国故知异山双溪寺教谧真鉴禅师碑铭并序》《有唐新罗国故两朝国师教谧大朗慧和尚白月葆光之塔碑铭并序》《大唐新罗国故凤岩山寺教谥智证大师寂照之塔碑铭并序》《有唐新罗国初月山大嵩福寺碑铭并序》①，其中"臣也虽东箭非材，而南冠多幸。方思运斧，遽值号弓"②反映了崔致远回国后想用在唐所学知识一展抱负的宏图壮志；崔致远认为"政以仁为本，礼以孝为先，仁以推济众之诚，孝以攀尊亲之典，莫不体无偏于夏范，遵不匮于周诗"③，虽然崔致远十分重视传统的儒家学说，但他并不排斥其他宗教，"三畏比三归，五常均五戒，能践王道，是符佛心"④，归根结底是要落实到经世致用上面，能够有益于治国经邦。由此可见，虽然官场失意，仕途坎坷，但他对经世致用思想和极大爱国热情却从未放弃。

学而优则仕是儒家的传统，也是儒家经世致用思想践行的主要途径。但是仕途并不是儒家经世致用的唯一途径，"达则兼济天下，穷则独善其身"是儒家为仕途不通的人提供的另一种选择。因此，中国文人的命运往往在进而仕、退而隐的两条道路上交叉前行。深受汉学熏染的崔致远，宦途屡遭失意后，最终也选择了隐逸。但是对于他的隐逸不能简单地看作失意者被动的逃避，将其视作其个人的主动转型或许更加符合他的隐逸状态。崔致远的隐逸是其完成了从政治上的积极奋取，到自我人格的主动转变，因为他是在不惑之年的主动辞官归隐。虽然他从尘嚣政务中摆脱出来了，但是他并未就此放弃对学问的追求，他精通儒学、道学、佛学，择其所需，三教调和，并以此写了大量著作，阐述生发，对后世影响极大，这也可以看作他对经世致用思想的另一种表达和践行方式。《东史篆要》记载崔致远的云游："平生足迹所及之处，至今樵人牧竖，皆指之曰：'崔公所游之地。'至于闾阎细人，乡曲愚妇，皆知诵公之姓名，慕公之文章。"⑤正所谓，王朝短暂，而文化永恒。

由上可知，崔致远作为来自新罗的留学生，在儒家文化的熏陶下成长为一位成熟的士人，儒家的经世致用思想已经完全内化为其人格的一部分，并

---

① 〔韩〕李佑成：《新罗四山碑名》，亚细亚文化社，1995。
② 〔新罗〕崔致远：《大唐新罗国故凤岩山寺教谥智证大师寂照之塔碑铭并序》，拜根兴：《七至十三世纪朝鲜半岛石刻碑志整理研究》，第214页。
③ 〔新罗〕崔致远：《有唐新罗国初月山大嵩福寺碑铭并序》，拜根兴：《七至十三世纪朝鲜半岛石刻碑志整理研究》，第200页。
④ 〔新罗〕崔致远：《有唐新罗国故两朝国师教谥大朗慧和尚白月葆光之塔碑铭并序》，拜根兴：《七至十三世纪朝鲜半岛石刻碑志整理研究》，第174页。
⑤ 李时人、詹绪左编校《崔致远全集》，第804页。

且用一生的经历践行了经世致用的思想，为中韩文化交流做出了卓越的贡献，充分展现出了一个儒者士人关心国家、关注民生、自强不息的丰满形象。

The Study on Cui Zhiyuan's Practice of Confucian Jingshizhiyong Thought

Li Jiwu

Abstract：As the core value orientation of Confucian culture，jingshi zhiyong Thought has an important influence on the Confucian scholar-bureaucrat in Chinese traditional society. Cui Zhiyuan，an overseas student from Silla，who was influenced by Confucian culture and has practiced the idea of jingshi zhiyong thought throughout his life. Through the learning in youth，Cui Zhiyuan had a deep understanding and mastery of the jingshi zhiyong thought. Cui Zhiyuan entered the Tang Dynasty at the age of 12，and have studied Chinese Confucian culture in the Imperial College since he was a child. He not only had a high sense of identity with the Chinese Confucian，Buddhist and Taoist cultural system，but also regarded the thought of applying jingshi zhiyong thought as one of his most important views on life. The experience of being an official in Tang Dynasty provided a good opportunity for Cui Zhiyuan to practice the jingshi zhiyong thought. Cui Zhiyuan made remarkable achievements when he served as an offical in Lishui County and GaoPian aides and staff in Yangzhou. After returning home，Cui Zhiyuan continued to practice the ideal of jingshi zhiyong thought，he repeatedly submit written statements and put forward practical suggestions to the higher authorities. Although Cui Zhiyuan had strong patriotic feelings，he was excluded and alienated because of Silla governmen's corruption. At last，Cui Zhiyuan reluctantly chose to retire，but at the same time，he continued to practice his ideal of jingshi zhiyong thought by writing books.

Keywords：Cui Zhiyuan　Jingshizhiyong；Confucian Culture；Silla

（编辑：高滨）

论宋代官员本职与兼职的关系形态[*]

范　帅　田芳菲^{**}

摘　要： 在政务运行过程中，宋代官员的本职与兼职会形成不同的关系形态。权力流动造成宋代官员本职与兼职的侵夺与互补；在此基础上引发地位质变，使两者处于地位排他或同向发展的关系形态；随着宋代官员兼职的运用日趋复杂，政治效能的发挥成为衡量兼职适度与否的重要标准。在权力流动、地位变化和政治效能多种变量的复合作用下，宋代官员的本职与兼职于制度运行中形成多样化的关系形态，从不同维度促使宋代制度的变迁。

关键词： 宋代；职事官；兼职；本职；职权

唐末、五代以来，统治者为提升制度设计的应变能力，创置了因事而设的使职差遣制度。及至宋代，使职差遣演化为职事官系统，负责"内外之事"的处理。官员往往"不以官之迟速为荣滞"，而"以差遣要剧为贵途"。^①上自宰执，下至庶官，大多于其宦海生涯中身兼数职。在政务运行过程中，宋代官员的本职与兼职间所产生的互动令两者之间形成某种关系形态。这些关系形态对宋代制度变迁有着潜移默化的影响。影响宋代官员本职与兼职关系形态变化的因素有权力流动的量、地位变化的质和兼职运用的度，在这些因素的复合作用下本职与兼职的关系形态逐渐多样化。对于职官制度来说，宋代官员的本职与兼职从不同维度影响着制度的变迁。

---

*　本文为 2021 年国家社科基金青年项目"宋代官员兼职制度研究"（21CZS022）阶段性成果。

**　范帅，郑州轻工业大学马克思主义学院讲师，研究方向为宋史；田芳菲，郑州轻工业大学马克思主义学院硕士研究生。

①　（元）脱脱等：《宋史》卷 161《职官志一》，中华书局，1977，第 3768 页。

对于政务运行效果而言，宋廷令官员适度兼职有利于保护原有制度架构，在减小制度成本的同时将政治效能最大化，而过度兼职则会影响官员本职的发挥。目前学界对于宋代官员兼职的研究多为其他角度的研究成果，①尚未涉及宋代官员本职与兼职间的关系。研究宋代官员本职与兼职间的关系形态，有利于揭示宋代职官制度的逻辑，以及宋代官员兼职与制度变迁的关系，故值得深入研究。

一　权力流动会引起宋代官员本职与兼职的侵夺与互补

权力流动的方向及分量决定了宋代官员本职与兼职之间的关系到底是互补，还是侵夺。以官员本职为核心，权力流动的方向可分为扩张权力、权力侵夺和弹性互补三个方面。

（一）宋代官员本职借助兼职扩张权力

宋代官员在本职工作之外，兼任其他职务，往往会在政务运行中于职权、时间和空间等多方面获得更多便利，从而扩张权力，扩充本职。

---

① 目前，学界关于宋代官员兼职的文章大体可以分为三类。第一，通论性文章，如张熙惟的《宋代官员兼职面面观》（《人民论坛》2018 年第 5 期）认为，官员兼职在宋代尤为突出，既与制度设计有关，又是强化专制的考量，也是治国理政的需求。文章概括总结了宋代官员兼职现象，因为是通论性文章，故没有深入探讨宋代官员兼职的关键问题。第二，中央官员兼职，其中尤为突出的是宰相兼职问题研究。如田志光的《试论宋仁宗朝宰相兼枢密使之职权》（《史学集刊》2011 年第 5 期）对宋仁宗时期宰相兼任枢密使的情况进行了讨论，认为随着宋与周边政权关系及内部政治环境的变化，中书与枢密院的权责机制需要不断调整、改革，宋仁宗时宰相兼枢密使制度的实行，就是二府调整角色，以适应新环境的需要。常沁飞的《宋代宰相兼职问题研究》（河北大学硕士学位论文，2019 年，第 162~174 页）探讨了宋代宰相兼职问题，认为宰相兼职的原因主要包括依循前朝惯例、官制不断变革、便于推行新法、应付前线战事、符合皇帝信仰、增加重视程度、应对偶发事件、加强自身权力以及分化君主权力等九方面。两者对宰相兼职的研究，有助于以点带面地了解宋代中央官员的兼职状况。第三，地方官员兼职。如余蔚的《隐性的机构精简与南宋中央集权之弱化——论南宋地方行政机构的"兼职"现象》[《复旦学报》（社会科学版）2012 年第 4 期] 认为，南宋中后期地方行政机构中同级或上下级机构的长官互相兼职现象日渐增多，这种非制度层面的"隐性"因素，使行政权力由基层各县向州、路和制置司、总领所集中。张泽伦的《宋代路级官员兼职问题研究》（河北大学硕士学位论文，2017，第 49~57 页）将级官员的兼职类型划分为两大类，认为不同类型的兼职在不同程度上为地方治理的顺畅发挥了作用，路级官员兼职除有省官省费、精简机构、集中权力等积极作用外，也有破坏监督、降低效率等消极作用。对于地方官员兼职的探讨，有利于揭示出层级、地方间政务运作的过程。这些成果为本文的深入研究奠定基础，但因各有侧重，不涉及本文研究的主题。

第一，对于某种权力的明确。宋代君臣为提高行政效率，往往会令某一特定职官兼任某些职能性强的附属职官，以明确本职对这一职能的拥有。例如，宋庆历年间，欧阳修建议派专员按察地方官。宋仁宗为节省行政资源，采纳御史中丞贾昌朝的建议，令转运使兼按察使，明确了转运使按察官吏的职责。[①]

第二，临时拥有某种权力。并非所有兼职都会帮助本职扩充权力，某些具有潜在威胁的兼职，则不被允许长期保留。其职权往往随着兼职的结束而消退，知州兼任安抚使就是如此。宋廷承袭唐代制度用安抚使等职官料理突发事件。[②]建国伊始，宋代君臣将安抚使定位为策略型兼职，每逢灾害、战乱，则派其赈灾、平乱，事平则罢。[③]景德年间，路级建制初具规模，安抚使抚绥百姓、察治盗贼，成为主管一路治安的帅臣，由首州的知州兼任。如河北沿边安抚使由雄州知州充任。[④]如此，作为地方行政长官的知州便拥有了治安一路的权力。而知州兼任安抚使并非常态，往往是随事而定，事已则罢。若遇战事，宋廷便令知州兼安抚使，战事结束随即裁撤。例如，宋庆历五年（1045），庆历新政失败，参知政事范仲淹请求外任。恰逢战事再起，宋仁宗便以范仲淹为资政殿学士，知邠州，兼陕西四路沿边安抚使。后因"边事宁静，贼盗止息"，便罢去知邠州范仲淹陕西四路沿边安抚使一职，使知州职责回归常态。[⑤]此后，无论是熙宁年间，宋神宗令冯京兼成都府利州路安抚使，[⑥]还是宣和年间，宋徽宗令杭州、越州、江宁府守臣并带安抚使，[⑦]都是因战时需求而设。

第三，从制度层面实现权力扩张。制度设计与实际运行往往会存在落差。在制度运行中，统治者会根据实际诉求不断对制度设计进行微调、纠错，从而提升制度对现实需求的应对能力。在此过程中，兼职常常充当宋代统治者微调制度设计的手段，尤为典型的就是宰执兼职。宰相作为百官之首"无所不统"，是中枢行政决策的核心。范仲淹曾建议宰相兼领百官

---

① （宋）李焘：《续资治通鉴长编》卷141，庆历三年五月乙亥，中华书局，2004，第3374~3376页。

② 李昌宪：《宋代安抚使考》，齐鲁书社，1997，第20页。

③ （元）脱脱等：《宋史》卷284《陈尧叟传》，第2985页。

④ （清）徐松辑《宋会要辑稿》职官41之79，上海古籍出版社，2014，第4039页。

⑤ （清）徐松辑《宋会要辑稿》职官41之89，第4044页。

⑥ （清）徐松辑《宋会要辑稿》职官42之94，第4047页。

⑦ （清）徐松辑《宋会要辑稿》职官41之95，第4048页。

要职"以佐理邦国"。① 宋廷为限制相权，设立枢密院与中书分掌军政机要。北宋初年，两府分班奏事，所议之事彼此不相知。随着制度的发展，两府分班奏事造成信息不畅，两府意见相左，最终导致决策失误。为提升两府于紧急事务中的协作能力，宋仁宗令中书与枢密院共掌军政，"同议枢密院事"。② 中书门下的权力由政务扩展到军务。在战事结束后，宋仁宗虽令宰臣免兼枢密使，但仍令枢密院"凡郡国及机要，依旧同商议"。不久，枢密院又主动将议事范围扩大至"进退管军臣僚、极边长吏、路分兵马钤辖以上，并与宰臣同议"③。通过兼领枢密院，宰相的议事范围得到扩大。南渡初期，烽烟四起，宋廷为总揽军权，令宰相兼职御营使。于是宰相再度借助兼职，将权力触角延伸至军事领域。即使在御营使司被废之后，宰相兼领军权却以兼知枢密院事保留下来，这种情况一直延续到秦桧去世。④ 可见，宋代官员的本职可以通过兼职实现制度层面的权力扩张，即使在兼职结束后，也会以其他形式保留下来。

（二）宋代官员的本职受到兼职的权力侵夺

在兼职过程中，宋代官员的本职与兼职面对有限的政治资源，也会产生权力的争夺。尤其是职能类似的官员相互兼任时，当权力过度流向兼职时，往往会出现兼职侵夺本职权力的情况。

当宋代官员兼职过度侵夺本职时，会出现两者合一的情况。以台谏互兼为例，元丰改制前，台谏互兼频繁出现。如杨察曾任右谏议大夫、权御史中丞，⑤ 蔡确曾兼任右正言、知谏院，又晋升为右谏议大夫、权御史中丞。⑥ 此外，吕海等人也曾同时兼任台谏官。⑦ 实际上，在宋初台谏之间要遵循回避原则，保持"不相往来"的状态。⑧ 而台谏互兼打破两者之间的壁垒，推动了台谏合流的进程。台谏历来分工不同，各有侧重，台官纠察

① （宋）范仲淹：《范仲淹全集·范文正公政府奏议》卷上《奏乞两府兼判》，四川大学出版社，2007，第555页。
② （宋）李焘：《续资治通鉴长编》卷137，庆历二年六月戊午，第3283页。
③ 陈均：《皇朝编年纲目备要》卷13，庆历五年十月，中华书局，2006，第294页。
④ 王明清：《挥麈录》后录卷1，中华书局，1961，第67～68页。
⑤ （宋）李焘：《续资治通鉴长编》卷165，庆历八年八月丁丑，第3961页。
⑥ （宋）李焘：《续资治通鉴长编》卷289，元丰元年四月乙卯，第7066页。
⑦ 黄淮、杨士琦：《历代名臣奏议》卷75《内治》，上海古籍出版社，1989，第1041页。
⑧ （宋）洪迈：《容斋随笔》续笔卷3《台谏不相见》，中华书局，2005，第252页。

百官，谏官谏讽政阙，而宋代却弱化了两者间的差别。在宋代台谏制度发展历程中，具有里程碑意义的天禧诏书就规定台谏官对"发令造事之未便"，皆可奏陈，模糊了台谏的职责界限。① 宋仁宗朝，言事御史的复置则进一步促使了台官侵夺谏官之职。② 在台谏对权力的争夺中，宋廷则奉行重台轻谏的原则。如元丰年间，谏议大夫赵彦若曾指出："大臣不以道德承圣化，而专任小数，与群有司较计短长，失其瞻体"，并指责门下侍郎章子厚、左丞王安礼"不宜处位"。宋神宗以谏官赵彦若侵御史论事，令其左转秘书监。赵彦若被罢谏职一事说明，宋廷不主张谏官超越职权弹劾官员。③ 淳熙十五年（1188），林栗奏指出，鉴于谏官侵袭御史之事频发，建议仿照唐制复置补阙，不任纠劾之职。④ 这进一步表明，台谏之间所谓的"论事有分限，毋得越职"，⑤ 其实是单向的。对于谏官而言，兼任台官，未能实现职权的扩张，反而使本就强势的台官获得了言事权，并且通过兼职打破了台谏"不相往来"的原则，突破了台谏之间的壁垒，从而实现台谏合一。而台谏合一的过程实际上是台官侵夺谏官权力，最终将谏官收归羽下的过程。南渡之后，台谏"合为一府，居同门，出同幕"，⑥ 谏官逐渐成为台官的一部分，台谏合流基本完成。

综上所述，权力的侵夺决定于职官自身权力的大小。若本职弱势，兼职强势，那么此种兼职属于内嵌型兼职，会形成权力的外流。权力在宋代官员本职与兼职间的流动决定了两者的从属关系。当官员本职与兼职不属于牵制关系，没有政府刻意的制衡，那么有限的权力必然会根据双方势力的强弱、地位的高低，集中于一方。而丧失权力的一方则会因权力的流失逐渐成为虚职。唐代的职事官体系之所以阶官化，就是因为使职差遣的设置侵夺了职事官的权力。若在兼职过程中，权力过度从本职向兼职流动，也会出现本职阶官化的情况。

（三）权力在宋代官员的本职与兼职间的弹性互补

当宋代官员的本职与兼职没有出现权力争夺，且彼此能够提供时间、

---

① （宋）洪迈：《容斋随笔》四笔卷 14《台谏分职》，第 800~801 页。
② （宋）李焘：《续资治通鉴长编》卷 154，庆历五年正月乙亥，第 3736 页。
③ （宋）洪迈：《容斋随笔》四笔卷 14《台谏分职》，第 800~801 页。
④ （清）徐松辑《宋会要辑稿》职官 3 之 58，第 3077 页。
⑤ （宋）洪迈：《容斋随笔》四笔卷 14《台谏分职》，第 800~801 页。
⑥ （宋）洪迈：《容斋随笔》续笔卷 3《台谏不相见》，第 252 页。

空间等因素上的便利时，两者就会形成互补关系。谏官兼记注官就使两者间形成一种弹性互补。

一方面，谏官兼记注官有利于获得时空优势。谏官面圣机会较少，"阁门之班，自来先台而后谏"，谏官求对往往三五日才得班次。① 此外，宋初谏官不得日奉朝请，这则为谏官获得信息带来诸多不便。谏官田况曾道："每闻一事，皆诸处采问，比及论列，或至后时。今若令谏官得奉内朝之事，兼王素、欧阳修、蔡襄皆以他官知谏院，居两省之职而不得预其列，于礼未便。欲乞今后并令缀两省班次，所贵名体相称，副陛下选求之意。"在田况的建议之下，谏官才获得了每日赴内朝的机会。② 此外，谏官也不得侍从宴游。淳化三年（992），盐铁判官、左司监韩国华等人曾请求兼领馆职，理由就是"备位谏官，兼职计司，独不得从宴游"。③ 可见，无论是正式朝会，还是休闲宴游，谏官都不同程度地受到限制。而记注官则可弥补谏官信息交流渠道受限的不足。记注官因需要记录皇帝言行，平日则轮番值守于崇政殿、延和殿；行幸则跟随出入。④ 当谏官兼记注官时，则可充分发挥其随侍君主的时空优势。

另一方面，谏官兼记注官使记注官获得了奏事权。熙宁四年（1071）七月二十五日，同修起居注、同知谏院张琥进言："修起居之职，古之左史右史也。本以记录人主言动，今唯后殿侍立，无所与闻。臣见领是职，兼知谏院，即异其余修注之官。然缘例须牒阁门上殿。窃见枢密院承旨每于侍立处尚得论事，况臣有言职，又得侍立，或有敷奏，乞便面陈，仍今后修起居注当令谏官一员兼领。"于是下诏谏官兼修起居注者，因于后殿侍立，许奏事。⑤ 由具有奏事职能的谏官兼任记注官，赋予了记注官奏事的可能性。元丰二年（1079）五月初一日，下诏令国史院编修官、史馆检讨王存兼修起居注。后王存建议允许记注官于臣僚登对时侍立。⑥ 宋孝宗以有碍臣僚进言为由回绝了王存改变记注官侍立位置的请求，但记注官却

---

① 黄淮、杨士奇：《历代名臣奏议》卷162《建官》，第2134~2135页。
② 赵汝愚：《宋朝诸臣奏议》卷51《上仁宗乞谏官缀两省班次》，上海古籍出版社，1999，第560页。
③ （宋）李焘：《续资治通鉴长编》卷33，淳化三年三月辛丑，第735页。
④ （清）徐松辑《宋会要辑稿》职官2之13，第2993页。
⑤ （清）徐松辑《宋会要辑稿》职官2之13，第2993页。
⑥ 徐松辑《宋会要辑稿》职官2之13、14，第2993~2994页。

于"史事"范围内获得了奏事的权力。①

二 宋代官员本职与兼职间出现的地位排他与同向发展

宋代官员的权力与地位具有一定的相关度，所以权力流动会带来本职与兼职间的地位起伏。因此，宋代官员的本职与兼职的地位变化是排他还是互补，取决于权力流动中两者的关系形态。两者属于排他关系时，一方会因遭到另一方的权力侵夺而虚化被废；属于互补关系时，两者地位则实现同向发展。

宣徽使由实职转向虚职的变化过程，就是本职权力逐渐被兼职侵夺而地位下降，最终虚化被废的典型事例。宋初，宣徽使尚有实职，掌管宣徽院，地位稍高于枢密使、枢密副使，"品秩亚二府"，② 随着皇权的逐步强化，宣徽使职权趋向虚化，成为寄禄官。③ 宣徽南院使、北院使掌管院事，"共院异厅"，公文用南院印，南院资望高于北院，"兼枢密亦掌本院事"。④ 此时，由于宣徽使地位尚尊，故多以宣徽使兼枢密副使，还会令其临时掌管他职。如宣徽使李处耘曾兼枢密副使；⑤ 宣徽北院使王仁赡曾为大内都部署；⑥ 出征北汉时，曾以宣徽北院使潘美为都监。⑦ 此时，宣徽使因地位尊崇并不轻易授予。文臣曾"历中书、枢密院任用"，德高望重，为人信服，武臣曾"经边鄙建立功业者"，才可除拜兼宣徽使。⑧

随着宣徽使地位下降，权力削弱，其与兼职之间的关系形态开始发生变化。枢密使、枢密副使反客为主，开始以枢密副使、同知枢密院事兼宣徽使。宣徽使一度沦为通判、知州的加官。史称："宣徽位尊而事简，故常以枢密院官兼之，或以待勋旧大臣之罢政者。"⑨ 宋神宗元丰改制废除宣

---

① 王鹏：《试论记注官的侍立问题》，《历史教学》（下半月刊）2010 年第 14 期。

② 徐度：《却扫编》卷下，《历代笔记小说大观》，上海古籍出版社，2012，第 152 页。

③ 仝建平：《宋代宣徽使初探》，《安徽史学》2016 年第 4 期。

④ 孙逢吉：《职官分纪》卷 12《宣徽使、南院使、北院使》，中华书局，1988，第 296 页。

⑤ 夏竦：《文庄集》卷 26《大安塔碑铭》，《宋集珍本丛刊》，线装书局，2004 年影印本，第 4 册，第 652 页上。

⑥ 李焘：《续资治通鉴长编》卷 20，太平兴国四年二月丙辰，第 444 页。

⑦ 李焘：《续资治通鉴长编》卷 17，开宝九年七月丁未，第 374 页。

⑧ 李焘：《续资治通鉴长编》卷 181，至和二年九月甲申，第 4377 页。

⑨ （元）马端临：《文献通考》卷 58《职官考十二》，中华书局，2011，第 1723 页。

徽使。只有太子少师张方平依旧领宣徽南院使致仕。宣徽使逐渐成为荣誉虚衔。宋哲宗即位后，仅冯京、张方平以南院使致仕。有人指出宣徽使虽复官名，"而无所治之事，乃罢之"。南宋以后，不复再置。① 曾经地位尊崇的宣徽使从此没落。

然而，当宋代官员本职与兼职间不存在排他性的权力流动时，往往可以实现权力共享。此时，宋代官员的本职可以决定所兼职官的地位，两者实现地位同向发展。尤其是兼任经筵官这样的清要之官，本职地位的高低直接决定了兼职的地位。宋代官员的本职对兼职地位的影响体现在行政级别和政治效能两个方面。

一方面，在他官兼任经筵时，往往根据本职行政级别确定其兼任官职。例如，侍从以上兼经筵，则称侍讲；庶官称崇政殿说书，左、右史兼讲筵者也称侍讲，如程敦厚、赵卫。此前殿中侍御史董德元、右正言王珉皆兼说书，而因说书与王珉父亲名讳冲突，遂令二人并升侍讲，此为权宜之计，并非惯例。胡铨以左史兼侍讲院，既而改崇政少卿，而侍讲如故，其后张拭为左司，亦兼侍讲。② 在迁转中，本官若无大幅度变化，一般不影响经筵官的兼任。例如，右谏议大夫巫伋试给事中，监察御史陈夔为中书门下省检正诸房公事，巫伋仍兼侍讲，权直学士院陈夔仍兼崇政殿说书。③ 在北宋前期，谏议大夫为正四品下，给事中为正五品上；元丰改制后，谏议大夫为从四品，给事中为正四品。④ 谏议大夫班本在给、舍上，其迁转则谏议大夫岁满方迁给事中，自给事中迁舍人。⑤ 从谏议大夫迁转为给事中，巫伋并未实现官阶上的突破，因而其所兼任经筵官照旧。

另一方面，不同职官兼任经筵官于宋代制度运行中所发挥的政治效能大相径庭。虽同为兼职，台谏兼经筵与宫观官兼经筵就体现了经筵官于宋代政治体系中判若云泥的地位变化。

台谏兼任经筵官，发端于宋仁宗朝，发展于宋高宗朝。随着台谏官规谏职能的回归，以及经筵制度的不断发展，台谏兼任经筵的广度与深度不

---

① （元）脱脱等：《宋史》卷162《职官志一一五》，第3806页。
② （元）脱脱等：《宋史》卷162《职官志一一五》，第3815页。
③ （宋）李心传：《建炎以来系年要录》卷160，绍兴十九年十一月乙巳，第3034页。
④ 龚延明：《宋代官制辞典》，中华书局，2007，第161页。
⑤ （宋）叶梦得撰，宇文绍奕考异《石林燕语》卷5，中华书局，1984，第71页。

断拓展，与之相伴随的是台谏职能与经筵职能趋同合一的趋势。① 由于经筵属于皇帝"起居动息之地"，有利于"弥缝于外朝"，是皇帝亲近儒生的清静之地，因此，宋高宗朝秦桧令其亲信担任台谏官并兼经筵以期"有所浸润"。② 经筵便成为权相暗箱操控、打探皇帝信息动态的难得孔道。③ 于是，经筵与台谏一同沦为宰相延伸权力、探知圣意的工具。

自元丰以来，多以宫观官兼侍读。例如，元丰八年（1085）五月，资政殿大学士吕公著兼侍讲、提举中太乙宫，兼集禧观公事。七月，韩维兼侍读、提举中太乙宫。元祐元年（1086），端明殿学士范镇致仕，提举中太乙宫兼集禧观公事、兼侍读，不赴。元祐六年（1091），冯京兼侍读，充太乙宫使。不久，冯京乞致仕，未得应允，仍免其经筵进读。④ 宋高宗后，多以提举宫观官兼侍读安置罢相或勋旧大臣。⑤ 绍兴三十年（1160），汤思退罢相后，为观文殿大学士，充醴泉观使，兼侍读。⑥ 朱胜非、张浚、谢克家、赵鼎、万俟卨都曾以万寿观使兼侍读。隆兴元年（1163），张焘以万寿观使、汤思退以醴泉观使并兼侍读。⑦ 乾道七年（1171），宝文待制胡铨除提举佑神观兼侍讲，之所以如此，是因为在宰执进呈时，虞允文提出："胡铨早岁一节甚高，不宜令其遽去朝廷。"宋孝宗道："铨固非他人比，且除在京宫观，留侍经筵。"⑧ 令胡铨提举宫观官并兼侍讲以表优容。宋理宗朝更出现醴泉观使兼侍读、奉朝请。经筵侍读虽存，但出现边缘化趋势，多为加官，并不赴经筵。⑨ 郑清之授少保，依旧观文殿学士、醴泉观使兼侍读，仍奉朝请，进封卫国公。⑩ 淳祐十年（1250），赵葵辞相，以为观文殿大学士、醴泉观使兼侍读、奉朝请。⑪ 随着宫观官等闲职兼经筵官频率的增加，经筵官也由负责劝谏皇帝的清要之职逐步沦为优容旧臣的

---

① 范帅：《宋代官员兼职规律初探》，《浙江学刊》2020 年第 4 期。

② （宋）李心传：《建炎以来系年要录》卷 156，绍兴十七年四月辛丑，第 2958 页。

③ 龚延明：《宋代经筵制度探析》，《中原文化研究》2020 年第 2 期。

④ 佚名：《翰苑新书集》前集卷 11，文渊阁《四库全书》，台湾商务印书馆，1986 年影印本，第 949 册，第 82 页下。

⑤ 龚延明：《宋代经筵制度探析》，第 51 页。

⑥ （元）脱脱等：《宋史》卷 32《高宗纪》，第 604 页。

⑦ 佚名：《翰苑新书集》前集卷 9，第 62 页。

⑧ （元）脱脱等：《宋史》卷 162《职官志一一五》，第 3815 页。

⑨ 龚延明：《宋代经筵制度探析》，第 51 页。

⑩ （元）脱脱等：《宋史》卷 43《理宗纪三》，第 831 页。

⑪ （元）脱脱等：《宋史》卷 43《理宗纪三》，第 842 页。

加官。

值得注意的是，虽然同样兼职经筵官，其本职不同就会产生迥异的政治效能。开禧三年（1207）十一月，王居安去谏院为左史，仍兼崇政殿说书，"言者犹以为不可"，于是便罢免辞职。① 韩侂胄掌权时，"钳天下之口，使不得议已"，王居安为右司谏兼侍读，在万马齐喑的情况下，首论韩侂胄以内禅之功，窃取大权，数年之间，位极人臣，"奸心逆节，具有显状"。在韩侂胄的反对派看来，王居安的言论正好为其提供了搬倒韩侂胄的舆论支持，因此于言路擢升。后因反对赵彦逾，与楼钥、林大中、章燮等人一起召回，王居安于谏官序列升迁才短短数日，便因触犯当权者利益，而迁起居郎，由谏官迁史官，仍兼崇政殿说书。王居安深明将其特迁为柱下史者，只因欲将其调离言官之位而"不得言"。然而，"二史得直前奏事，祖宗法也"。因此，即使身在史官之位，他依旧直言进谏，因而遭到强烈弹劾。王居安身为言耳目官，却在"谏纸未干"之时，因忤逆权要而徙他职，令其丧失进言权利。后御史中丞雷孝友弹劾其越职被罢官。②

三 政治效能的发挥是判断宋代官员兼职的适度与泛滥的标准

随着兼职于政务运行中的广泛运用，宋代官员本职与兼职的关系形态从非此即彼的二元形态，逐步演化为错综复杂的多元形态。在关系形态多元化的情况下，政治效能的发挥能够一定程度上反映出兼职在制度运行中的优劣，从而揭示出兼职的适度与泛滥对于本职与兼职的影响。

兼职与政务运行体系的不断黏合，使宋代官员本职与兼职关系的处理迫在眉睫。尤其是南渡之后，官员紧缺，不得不借助兼职快速构建起国家机器。因此，南宋官员兼职的程度较之北宋有过之而无不及。乾道七年（1171）十一月二十九日，宋孝宗下诏，令百司有兼职者，先赴本职治事完毕后，方可处理兼职事务，若本职清闲，兼职繁剧，则可先赴兼职。③ 可见，本职与兼职的主次之别很大程度上取决于事务的繁剧程度。

① （宋）李心传撰，胡坤点校《建炎以来朝野杂记》乙集卷13《修注官以史院易经筵非故典》，中华书局，2013，第717页。
② （元）脱脱等：《宋史》卷405《王居安传》，第12250～12253页。
③ （清）徐松辑《宋会要辑稿》仪制5之30，第2397页。

适度的兼职有利于实现"合并事权"的目的。例如，宋太宗以判流内铨兼知考课院。宋仁宗令判太常寺兼领太常礼院事，判礼院事兼领贡院等，① 以及令转运使兼按察使、知州兼安抚使，都是为了节约人力实现"省员而不费事"的目的。但是兼职并非适用于所有机构，在兼职运用的对象上，宋代君臣较为慎重，认为可以运用于闲散机构，不能运用于事务繁剧的机构。若以"冗局"兼繁剧机构，容易左支右绌。例如，宋廷以"吏部而兼给舍"的举措就曾遭到大臣反对。因为给事中、中书舍人负责朝廷诸多事务。吏部兼管铨选之事，本已席不暇暖，若又使其兼"给舍"，"是以朝廷文书始之，以尚先行继之，以尚札行"，使给舍的封驳之职日渐废弛。②

此外，中书舍人与给事中由于职责类似，在政令形成中，也时常发生中书舍人侵夺给事中的封驳之权的情况。为避免此种情况发生，中书舍人与给事中之间一般不允许互兼。元丰改制之后，中枢运行体系由中书、枢密两府并掌大政变为三省、枢密运行机制。宰相兼领三省，便无"造令、审令、行令之异"，即在决策过程中，三省间彼此掣肘之力弱化。因此，依赖"给舍得以封驳，是犹存审覆之意"。③ 在诏令的形成过程中，中书负责草拟、门下负责监督、尚书则负责执行，因此中书舍人"主行"，给事中"主读"，尚书左、右丞"受付"，"各有分守，不相侵逾"。为避免出错，在此过程中，宋人设置了三次纠错机会，"给、舍献替于未下，而谏官、御史上能追救于已行"。诏令撰写之初若有不当，中书舍人可以"缴纳"；若中书舍人"行之"，则门下省审查时，给事中可"封驳"；若"成命已行"，则谏官、御史则可在政策实践落实时进行监督和弹劾。由此可见，中书舍人"缴纳"，给事中"封驳"以及台谏官"弹劾"共同构成了宋代行政命令三位一体的审核体系，以此来降低朝廷诏命的失误率。④ 正如谏议大夫曾统所言："朝廷命令必由中书、门下省，后付之尚书省，乃谓之敕。命之未下，则有给舍封驳，及其既出，则有台谏论列。"⑤ 因此，

---

① 张熙惟：《宋代官员兼职面面观》，《人民论坛》2018 年第 5 期。

② 杜范：《杜清献公集》卷 13《相位条具十二事》，《宋集珍本丛刊》，线装书局，2004 年影印本，第 78 册，第 447 页上。

③ 章如愚辑《山堂先生群书考索》续集卷 30《六省》，《中华再造善本》，北京图书馆出版社，2006，第 8 页。

④ 章如愚辑《山堂先生群书考索》续集卷 34《给舍》，第 7 页。

⑤ （清）徐松辑《宋会要辑稿》职官 1 之 50、51，第 2965 页。

若令都为"驳职"的中书舍人与给事中互相兼任,则使"行"与"读"、"缴纳"与"封驳"合而为一,减少了一步纠错程序,有悖于制度设计的初衷,所以向来"舍人不兼给事"。况且,中书舍人虽有封驳之权,但真正"奉还词头"者少。若令某人同时身兼中书舍人与给事中则使诏令形成中的两次封驳之权形同虚设;反之则不然,不令中书舍人与给事中互兼,两者各司其职,则为权力增加了一道保险。①

可见,为遵循分权制衡的治国原则,宋廷在运用兼职时,注意对适用对象进行辨别。大权在握且彼此间易于出现权力侵夺的职官,往往避免其互兼。例如,枢密承旨与马军司均为兵职,枢密院有调兵权,无握兵之权,三衙有握兵权,却无发兵之权,彼此之间相互制约,不可专制,为避免将发兵权、握兵权合而为一,掌于一人之手,因此不得相兼。②

相较于对兼职对象的谨慎小心,宋廷对兼职频率的控制却不尽如人意。时常会出现因兼职过滥而造成的职能虚化及效率低下等问题。

第一,对职官本身而言,频繁兼职不仅会减弱职官于政务运行中的作用,而且会因授予泛滥使其沦为冗官或虚职。一方面,频繁兼职造成人员泛化,使得职官式微。台谏官就曾经历了这样一个过程。台谏泛化,兼职益众,固然便于皇帝获得多方观点,但也使言官间"异论相搅",势孤力薄,日渐衰微。台谏之职在北宋建国初期并不受重视,直到宋仁宗朝台谏官才迎来了话语权的黄金时期。欧阳修、余靖、王素、蔡襄曾并称四谏。③司马光、吕诲曾并知谏院,其"言论风采,震耸一时"。宋英宗朝,曾任殿中侍御史的孙抃、赵抃、范纯仁、吕大防等人皆为直言进谏的典范,"振职不挠,风采肃然"。一时间台谏风头无二,甚至出现"宰相以下皆畏之"的局面。④ 这既受宋仁宗"不以天下之威权为纲纪,而以言者之风采为纲纪"的处事原则的影响,⑤ 又与台谏官尚未泛化,权责仍重有关。随着台谏兼职数量增加,人员泛化,其势力逐渐分散,于政务运行中的影响已今非昔比。在南宋时期,台谏官逐渐沦为权相排除异己的工具。

---

① 林駉:《新笺决科古今源流至论》前集卷8《兼官》,《中华再造善本》,北京图书馆出版社,2005年,第4册,第16页。
② 林駉:《新笺决科古今源流至论》前集卷8《兼官》,第15~16页。
③ 林駉:《新笺决科古今源流至论》续集卷6《谏垣》,第439页。
④ 章如愚辑《山堂先生群书考索》续集卷36《台谏》,第2页。
⑤ 佚名:《宋史全文》卷7上,明道二年十二月丙申,中华书局,2016,第340页。

另一方面，兼职泛滥使职官不再尊崇，逐渐沦为荣誉虚衔。宋代君臣往往会因重视某一职官，而不轻易授予，以避免"名器过滥"。例如，曹彬收复江南，胜利归来时，之所以仅受到物质赏赐，未被授予使相，是因为宋太祖重视名器，"重臣僚设非勋旧名器"不可轻易授予。正所谓官职"平时无故等闲除授，臣僚亦以等闲得之，不以为贵"。① 经筵官就因兼职泛滥从实职清要之官，逐步成为官员追逐荣禄的加官。翰林学士欧阳修兼侍读学士时，就曾指出："侍读最为亲近，祖宗时不过一两人。今与经筵者十四人，侍读十人，外议皆云经筵无坐处矣。臣既辱在翰林，又充史馆修撰、太常礼仪、秘阁、秘书省、尚书礼部、刊修唐书，兼职已多，而经筵固不缺人，忽蒙除授，盖近年学士相承，多兼此职，朝廷以为成例，不惜推恩。外议则云学士俸薄，特与添请，遴选之清职，遂同例授之冗员。"②

欧阳修此番言论，清晰地预判出频繁的兼职造成经筵官"例授之冗官"的结果。实际上，此时已经出现经筵官成为学士例兼之职的趋势。当请求遭到拒绝后，欧阳修固辞不拜，又力争道："窃以学士、待制，号为侍从之臣，所以承宴闲，备顾问，以论思献纳为职。自祖宗以来，尤所精择，苟非清德美行，蔼然众誉，高文博学，独出一时，则不得与其选。是以选用至艰，员数至少。官以难得为贵，人以得职为荣。搢绅之望既隆，则朝廷之体增重。其后用人颇易，员数渐多。往时学士、待制至六七十员，近年以来稍慎除拜，即今犹及四十余员。臣以谓爱惜名器，不轻授人，朝廷既已知之矣，而为国家计者亦宜于此时，创立经制。今惟翰林学士、中书舍人、知制诰各有定员，其余学士、待制未有定数。臣今欲乞检详前史及国朝故事，自观文殿大学士至待制，并各立定员数。遇有员阙，则精择贤材，以充其选。苟无其人，尚可虚位以待。"③ 欧阳修极力反对经筵官滥授，使清要之职失其尊贵，沦为冗官之职。

无独有偶，司马光在知谏院兼侍讲时，也曾对经筵官兼职过多甚为担忧。他指出："群臣非有意于明道，但欲塞职业求赐赉而已。"④ 事实也的

① 赵抃：《赵清献公文集》卷7《奏札乞立定规除宣徽使并节度使》，《宋集珍本丛刊》，线装书局，2004年影印本，第6册，第780页上。
② （宋）李焘：《续资治通鉴长编》卷187，嘉祐三年三月辛未，第4505页。
③ （宋）李焘：《续资治通鉴长编》卷187，嘉祐三年三月辛未，第4505页。
④ 赵汝愚：《宋朝诸臣奏议》卷50《上英宗论既开讲筵未宜遽罢》，第541页。

确如此，在元丰改制之后，多以宫观官兼经筵，尤其在南宋以后，经筵官逐渐边缘化，背离了"论思献纳"的制度初衷，成为安置勋旧的冗官。

第二，对于行政效率而言，频繁兼职会出现做事推诿、行政效率低下的现象。"设官分职，互相钤制，一职而有数人，一人而兼数职，遂相牵，相诿，至无一事能办者。"① 兼职共事难免使官吏冗繁，权责不明，政出多门，各管一摊，严重影响行政效率。② 以史书修撰为例，自宋真宗以来，史馆便不置专职史官，使得史书修撰迟迟无法成书。如宋神宗朝动工编纂五朝史事，历时二十八年，数百人先后秉笔，才修撰完成。淳熙末年，宋高宗实录因只以他官兼任史官，以至于绍熙末年，"功未及半"。③ 为此，起居舍人兼中书舍人陈良傅直言不讳地指出兼职史官的弊端："一朝巨典，无由就绪，事大体重，岂容空过月。提领大臣须至取旨，立限奏篇，臣恐未免逐急，牵课取具，临时草草逃责，而无以发明盛德大业，传信万世。"史院检讨、修撰多以他官兼任，往往是"近上眷渥之人"，将兼任史官视为优待，任职不久随即迁转，往往导致史书修撰不了了之。④

结　语

在宋代政务运行中，官员兼职比比皆是。官员肩负的本职与兼职间会在互动中形成某种关系形态，而考察的视角不同，两者所呈现出的关系形态也不尽相同。宋代官员本职与兼职之间的关系形态体现在权力流动、地位起伏和效能发挥三个方面。从权力量变看，权力于本职与兼职之间流动的分量决定了两者关系形态是侵夺，还是互补。权力持续量变会引起地位质变，从而进一步引发两者地位层面上关系形态的变化。当两者处于侵夺状态时，产生排他效应，权力遭到过度侵夺的一方会地位下降；当两者处于互补关系时，宋代官员本职与兼职会实现地位同向发展，于制度运行中产生合力促使双方荣辱相生。从兼职频率看，适度的兼职有利于降低行政

---

① 梁启超：《戊戌政变记》卷1《新政诏书恭跋》，文海出版社，1964，第28页。
② 杜道坚：《文子缵义》卷9《下德篇》，《丛书集成初编》，商务印书馆，1935，第559册，第122页。
③ （宋）李心传：《建炎以来朝野杂记》甲集卷10《史馆专官》，第207页。
④ 陈傅良：《陈傅良先生文集》卷52《论史官札子》，浙江大学出版社，1999，第308~309页。

成本，合并事权；而兼职过滥则会使职官沦为冗官或虚职，弱化其于政务运行中的作用，甚至出现做事推诿，行政效率低下的现象，使政治效能的发挥不尽如人意。权力流动是影响本职与兼职关系形态变化的核心要素，决定了本职与兼职的第一层关系形态。在此基础上，权力量变引发地位质变，形成地位排他与同向发展的第二层关系形态。随着本职与兼职的多元化，两者关系形态也日趋复杂，于是则需要从政治效能的角度去考察兼职运用的度对职官自身的影响。在权力流动、地位变化和政治效能多种变量的复合影响下，宋代本职与兼职于制度运行中形成多元化的关系形态，从不同维度促使着制度的变迁。

The Study on the Relationship Between Officers' Own Jobs and Concurrent Jobs in Song Dynasty

Fan Shuai   Tian Fangfei

Abstract：The officers' own jobs and concurrent jobs could form multiple relationships in the government affairs peration. The flow of power could cause scramble and complementary. the power quantitative change made statue quantitative change so that the own jobs and concurrent jobs form exclusive or homonymous relationships. with the current jobs peration more and more complex, political efficiency became the important standard whether the current jobs were overkill or not. There were three factors had effects on the own jobs and current jobs.

The comprehensive effect of these factors would the own jobs and current jobs became diversity relationships.

Keywords：Song Dynasty；Office Officer；Current Jobs；Own Jobs；Function and Power

（编辑：吴红兵）

上海古籍出版社点校本《宋会要辑稿》所涉南宋淮南军事地理史料校读札记[*]

孟泽众^{**}

摘　要：本文通过研读上海古籍出版社点校本《宋会要辑稿》，对所涉南宋淮南军事地理史料加以校读。其中校改所涉地名相关史料7条，人名相关史料6条，职官名相关史料2条。对《宋会要辑稿》的不断修订和校读，是南宋军事史研究的重要前提。

关键词：《宋会要辑稿》；地名；人名；职官名

《宋会要辑稿》是宋史研究的重要典籍，该书原系打散收录在《永乐大典》中的宋代《会要》，后被徐松指挥书吏从中仓促抄出，其间的手写文字与俗字的辨识问题成为摆在读者面前的一道障碍，错误迭见亦使其价值未能得到充分挖掘。四川大学古籍整理研究所将其整理出版，极大地便利了研究者的使用。但由于该书篇幅甚大，存在问题极多，有些错误非经专门研究不能发现。笔者因对南宋淮南地区相关军事地理史料较为熟悉，以下分所涉地名、人名、职官名三部分提出自己的改正意见，以期对南宋军事地理研究有所帮助。

一　所涉地名史料校读

1. 礼20之5

乾道八年正月三日，淮南西路安抚司言：“朝廷旌忠之命，所以

---

* 本文为河南省高校人文社会科学研究一般项目"军粮供应背景下的宋代农民生活"（2023-ZDJH-429）阶段性成果。

** 孟泽众，湖南大学岳麓书院，助理研究员，研究方向为宋史、军事史、财政史。

报死士而激义气。今和州含山县渭子桥之战，统制官姚兴以单寡之师，婴方张之虏，奋不顾身，与之力战，卒死于敌。朝廷嘉其忠勇，锡以庙号，立于战场之侧。"①

"渭子桥"疑有误。绍兴三十一年（1161）时，姚兴在宋金战争中于庐州立有战功。《宋史》卷三二《高宗纪》："（绍兴三十一年十月）丙辰，金主亮入庐州，王权自昭关遁，金人追至尉子桥，破敌军统制姚兴战死，权退保和州。"②《宋史》卷四五三《姚兴列传》："（姚）兴与金人遇于尉子桥，金人以铁骑进，兴麾兵力战，手杀数百人。"③ 姚兴主导的尉子桥之战被后人反复称颂。此条史料所记乃乾道八年（1172）淮南西路安抚使、知庐州赵善俊再次修建"姚兴庙"。故"渭子桥"应为"尉子桥"。

2. 职官 43 之 29

（绍兴二十七年八月）十三日，淮南东路提举常平司言："分委官前去诸州军，点检到见在常平、义仓斛斗即无侵支、移易、虚桩之数。"户部将本司奏到今年四月分见在斛斗数目比较，一路总计奏到一十四万二千一百石，点检到共一十二万六千三百二十四石。庐、光州、安丰军比奏到增七百一十六石，和、舒、蕲、濠、黄州、无为军亏一万六千四百九十二石。诏令本路常平司取亏少数目，严立限以督之。④

"淮南东路"似有误。据《宋史·地理志》载：和、舒、蕲、濠、黄州皆属淮南西路⑤，而非淮南东路。南宋淮南地区分设淮南东路提举常平司，治所在泰州；淮南西路提举常平司，治所在无为军。故"淮南东路"应为"淮南西路"。

3. 职官 48 之 75

（乾道）四年二月十四日，宰执进呈知和州胡昉奏："契勘本路州

① （清）徐松辑，刘琳等校点《宋会要辑稿》第 2 册礼 20 之 5，上海古籍出版社，2014，第 989 页。
② （元）脱脱等：《宋史》卷 32《高宗本纪》，中华书局，1985，第 604 页。
③ 《宋史》卷 453《姚兴列传》，第 13327 页。
④ 《宋会要辑稿》第 7 册职官 43 之 31，第 4127 页。
⑤ 《宋史》卷 88《地理志·淮南西路》，第 2182 页。

军除庐、光、（亳）〔濠〕、寿春四郡各系武尉，余州亦乞改差武臣。"
上曰："亦不必全用武臣，文武通差可也。若有不职，帅司自可按来，
别差人去。"①

点校者将"亳"出校改为"亳"，疑有误。乾道四年（1168）时，亳
州并不在南宋疆域之内。南宋建炎、绍兴年间淮南地区因人口凋敝，财政
规模有限，故县级属官常常裁撤。宋孝宗乾道年间着力经营两淮，重新设
置武尉、主簿等县级属官。乾道五年（1169），宋廷曾重提此诏令"庐州
梁县、合肥县，光州光山、固始、定城县，安丰军安丰、六安、霍丘县，
濠州钟离、定远县……尉通〔差〕文武臣。"②濠州下辖钟离、定远县任用
武臣担任县尉。显然，"亳"似应为"濠"。

4. 职官 74 之 24

开禧三年正月二十八日，端明殿学士、签书枢密院事、与宫观丘
崈落职，依旧宫观。以殿中侍御史徐柟言，崈宣抚江淮，专辄自任，
赏罚失当，措置乖方，委用非人，诏与宫观。既而右正言朱质复言临
淮、濠、梁、安丰皆襟喉之地，崈专辄寡谋，无故委弃，开掘瓦梁
堰，费财扰民，故有是命。③

"临淮、濠、梁、安丰"疑点校有误。临淮县有汴河、濠州有涡口、
安丰有颍口，皆为金兵入侵宋境要道，故朱质称"襟喉之地"。《舆地纪
胜》卷五〇"濠州"条："昔庄惠游于濠梁之上，所谓濠梁者，濠水有石
绝，故曰濠梁"④，所以濠州时常代称"濠梁"。故上述标点有误，应改为
"临淮、濠梁、安丰"。

5. 兵 20 之 22

（嘉定十一年八月二十日）同日，枢密院言，楚州申忠义等人剿
退虏贼、解围淮阳县得功人数，乞赐推赏。诏，"陈秀等三千八百二

---

① 《宋会要辑稿》第7册职官48之75，第4363页。
② 《宋会要辑稿》第7册职官48之75，第4364页。
③ 《宋会要辑稿》第9册职官74之24，第5055页。
④ （宋）王象之：《舆地纪胜》卷50《濠州·景物》，中华书局，1992，第1994页。

十八人各特转三资，无资人各特补三资。内重伤、轻伤人更各与等第优加犒赏。所有合支犒钱银，亦仰于朝廷降下桩管钱银内，斟酌支拨给散。"①

"淮阳县"疑有误。嘉定十年（1217），江淮制置使李钰与史弥远合谋北伐泗州，宋金战事再开；嘉定十一年（1218），金军展开报复进攻楚州等地。此时，宋廷并未占领淮河以北的淮阳县（军），而是金军围攻楚州淮阴县，山东义军沈铎率军解围。该书兵二○之二○"（嘉定十一年）八月，以淮阴获捷，（沈铎）特转武翼大夫。"② 所记为同一事。另，刘克庄《后村先生大全集》卷一二八《庚辰与方子默金判书》"（嘉定十二年）向来淮阴、今者濠梁之捷，皆是山东人立功"③，所记也为此事。故"淮阳县"应为"淮阴县"。

6. 兵 20 之 33

（淳熙）十二年九月十九日，淮东总领吴琚言："本路先准已降指挥，内外诸军差出牧马并更戍官兵，免分擘口券，特令每人支盐菜钱三十文、米二升半。照对镇江屯驻诸军，每遇差出盱眙、高邮军、海（海：原作"梅"。按，此处所记诸州均属淮南东路，梅州远在广东，风马牛不相及。以字形推之，决为"海"之误，因改。）、楚州守戍，所支盐菜钱米，自来粮料院直（侯）〔候〕到戍守处方起支，比其更替，又自离戍日即便住支，往回并无支破钱米。窃见步军司差出六合县守戍人，自出门日起支，其更替到寨日方始住支，理合一体。"从之。④

"梅"疑校改有误。点校者将"梅"校改为"海"，此条为南宋淮东地区出戍军队军粮补给相关规定，淳熙十二年（1185）时，海州并不在南宋疆域之内，故吴琚不可能轻言出戍海州。乾道以来，淮东地区军队的出戍来源并不相同，《宋史》卷四一六《王万列传》曾概括"戍司旧分地戍守，

---

① 《宋会要辑稿》第 15 册兵 20 之 22，第 9035~9036 页。"

② 《宋会要辑稿》第 15 册兵 20 之 20，第 9034 页。

③ （宋）刘克庄撰，王蓉贵、向以鲜点校《后村先生大全集》卷 128《庚辰与方子默金判书》，四川大学出版社，2008，第 3349 页。

④ 《宋会要辑稿》第 15 册兵 20 之 33，第 9041 页。

殿步兵戍真、扬、六合，镇江兵戍扬、楚、盱眙"①，扬州、楚州、盱眙军由镇江都统司出戍；六合由三衙所属步军司出戍。恰与吴琚所言相合，"六合县"属"步军司"出戍地，"镇江屯驻诸军"即指镇江都统司，故"梅（扬）"州可能为镇江都统司出戍地。另，在《宋会要》中大量"扬"误作"杨"的例子，而"梅"与"杨"字形相近。故"梅"疑为"扬"。

7. 兵 21 之 34

（乾道七年正月二十四日）同日，主管殿前司公事王琪言："本司诸军战马共四千八百余匹，日食草数浩瀚。其建康府界多是沙田、民产芦荡菜园，少有湖泺出草去处。伏见（杨）〔扬〕州至高邮军邵百镇一带，多是湖荡荛草茂盛去处，望将二千五百匹改移前去（杨）〔扬〕州牧养。"从之。②

"邵百镇"疑有误。该书食货 16 之 1 载扬州下辖"旧在城及天长、铜城、瓜洲、邵伯、板桥、石梁七务"③，邵伯为镇名，是重要的商税场务。《元丰九域志》卷五《淮南路·东路·扬州》有扬子、板桥、大仪、弯头、邵伯、宜陵、瓜洲七镇。④ 且该书其余部分均作"邵伯镇"。故"邵百镇"似应为"邵伯镇"。

南宋淮南地区地名复杂，大概有路名、州名、县名、乡镇名、山川名、景观名等。淮南地区路级所辖州县数量、名称多有变化，幸有李昌宪先生《中国行政区划通史（宋西夏卷）》对各时段路级州县变迁都有精细的考证⑤，本文路级、州级地名的校改都依此书为线索，如第 2 条、第 3 条；乡镇名主要通过本校法校改，因《宋会要辑稿》中商税目下有各地商税镇名的记载，故是重要的线索，如第 6 条。需要指出的是，四川大学原点校者已经做出了许多相当精妙的校改，如兵 19 之 5 "西禾古"，据《通鉴地理通释》校改为"西采石"⑥。

---

① 《宋史》卷 416《王万列传》，第 12483 页。
② 《宋会要辑稿》第 15 册兵 21 之 34，第 9066 页。
③ 《宋会要辑稿》第 11 册食货 16 之 3，第 6320 页。
④ （宋）王存等撰，王文楚、魏嵩山点校《元丰九域志》卷 5《淮南路》，中华书局，1984，第 197 页。
⑤ 李昌宪：《中国行政区划通史（宋西夏卷）》，复旦大学出版社，2007。
⑥ 《宋会要辑稿》第 15 册兵 19 之 5，第 9003 页。

在军事地理研究中地名的重要性显而易见，具体到南宋两淮地区，此地是宋金、宋蒙交战的主战场，对地名的准确考证是解读战争形势的基础。地名也常常关涉战争的发生地、军队的驻屯地、军事后勤的供应地等。第1条"尉子桥"，尉子桥之战是绍兴辛巳之役中淮西地区的重要战役，正是由于姚兴奋力抵抗金军，淮西王权军主力才得以顺利渡江，为宋军后来的反攻保存了实力。① 第5条"淮阴县"，关联着嘉定十年（1217）宋金战事重开后，宋军对金的攻守选择及山东形势的判定。此时南宋君臣已经开始招募山东李全所属的红袄军②，宋廷具有占领淮河以北淮阳县（军）的可能性，但经过考证，实际情形反而是嘉定十一年（1218）金军围攻淮河以南的淮阴县。此二条皆为战争的发生地。第6条"扬"州，反映了南宋中期两淮地区军队驻屯地的分布。宋孝宗力倡"恢复"，一举改变不在两淮驻屯重兵的局面，两淮军力逐渐增多，利用材料准确考证驻屯地分布是评价南宋中期经营两淮的前提。第7条"邵伯镇"是南宋重要的军事后勤供应地。邵伯镇所属扬州并不在沿淮地区，南宋人视之为次边，是军粮、马料的转运中心。

二　所涉人名史料校读

1. 食货 10 之 27

　　乾道七年六月二十日（二十日：本书食货七〇之六四作"三十日"。），诏："两淮许依湖北已得指挥，今后民户垦辟田亩，止令送纳旧税，不得创有增添。"从新除淮南运判向子伟请也。③

"向子伟"疑有误。同一事在该书食货70之64作"（乾道七年）六月三十日，新除淮南运判向士伟言"④；该书食货54之10作"（乾道）八年

---

① 参见孟泽众《飞挽刍粮：绍兴辛巳之役与两淮军粮供应》，《宋史研究论丛（第32辑）》，河北大学出版社，2023，第141页。
② 黄宽重：《贾涉事功述评——以南宋中期淮东的防务为中心》，《暨南学报》（哲学社会科学版）2003年第1期，第101~113页。
③ 《宋会要辑稿》第10册食货10之27，第6208页。
④ 《宋会要辑稿》第12册食货61之86，第7492页。

八月七日，淮南运判向士伟言"①。可知乾道七年（1171）至乾道八年（1172）间，淮南运判为向士伟。另，楼钥《攻媿集》卷一〇七《王夫人墓志铭（向公援妻）》，明确记载："名公援，字伯劭，太府卿兼权兵部侍郎士伟之子也。"②故"向子伟"应为"向士伟"。

2. 食货 40 之 52

（乾道七年五月）十三日，中书门下言："江、淮、两（浙）〔浙〕、湖南北、京西州军，今岁二麦丰熟，倍于常年，理合措置收籴大麦，桩充马料支遣。欲依下项：淮东委徐子寅、（浙）〔浙〕西委胡坚常，镇江府于桩管朝廷会子内各支一十万五千贯，收籴大麦各七万硕。浙东委沈夏，提领南库所支降会子一十万九千贯，收籴大麦七万硕。淮西委赵善俊，建康府于桩管朝廷会子内支一十万五千贯，收籴大麦七万硕。江东委张松元，降付淮西总领所兑换不尽第三界新会子内截留一十万五千贯，收籴七万硕。"③

"江东委张松元，降付淮西总领所"疑点校有误。据《景定建康志》卷二六《官守志·诸司寓志·总领所》所载张松于乾道六年（1170）九月任两淮总领，"十二月十三日复置淮东总领，罢通领"④，故乾道七年五月时张松依然任淮西总领。淮西总领所治所在建康府，负责军粮筹集和籴事务。而"元降付淮西总领所兑换不尽第三界新会子内截留一十万五千贯"中"元"乃指过去、之前意。故"江东委张松元，降付淮西总领所"应为"江东委张松，元降付淮西总领所"。

3. 兵 3 之 10

嘉定十一年正月六日，楚州言："城外旧有西北两厢官，靖康胡骑蹂践俱废，绍兴复置。逆亮犯淮，两厢官及教授、山阳簿俱不置。至淳熙二年，始复教官、山阳簿。如城北厢官，则以北神监镇兼领；

---

① 《宋会要辑稿》第 12 册食货 54 之 10，第 7243 页。
② （宋）楼钥撰，顾大朋点校《楼钥集》卷 114《王夫人墓志铭（向公援妻）》，浙江古籍出版社，2010，第 1972 页。
③ 《宋会要辑稿》第 12 册食货 40 之 52，第 6905 页。
④ （宋）周应合：《景定建康志》卷 25《官守志》，南京出版社，2009，第 674 页。

若城西厢官，则因循不复。缘其地接连诸湖，向来湖海之叛，群小已并缘劫掠。今虽无他，不可以全无警逻。合复置城西厢官一员，容本州（路逐）〔踏逐〕经任有材力人选辟一次。"从之。①

"湖海"疑有误。嘉定三年（1210），淮东地区曾发生胡海叛乱，对楚州形成威胁，楚州所驻武锋军成为平叛主力。该书兵20之14"（嘉定三年四月四日）以镇江都统、淮东安抚毕再遇言其在岗门生擒贼首胡海，功绩显著，乞依元降募赏指挥推恩。"②《宋史》卷39《宁宗本纪三》"（嘉定三年三月）甲寅，诛楚州渠贼胡海。"③ 所以材料中"向来湖（胡）海之叛"，指的是嘉定三年楚州的胡海叛乱。故"湖海"似应为"胡海"。

4. 兵 14 之 48

（隆兴二年闰十一月）十五日，主管马军司公事张守言："臣奉江（都淮）〔淮都〕督府指挥，蕃贼在定山后下寨，令统率军马于定山一带札立硬寨，张耀兵势，剿杀蕃贼。其贼遁走五十余里，于闰十一月十三日遣本司统制官秦佑等随踪追袭前去，过滁河二十里外下寨，与蕃贼对垒。续令本司选锋军统制李舜举遣差队将傅青管押逐军官兵八十人，取间路前去滁州以来打探。青等潜伏探伺贼寨内虚实，良久，驴马嘶喊，青贾率所部官兵，弓箭齐发，并入贼寨攻劫，杀死蕃贼五百余人。其贼大乱，自相杀并，青遂举号，带领官兵即时出离贼寨，委是获捷。"④

"张守"疑有误。隆兴二年（1164）闰十一月正值隆兴和议将达成之时，金人开始从滁州退兵。张守忠至滁州与金兵作战，本书礼26之72："（乾道元年）主管侍卫马军司公事张守忠一军率先赴都督府调拨，据守定山，又自淮西往来应援，道路遥远，委是劳苦，即与诸军事体不同。令户

---

① 《宋会要辑稿》第 14 册兵 3 之 10，第 8663 页。
② 《宋会要辑稿》第 15 册兵 20 之 14，第 9032 页。
③ 《宋史》卷 39《宁宗本纪三》，第 754 页。
④ 《宋会要辑稿》第 15 册兵 14 之 48，第 8906 页。

部支给钱三万贯，内库更支银五千两，劳赐本军，委守忠等第给散。"① 乾道元年（1165）张守忠因隆兴二年的此次军事行动而受军赏。另，《宋史》卷33《孝宗本纪》："（隆兴二年七月己丑）遣主管马军司公事张守忠以兵诣淮西，措置边备。"② 可知，隆兴二年，主管侍卫马军司公事由张守忠担任，非张守。故"张守"应为"张守忠"。

5. 兵 20 之 14

> （嘉定三年）五月十三日，诏："安庆府讨（补）［捕］凶贼军张大立功官兵第一等三百五十人，各特补转两资，内准备将周才等三人各特更转一资。第二等四百六十一人，各特补转一资。仍于江淮制置司支拨会子五千贯，付淮西安抚司等第支犒一次。第三等八十人，各特补转一资。"③

> （嘉定三年五月）二十三日，诏进勇副尉前光州忠义军统制朱明特转两资。以知光州傅诚言其捐万余缗招集忠义，随逐王师进取。继回本州守御蕃兵，排日出战；不受凶贼军张大之饷遗，遂力战，溃散其徒，及尝别肝救知州武舜忠之疾。故有是命。④

其中"军张大"疑有误。岳珂《桯史》卷五《安庆张寇》："嘉定己巳，岁洊饥，溃兵张军大煽乱，始犯桐城。"⑤ 所记为同一事，作"张军大"。黄榦知安庆府期间，曾主持安庆府修筑城池，在其《勉斋先生黄文肃公文集》中多次提到此叛乱之事，均作"张军大"⑥。卫泾《后乐集》卷一三："安庆府驻札，偶值剧贼张军大作过。"⑦ 故"军张大"似应为"张军大"。

---

① 《宋会要辑稿》第 3 册礼 26 之 72，第 2154 页。
② 《宋史》卷 33《孝宗本纪一》，第 627 页。
③ 《宋会要辑稿》第 15 册兵 20 之 14，第 9032 页。
④ 《宋会要辑稿》第 15 册兵 20 之 14，第 9032 页。
⑤ （宋）岳珂撰，吴企明点校《桯史》卷 5《安庆张寇》，中华书局，1981，第 54 页。
⑥ （宋）黄榦：《勉斋先生黄文肃公文集》卷 37《安庆劝谕团结保伍牓文》，影印元刻本，线装书局，2004，《宋集珍本丛刊》，第 68 册，第 181 页。
⑦ （宋）卫泾：《后乐集》卷 13《奏举刘宝充将帅状》，影印文渊阁四库全书，第 1169 册，上海古籍出版社，1987，第 646 页。

6. 兵 24 之 41

> （绍兴）三十一年正月二十七日，枢密院言："知濠州刘时乞：
> '两淮所生马虽低小，名为淮马，自成一种，比之江南，尚可蓄息。
> 州县拘籍户马，应副过往借使，是以民间不敢蓄养，甘心负担。望责
> 监司、帅臣严禁差籍户马，庶几民户皆敢放心置买，滋养蓄息。若州
> 县合用马差使者，并各自养一二十四应副。'"诏依，令本路帅臣、
> 监司常切觉察所部州县，不得依前科扰差借。稍有违犯，奏劾取旨，
> 官吏重行黜责。①

"刘时"疑有误。李心传《建炎以来系年要录》卷 188 "武功大夫、
英州刺史、知濠州刘光时言：'两淮所出马低小，名为淮马，自成一种，
比之江南，尚可蓄息。'"② 所记为一事，知濠州为"刘光时"而非"刘
时"。另，该书职官 70 之 51 记载："（绍兴三十一年七月）十八日，知濠
州刘光时阶官、遥郡上各降一官，特降授武显大夫、吉州刺史，差遣如
故。臣僚言光时将平人入吾界者皆谓之盗而杀之，反奏功希赏，故有是
命。"③ 可知，绍兴三十一年知濠州确为"刘光时"。故"刘时"有脱字，
似应改为"刘光时"。

人名的校读，所涉讹误方式有多种。音形近而误："向士伟"误为
"向子伟"，"胡海"误为"湖海"；脱漏字而误："张守忠"误为"张守"，
"刘光时"误为"刘时"；倒字而误："张军大"误为"军张大"；点校有
误："张松"误为"张松元"。在《宋会要辑稿》中有大量无法确定孰是
孰非的人名，如著名武将"郭纲"与"郭刚"、"赵搏"与"赵樽"等，
留待学者进一步考证。

人物是军事地理研究中的重要组成部分，判定军事将领、军事后勤官
员、地方官员人名的歧异是题中应有之义。札记中"张守忠"为南宋孝宗
朝的名将；"胡海""张军大"是嘉定初年两淮地区的知名叛将，是嘉定和
议签订后两淮变乱的主要参与者；"向士伟""张松"均曾担任总领所官

---

① 《宋会要辑稿》第 15 册兵 24 之 41，第 9132 页。
② （宋）李心传撰，胡坤点校《建炎以来系年要录》卷 188 "绍兴三十一年正月庚子"，中
　华书局，2013，第 3648 页。
③ 《宋会要辑稿》第 8 册职官 70 之 51，第 4944 页。

员，承担军事后勤职责；"刘光时"知濠州，是沿边州军官员。

三 所涉职官名史料校读

1. 兵 19 之 12

（隆兴元年）十月六日，户部言："江淮都督府关：'勘会已降指挥，诸军灵璧、虹县立功官兵先次等第推赏。今来诸军见调发出戍，欲乞朝廷给降付身，赴逐军俵散。其已授转官资付身人，不候科降，先次放行添破请给。'本部欲下淮东西路统领所，将立功官兵转添请给之人，如委是谄实，即先次放行合添破请给。"从之。①

"淮东西路统领所"疑有误。《建炎以来朝野杂记》甲集卷 11《总领诸路钱赋》载绍兴十一年（1141）后"诸将既罢兵，乃置三总领，以朝臣为之，皆带专一报发御前军马文字，盖又使之与闻军政，不独职馈饷而已。凡镇江诸军钱粮，隶淮东总领，治镇江。建康、池州诸军钱粮，隶淮西总领，治建康"②。张浚主持隆兴北伐后，诸军受军赏，因主战场在两淮地区，故由淮东、淮西总领所供应军队钱粮。所以"淮东西统领所"应为"淮东、西总领所"。

2. 方域 13 之 12

（乾道）八年六月五日，淮东路钤辖夏俊降一官，楚州山阳县〔令〕陈锐、添差山阳县马逻巡检孙春、楚州管界沿淮巡检张舜臣各追两官勒停，山（县阳）〔阳县〕下柳浦巡检严宗颜追一官勒停。以沿淮私渡透漏户口，坐不觉察故也。③

点校者校补有误，"楚州山阳县（令）陈锐"。本书兵 29 之 25 "（乾道八年六月五日）准指挥，令开具透漏过淮人、分认禁止私渡地分、边淮

---

① 《宋会要辑稿》第 15 册兵 19 之 12，第 9007 页。
② （宋）李心传撰，徐规点校《建炎以来朝野杂记》甲集卷 11《总领诸路财赋》，中华书局，2000，第 226 页。
③ 《宋会要辑稿》第 16 册方域 13 之 12，第 9539 页。

透漏巡尉官职位姓名及逐官所管地分内过淮人口户数申。一员，武德郎、阁门宣赞舍人、淮东路钤辖夏俊。一员，承节郎、山阳县尉陈锐，一员，秉义郎、添差山阳县马逻巡检厘务孙春，透漏戴全等一十二户，计六十四口"[1]。所记为同一事，明确记载为"山阳县尉陈锐"。故"楚州山阳县陈锐"似应校补为"楚州山阳县（尉）陈锐"。

宋代职官在中国古代职官制度中是最为复杂的。札记只涉及 2 条，用理校与本校法加以校改。

四　小结

以上为笔者在研究过程中校读《宋会要辑稿》点校本的一些札记，共计有 15 条；整体校读中共有 7 条与淮南地区地名相关，2 条与职官名相关，6 条与人名相关。《宋会要》是南宋史研究最重要的史料之一，裴汝诚先生曾指出南宋时《会要》成书甚至早于《日历》[2]，故类似原始档案。但现存《宋会要辑稿》经过反复传抄，讹误较多，就所涉南宋淮南地区相关军事史料而言，地名、人名笔者校改较多。

柳立言曾倡导"史学六问"是发现问题和研究问题的基础，即 6W（who/when/where/what/why/how），包括经常会提到的时间、地点、人物、事实、原因等。[3] 札记中主要涉及人名（who）、地名（where），它们是研究南宋军事地理相关问题（how）的必要前提。

---

① 《宋会要辑稿》第 15 册兵 29 之 25，第 9249 页。
② 裴汝诚、许沛藻：《续资治通鉴长编考略》，中华书局，1985，第 56 页。
③ 柳立言：《人鬼之间——宋代的巫术审判》，中华书局，2020，第 249 页。

The Proofreading Notes of The Military Geography and Historical Materials of The Southern Song Dynasty and Huainan Involved in The School Book of Shanghai Chinese Classics Publishing House *Song Hui Yao Manuscript*

Meng Zezhong

Abstract: Through the study of the Shanghai Ancient Books School Book "Song Hui Yao Manuscript", the historical materials of the military geography of Huainan in the Southern Song Dynasty were proofread. Among them, there are 7 historical materials related to place names, 6 historical materials related to personal names, and 2 historical materials related to official names. The continuous revision and proofreading of the "Manuscript of the Song Society" is an important prerequisite for discovering and researching problems in the military history of the Southern Song Dynasty.

Keywords: *Song Hui to Compile Manuscripts*; Place Names; Personal Names; Official Names

（编辑：吴红兵）

三代人的接续努力:《建炎复辟记》文本生成史

刘　冲*

摘　要：苗刘之变是南宋初期历史上的一件大事，记录此事的《建炎复辟记》现存有两种，一为徐梦莘《三朝北盟会编》中所引录，一为单行本。会编本中并无关于郑毅功绩的特别记述，而单行本则尤其突出此点，该本实际上是郑氏后人不满朱胜非对其先人功绩的抹杀，刻意在《三朝北盟会编》所据版本基础上嫁接改编完成的。

关键词：宋高宗；建炎；郑毅；《三朝北盟会编》

苗刘之变是南宋初期历史上的一件大事，其影响不仅在于事变当时波及较大，还在于此事引起了赵构对武将的猜忌，遂有第二次收兵权之举，影响可谓深远。[①]《建炎复辟记》是研究该事变的重要文献，虽然较为原始，但却非当时人记录当时事的第一手资料。运用史料批判的方法对此书进行研究[②]，有助于加深我们对宋代史料形成复杂性的认识，为相关历史研究奠定更加牢固的基础，以下对该书的版本、产生过程与撰述倾向三个问题进行讨论。

---

* 刘冲，洛阳理工学院人文与社会科学学院，讲师，研究方向为宋代军政与宋代文献。

① 对于苗刘之变事件本身的研究，刘焕曾、任仲书《试论"苗、刘之变"》（《史学集刊》1990 年第 2 期，第 25~29 转 54 页）一文梳理了事件的过程，分析其失败原因和影响；虞云国的《苗刘之变再评价》（何忠礼主编《南宋史及南宋都城临安研究》，人民出版社，2009，第 111~122 页）从打击对象是逃跑将领、作威作福的宦官、投降派大臣为出发点对此次兵变持肯定态度。

② 关于史料批判的研究方法，参见孙正军《魏晋南北朝史研究中的史料批判研究》，《文史哲》2016 年第 1 期，第 21~37 页。

一 两种《建炎复辟记》

关于《建炎复辟记》，《直斋书录解题》记录为一卷，无名氏撰。[①] 据此书点校者郑明宝说，其作者并非四库馆臣所言的韩世忠门客。[②] 顾宏义进而推定其为郑毂后人所撰。[③] 两位先生据以立论的版本均为明清以来的抄本、刊本，是为单行本，而对于较早引述该书的《三朝北盟会编》中存录的版本则关注不足，仅郑明宝在整理时取以对校。

两个版本的《建炎复辟记》在编排顺序及文字表述方面，确有许多相同之处。例如，单行本首句为"建炎二年十二月十六日乙卯，隆祐太后御舟至杭州，武功大夫、鼎州团练使苗傅为扈从统制官，驻军于奉国寺"[④]，《三朝北盟会编》所引（以下简称"会编本"）除"武功"前有"有"字外[⑤]，其余文字全同。再如建炎三年（1129）三月十六日，"苗傅、刘正彦到都堂，欲分隶所统兵入卫睿圣宫。尚书左丞张澂以为不可，固止之，傅、正彦遂退"[⑥]。会编本除"左"为"右"外[⑦]，其余文字亦全同。

但两本之间也有较多差异，首先是文字之间的不同，例如，建炎三年三月五日苗傅发布的榜文中提及发动兵变"本为生灵，别无所希。尔等若获安存，傅等赴死未晚"[⑧]。会编本作"本为生灵，别无希取。尔等若获安居，傅等虽死无悔"[⑨]。两者文字虽有不同，但仍可判定为同一书不同版本之间存在的异文。

文字差异尚在其次，关键在于两本对于某些事件记述的不同，例如，

---

① 陈振孙：《直斋书录解题》卷5《杂史类》，上海古籍出版社，2015年点校本，第155页。
② 郑明宝：《〈建炎复辟记〉点校说明》，《全宋笔记》第3编第5册，大象出版社，2008年整理本，第215页。
③ 顾宏义：《宋代笔记考录》，中华书局，2021，第714~716页。
④ 无名氏：《建炎复辟记》，《全宋笔记》第3编第5册，第216页。
⑤ （宋）徐梦莘：《三朝北盟会编》卷127，"建炎三年三月"引，上海古籍出版社，2019年影印本，第923页。
⑥ 无名氏：《建炎复辟记》，《全宋笔记》第3编第5册，第226页。"澂"原误作"微"，此时担任尚书右丞者为张澂，见《宋史》卷25《高宗纪二》，中华书局，1985年点校本，第461~462页，据改。
⑦ （宋）徐梦莘：《三朝北盟会编》卷127，"建炎三年三月"引，第926页。
⑧ 无名氏：《建炎复辟记》，《全宋笔记》第3编第5册，第216~217页。
⑨ （宋）徐梦莘：《三朝北盟会编》卷127，"建炎三年三月"引，第924页。

兵变发生后劝说高宗登楼抚慰军士一节，单行本文字为："谏议大夫郑毅、知杭州康允之与百官议曰：'今日事急，若不请上御楼自抚慰之，无以止变。诸公愿人者请从我。'众曰：'然。'遂从毅、允之叩内东门请见。俄召二公入。少顷，上步自内殿，登阙门。"① 会编本作："知杭州府康允之与百官议曰：'今日事急，若不请上御楼自抚慰之，恐无以止变。允之先入，诸公愿人者请从我。'众曰：'然。'遂从允之扣内东门请见。俄独诏允之入，允之请上御楼谕之，于是上步自内殿，登阙门。"② 两相比对，除后者多出"府""恐"二字外，更大的差异在于向百官提议的人员，会编本所记仅有知杭州康允之一人，而单行本却另有"谏议大夫郑毅"，且排名在康允之之前，为适应这个变化，单行本文字也与仅有康允之一人的表述不同。上海古籍出版社影印的许涵度刊本《三朝北盟会编》在"百官议"之后夹注"旧校云：别本《建炎复辟记》作'谏议大夫郑毅、知杭州康允之与百官议'云云"③，所谓"旧校"所提及的别本，无疑是指单行本《建炎复辟记》。

而在苗傅、刘正彦提出要求高宗退位、皇子赵旉即位时，单行本《建炎复辟记》后续为苗傅"属官张逵曰：'民为贵，社稷次之，君为轻。今日之事，当为百姓社稷。'又曰：'天无二日。'众皆惊愕失色。谏议大夫郑毅叱逵曰：'是何悖逆之语，不可谓。'当此时，无人死难。百官复入见上"④。而会编本则为"属官张逵曰：'民为贵，社稷次之，君为轻。今日之事，当为百姓社稷。'又曰：'天无二日。'众皆惊愕失色。百官复入见上"⑤。"失色"后并无郑毅反对的记述。

单行本中此后关于郑毅要求康允之抚定杭州百姓、郑毅除为御史中丞、郑毅反对苗刘干预朝政、郑毅派遣谢向往平江劝张浚持重缓进、郑毅反对将高宗降为皇太弟、郑毅提议令苗刘将兵自行离开、郑毅上奏自陈兵变期间作为等描述⑥，会编本都无记载。也就是说，在会编本与单行本《建炎复辟记》内容多少、编排顺序与异文等诸多差异之中，最为明显的是关于郑毅在兵变中作用记载的不同。两个版本虽同名为《建炎复辟记》，

① 无名氏：《建炎复辟记》，《全宋笔记》第 3 编第 5 册，第 217 页。
② （宋）徐梦莘：《三朝北盟会编》卷 127，"建炎三年三月"引，第 924 页。
③ （宋）徐梦莘：《三朝北盟会编》卷 127，"建炎三年三月"引，第 924 页。
④ 无名氏：《建炎复辟记》，《全宋笔记》第 3 编第 5 册，第 218 页。
⑤ （宋）徐梦莘：《三朝北盟会编》卷 127，"建炎三年三月"引，第 925 页。
⑥ 无名氏：《建炎复辟记》，《全宋笔记》第 3 编第 5 册，第 221、222、225～226、227、229～231、235～236、239～240 页。

实际上已经属于两部书，而不只是版本问题。

关于徐梦莘在采择《三朝北盟会编》资料时的原则，邓广铭、刘浦江经过研究后指出："引用史料不改不删，忠实原文……引用史料不主一家之说，不带个人偏见。"[①] 此外，从现存资料看，徐梦莘与郑家并无过节，实无必要违背编纂原则而将所引《建炎复辟记》中关于郑毂功绩的记载删除。据《三朝北盟会编》自序，此书完成于绍熙五年（1194）十二月[②]，而魏了翁见到的记载有郑毂在兵变中功绩版本的时间在宁宗嘉定十年（1217）前后[③]，亦即徐梦莘所引本出现在前，叙述郑毂功绩的版本出现在后。至于其产生时间，很有可能是在绍熙五年至嘉定十年的二十多年间。至于其产生原因，则与郑毂后人有密切关系。

二 郑毂的功绩及其讲述者

在苗刘之变行将结束时，郑毂就在家书中提及自己在兵变中的作为，此即周必大所云之"枢密郑公己酉三月末家问一通"[④]，这封书信主要内容为讲述他在兵变中反对苗刘擅兴杀戮与干预朝政、反对召吕颐浩和张浚入朝、派人向勤王军讲述进兵策略、反对将高宗降为皇太弟等功绩。其主要内容后由郑毂写成札子向高宗进呈，并得旨报行，亦即对外公布，此即单行本《建炎复辟记》所提及之"此章可诏行天下"[⑤]，而其本人也因此由同签书枢密院事晋升为签书枢密院事。该书信一直由郑家珍藏，郑氏子孙也不断将此真迹展示给当世名人，如杨时在绍兴三年（1133）就应郑毂之子郑崎邀请，为其父写作《枢密郑公墓志铭》，其中同样叙述了上述功劳[⑥]，其资

① 邓广铭、刘浦江：《〈三朝北盟会编〉研究》，《文献》1998年第1期，第102页。

② （宋）徐梦莘：《〈三朝北盟会编〉序》，第3页。

③ （宋）魏了翁：《重校鹤山先生大全文集》卷61《跋郑忠穆公家问遗事》，《宋集珍本丛刊》，线装书局，2004年影印本，第77册，第309页。至于该题跋所作时间，前一篇《跋何丞相橐家所藏钦宗御书》云靖康之变后"九十年伏读宸翰"，则作于嘉定九年左右，后一篇《跋高宗赐吴玠招纳关陕流亡御札》所说为嘉定十一年正月事，则应作于此年稍后，此中题跋多依据时间先后顺序排列，则《跋郑忠穆公家问〈遗事〉》写作时间为嘉定十年前当无大误。

④ （宋）周必大：《省斋文稿》卷18《记己酉杭州郑枢密事》，《周必大全集》，四川大学出版社，2004年点校本，第168页。

⑤ 无名氏：《建炎复辟记》，《全宋笔记》第3编第5册，第240页。

⑥ （宋）杨时：《杨时集》卷37《枢密郑公墓志铭》，中华书局，2018年点校本，第919~922页。

料依据包括据此手书而写成的札子，即杨时所言之"公自叙之章"。魏了翁在其《跋郑忠穆公家问遗事》一文中，提及郑继道"以其大父忠穆公手泽"提供给他，该手泽极有可能也是指那封家书。从杨时所写墓志铭来看，此人应属于郑毅孙辈，即"继"字辈。据郑毅给其兄的另一封书信跋文讲，此信曾经周必大、朱熹题跋，并被刊于郑家家塾，其用意当在于教育子孙。郑毅曾孙郑伸还于嘉熙三年（1239）将真迹展示给曾宏父，由其刻石收入《凤墅法帖》①。

一家四代人，先是由郑毅写作密信讲述自己在兵变中的作为，并将相关内容改写为札子上奏，其子郑屿将札子内容提供给杨时将其功绩写进墓志铭，其孙又将该家书请文坛领袖周必大阅读并题跋，另一孙辈郑继道再次将该亲笔书信、《遗事》及《建炎复辟记》提供给理学名臣魏了翁作跋文。至于郑毅的另一封书信，也由郑毅后人请周必大、朱熹作跋，并刊于家塾，最后还提供给曾宏父刻石。此外，郑家还编写有郑毅《行实》，内容大概也着意于宣扬其功绩，姚勉读后即说"公卿满朝，以死尊君者，独公一人耳"②。

如果说郑毅的宣扬是想与苗、刘撇清关系以显示自己的忠心，据其所云为"无愧古人，不负父兄之训"，③动机显得较为纯粹，那么他的子孙无疑是想通过乃祖功绩的传扬以树立郑毅的光辉形象，赢得当世的名誉与家族的名望。他的孙辈一人叫郑继祖，一人叫郑继道，也体现了起名人的良苦用心。如果从建炎三年开始算起，那么到嘉熙三年，这个宣传过程长达110年之久。这既是相关历史信息扩散的过程，也是其子孙不断将排他性的功绩添加在郑毅形象上的过程。单行本《建炎复辟记》也是在这个宣传与添加的过程中形成的，而其制作者，无疑就是郑毅后人，且极有可能是

① 《凤墅残帖释文》卷下，国家图书馆藏清抄本，善本书号15563，第3页a~第4页a。该书信名为《与七十六兄提干博士书》，其中说他曾将自己在兵变期间的作为"略录一件去，看毕即去焚之"，亦即此次去信当包括此信与另一封叙述自己经历的密信，郑毅还说自己此时已在枢密院任职两日，查郑毅任同签书枢密院事是在三月丙午，亦即二十八日，那么该书信写作时间为当月二十九日或四月一日，见《宋史》卷25《高宗纪二》，第463页。周必大所说之家问当是指此信所附之密信，其得以流传原因当在于其兄看后未予烧毁。未焚毁原因应为高宗复辟后写有近似内容的札子对外公布，郑毅在兵变期间的作为已宣之于众，该密信内容传布不再对收信人有威胁。
② （宋）姚勉：《姚勉集》卷41《忠穆公行实跋》，上海古籍出版社，2012年点校本，第470页。
③ 《凤墅残帖释文》卷下，第3页a。

将此书提供给魏了翁阅读的郑继道。上述郑毅给其兄书信的跋文中提及一部《渡江复辟事迹》，其中也记述了派遣谢向事①，或为《建炎复辟记》的另一个名称。

至于单行本《建炎复辟记》在原本基础上增加删改之处，经过比对即可获知，除本文第一部分所述外，再如会编本记载三月"十七日乙未，张浚不受礼部尚书之命，（张）俊亦不肯分兵。浚与吕颐浩、刘光世、韩世忠议举兵讨逆，传檄诸州"②，接下来为檄书内容。而单行本所载为"十七日乙未，张浚不受尚书之命，俊亦不肯分兵与浚。御史中丞郑毅上言，乞留颐浩知金陵，言不当分张俊兵，遂止。又撰《杜鹃》诗四句，亲写，令进士谢向持往平江……吕颐浩、刘光世、韩世忠等从向之策，遂议举兵讨苗逆，檄诸州曰"③，此后为檄文内容。亦即单行本在会编本基础上添加了郑毅上奏及派谢向往勤王军传授策略两事。

三　单行本《建炎复辟记》的叙述策略及其失败

单行本《建炎复辟记》中记述郑毅的功绩有六点：一是与康允之领衔请高宗出面抚谕苗、刘军队④；二是斥责苗、刘逼迫高宗退位，阻止二人杀戮、干预朝政的暴行⑤；三是让康允之出面抚慰杭州百姓⑥；四是派人告知张浚、吕颐浩起兵勤王，持重缓进，并阻止责降张浚、召吕颐浩及分张俊兵⑦；五是谏止将高宗降为大元帅，请高宗复位⑧；六是令苗、刘遁走，防止发生进一步的剧烈冲突⑨。总之，兵变中几乎所有有利于恢复高宗皇位、稳定统治秩序的重要行动，郑毅皆在其中扮演了重要角色。

之所以要如此记述，主要是为了应对朱胜非对于兵变时城内其他人功

---

① 《凤墅残帖释文》卷下，第3页b。
② （宋）徐梦莘：《三朝北盟会编》卷127，"建炎三年三月"引，第926页。
③ 无名氏：《建炎复辟记》，《全宋笔记》第3编第5册，第227页。
④ 无名氏：《建炎复辟记》，《全宋笔记》第3编第5册，第217页。
⑤ 无名氏：《建炎复辟记》，《全宋笔记》第3编第5册，第218、239页。
⑥ 无名氏：《建炎复辟记》，《全宋笔记》第3编第5册，第221页。
⑦ 无名氏：《建炎复辟记》，《全宋笔记》第3编第5册，第227、239~240页。
⑧ 无名氏：《建炎复辟记》，《全宋笔记》第3编第5册，第229~231、240页。
⑨ 无名氏：《建炎复辟记》，《全宋笔记》第3编第5册，第235~236页。

绩的抹杀。在《秀水闲居录》的记述中，朱胜非在苗刘之变中的功绩主要有七点：一是兵变发生后出面斥责苗、刘，得知二人想要逼迫高宗退位时欲冒生命危险质问诸军；二是离间苗、刘集团的核心人物王钧甫、王世修；三是用计令苗、刘遣使金朝请和及移跸建康事破灭；四是阻止苗、刘军队与勤王军的冲突；五是促使苗、刘迎请高宗，但被勤王所散布檄文打乱，该计划在罢免张浚后得以实现；六是在苗、刘反对迎请高宗时予以斥责；七是促使苗、刘率军离开杭州。① 亦即除了废黜高宗帝位及更改年号外，苗、刘其余的计划全部被其破坏。

正因为朱胜非刻意在记述中贬低他人的功绩，故而郑氏在突出自己功绩的同时，也着力抹杀朱胜非的功劳。在今本《建炎复辟记》的记述中，朱胜非的作用几乎可以忽略，他在兵变中的表现可以归结为以下两点：一是面对苗、刘时的软弱，如在苗、刘提出要让赵旉即位、隆祐太后垂帘听政时，苗傅等"顾朱胜非曰：'相公如何无言？今日之事，正要大臣与决。'胜非曰：'皇帝既降诏请太后权同听政，此事需由太后，胜非等岂敢果决？'"② 一副避事无能的形象跃然欲出，这与他自己在《秀水闲居录》里记述的"余因垂泣而言曰：'凶逆之谋，一至如此，臣备员宰辅，义当死国'"③ 的激愤表现大相径庭。而在苗、刘提出面见高宗时，朱胜非"不得已，为奏太后及上"④。二是缺乏建设性想法与措施，具体体现在，上述谕令苗、刘遁走之事出自郑毅的建议，亦即在今本《建炎复辟记》记述中，朱胜非只是一个挂名的宰相，仅起到领衔的作用。而在请高宗还政时，则是连领衔位置也被剥夺去，此即："郑毅率胜非等急奉奏于上曰：'屈己睦邻，事亦由于独断；因时复位，理难抑于群情。昨者邻敌侵凌……俾中外以协宁，庶艰虞之共济。'"⑤ 实际上根据徐梦莘所录的原始资料，此事应为："臣朱胜非等言：'屈己睦邻，事本由于独断；因时复位，理难抑于群情。臣胜非等诚惶诚恐，顿首顿首，窃以昨者邻敌侵陵……俾中外之协宁，庶艰虞之共济。臣胜非等无任感激。'"⑥ 前者删改后者的痕迹至为明

① （宋）徐梦莘：《三朝北盟会编》卷125、126所引，第914~922页；参见朱胜非《秀水闲居录》，《全宋笔记》第9编第1册，大象出版社，2018年整理本，第370~389页。

② 无名氏：《建炎复辟记》，《全宋笔记》第3编第5册，第220页。

③ （宋）徐梦莘：《三朝北盟会编》卷125，"建炎三年二月癸未"引，第915页。

④ 无名氏：《建炎复辟记》，《全宋笔记》第3编第5册，第231页。

⑤ 无名氏：《建炎复辟记》，《全宋笔记》第3编第5册，第233页。

⑥ （宋）徐梦莘：《三朝北盟会编》卷128，"建炎三年三月癸未"引，第930页。

显，这种改动显然是出于宣扬郑毅功绩的目的。之所以要将贬低对象设置为朱胜非，主要是因为他在《秀水闲居录》中"自夸其功太过，以复辟之事皆由他做"①，妨碍乃至遮蔽了郑毅的功绩。

虽然郑毅留下了相关资料，且经过其后代的不断宣传，但他在兵变中的作为并没有被广泛传布与承认，其原因在于朝廷的盖棺论定、个人影响力较小与时间的错位。在宋高宗一朝，兵变结束后朱胜非首次罢相时制词还比较和缓，仅称"虽援兵之交至，亦秘策之允臧"②，在一定程度上还承认其功劳。而当苗、刘被诛后，措辞立即严厉起来，称朱胜非等人"当轴处中，荷国重任，而不能身卫社稷，式遏凶邪。方逆臣乱常之日，恣其凌肆，以紊机衡，危而不持，颠而不扶"③，还将诸人比作冯道。但时过境迁之后，到了绍兴二年，高宗在吕颐浩的建议下起用朱胜非，并称"昨逆傅作乱，而胜非卒调护于内，使勤王之师以致力"④，虽然给事中胡安国提出"今朝廷乃称其处苗、刘之时能调护圣躬，即与向来诏旨责词是非乖异"⑤，所指即为上述责词，但朝廷并未理睬。此后，对于朱胜非在苗刘之变过程中的功绩认定再无反复。也正是在这样的政治背景下，朱胜非才敢于在《秀水闲居录》中过分宣扬个人功绩。除了《秀水闲居录》外，他亲自书写的"渡江、复辟事迹各一帙"也在其子朱夏卿的建议下被抄录投进⑥，应是进入了国家藏书或修史机构，之后则应被当作撰写相关史书的重要资料。加之他第一次拜相仅三四天即遭遇苗刘之变，同情心加之宰相之尊的权威，致使虽然有朱熹等人的怀疑，朱胜非的调护之功还是被多数人承认。如淳熙二年（1175）闰九月时宋孝宗就说："太上南渡之初，再造国

① （宋）黎靖德编《朱子语类》卷131《本朝五》，中华书局，1986年点校本，第3140页。《秀水闲居录》中记载朱胜非十五日"晚朝留身，奏言：'自事变以来，今十余日，能为朝廷之助者，从官中惟兵部侍郎、直学士院李邴，谏议大夫郑毅。邴旧为内翰，今乞再除。毅乞迁御史中丞。'太后俱以为可"，《三朝北盟会编》卷125，"建炎三年三月癸未"引，第917页。但毕竟没有具体描写，只是简略提及。
② （宋）徐自明：《宋宰辅编年录校补》卷14，"建炎三年三月癸丑"，中华书局，1986年校补本，第932页。
③ （宋）徐梦莘：《三朝北盟会编》卷130，"建炎三年六月乙亥"，第945~946页。
④ （宋）徐梦莘：《三朝北盟会编》卷151，"绍兴二年七月癸亥"，第1094页。
⑤ （宋）李心传：《建炎以来系年要录》卷57，"绍兴二年八月戊戌"，中华书局，2013年点校本，第1153页。
⑥ （清）徐松辑《宋会要辑稿》崇儒5之37，上海古籍出版社，2014年点校本，第2855~2856页。

事，正赖诸人。如朱胜非，亦有调护之功。"① 在《宋史》本传末，也说"苗、刘之变，保护圣躬，功居多"②，这也可以看作对他在兵变中作用的盖棺论定。

而郑毅于建炎三年七月戊子（十二日）即已去世，此时距离他出任同签书枢密院事、签书枢密院事仅百天左右，虽然高宗对其称赞有加，但其地位与朱胜非无法相提并论，毕竟在当时的宰执中，他排名末位。而朱胜非却再次做到宰相，且活到了绍兴十四年。后者所撰写的《复辟记》《渡江遭变录》《秀水闲居录》由于其宰相地位得到较为广泛的流传，且为《中兴小历》《三朝北盟会编》《建炎以来系年要录》所引用，而郑毅讲述自己功绩的家书及札子却仅保存于其家人手中，虽然经过名人的阅读与题跋，但受众面毕竟比较有限。且单行本《建炎复辟记》产生时间较晚，此时南宋已至中后期，关于高宗朝的主要历史撰述都已完成，故该书及其蕴含的历史信息流传度极为有限。③ 虽然此书记载详细，多抄录当时的诏书、奏疏等以叙述郑毅功绩，贬低朱胜非的地位，但朱胜非的调护之功早已确立，故而郑毅后人撰述此书也无法抹杀朱胜非的功绩。

结　语

综上所述，现存《建炎复辟记》共有两种，一为徐梦莘《三朝北盟会编》中引录的版本，该本产生较早；另一为产生较晚的单行本，后者是在前者的基础上删改添加而成的。单行本之所以会产生，原因则在于郑毅后人持续宣传他在苗刘之变中的功绩。朱胜非位居宰相，又刻意抹杀兵变时城内诸人的功劳，这引起郑氏后人的不满，故而有此撰述。但因为南宋朝廷的盖棺论定、郑氏相关著述流传较少以及朱、郑地位相差较大，郑氏后人的策略并未成功。这也是提示我们，在使用相关历史资料时，一定要注意其成书时间、成书过程与撰述倾向。

---

① （宋）徐自明：《宋宰辅编年录校补》卷16，"绍兴二十六年正月甲子故宰相赵鼎追复观文殿大学士"条，第1118页。诸人指吕颐浩、赵鼎等。

② 《宋史》卷362《朱胜非传》，第11319页。

③ 李心传编撰的《建炎以来系年要录》中所引的《复辟记》为张浚、朱胜非分别撰写，仅在辨析诛杀苗、刘时间的注文中说"《建炎复辟记》二凶伏诛在六月己酉"，见卷25，第587页。而熊克的《中兴小历》也如此记述，且成书在《建炎以来系年要录》之前并为李心传所着重参照，因而不排除李心传该条记述直接抄录自《中兴小历》的可能。

The Text Generation History of *Jianyanfubiji*: The Continual Efforts of Three Generations

Liu Chong

Abstract: The rebellion of Miao Fu and Liu Zhengyan was a great event in the early history of Southern Song Dynasty. *Jianyanfubiji* was the book that recorded this event which had two versions. One version was quoted by XuMengshen in his *Sanchao Beimeng Huibian*, and the other was a single volume. There were no special description of Zheng Jue's merits in the version quoted in *Sanchao Beimeng Huibian*, but they were especially stressed in the single volume. The cause of this version was that ZhengJue's merits were obliterated by ZhuShengfei and his later generations discontented with this, so they made this text based on the version quoted in *Sanchao Beimeng Huibian*.

Keywords: Emperor Gaozong of Song; Jianyan; Zheng Jue; *Sanchao Beimeng Huibian*

（编辑：吴红兵）

程民生《宋代地域经济（增订本）》评介

陈博威[*]

摘　要： 区域经济史研究在近二十年蔚然成风，然而对宋代整体区域把握与脉络梳理的成果尚不多见。河南大学历史文化学院程民生教授的代表作《宋代地域经济》于 1993 年、1995 年及 1996 年三次出版，成为宋代区域经济研究的代表作。随着史学理论的建构与多种社会科学方法论的影响，《宋代地域经济（增订本）》在继承旧作优点的基础上继续完善，现入选人民出版社推出的《人民文库》，于 2023 年再版，为宋代区域经济史研究带来了新的贡献。

关键词： 宋代；地域；区域经济史

如宋史宗师漆侠先生所言，经济史是探索社会关系的一条长河。无论是纵情来龙去脉起因源流的宏观通史，还是见微知著抽丝剥茧的断代研究，都是对社会发展规律、历史前进轨迹必不可少的钻研与探索。河南大学程民生先生所著《宋代地域经济》统筹两者，以地域性为视角，历史地理为主要理论来源，将经济特色与地域关系相结合，全面考察社会的演变规律与宋代的历史地位。该书于 20 世纪 90 年代出版，是目前公认的国内宋代经济史研究方面最具代表性的著作之一，在国内外宋史学界享有广泛赞誉。2021 年，为庆祝中国共产党成立一百周年，反映当代中国学术文化大发展大繁荣的巨大成就，人民出版社决定在建社一百周年之际推出《人民文库》第二辑，此次宋史领域的学术著作共选入 3 部，其中就包括程民生先生的《宋代地域经济（增订本）》。

除绪论外，是著共含六章，加上总论，凡 49 万言，相较 1999 年以前

---

*　陈博威，河北大学宋史研究中心博士研究生，研究方向为中国社会经济史。

的旧版，新著增订约 22 万字，比例足占原书的 81.5%，尽显作者三十年来融会贯通的深厚功力与笔耕不辍的殷殷心血。全书以"总—分—总"为主要行文逻辑，宏观与微观相结合。正文第一章放眼宋代全境，陈述各个地区的生产条件，由政治性质的区位划分，到自然环境、人文背景与社会生产力的分布，作为全书开篇的首要客观参考条件；第二章至第四章分别考察农业、手工业、商业的地域特征、分布与发展状况，紧扣前文生产基础，且以实际社会分工体系为标准确定论述顺序；第五章联动宋代政治制度与军事、文化等多元因素，探讨地域性财政特点和经济政策的制定；第六章以宏观视角论述有宋一代 320 年间地域经济的历史性变化，不仅脉络清晰，而且承上启下，引起最后的深刻总结：在前文考察结论的基础上，结合历史与逻辑，从宋代地域经济发展的角度，形成抽象化、辩证化的概念，总结宋代地域经济的特征与历史地位。增订本的结构较原版并无颠覆性改动，却处处体现"润物细无声"的学术涵养，除继承先前的优点外，本书仍有如下特点。

一，去旧。对旧版进行大量修正。是著分八个部分，旧版全书共 57 个小标题，增订本则多达 160 余个小标题，几近前著的三倍，代表作者对宋代地域经济特征与演变布局谋篇的整体构思与细化，叙述更合逻辑，对结论的总结和问题的提出有重大意义。书中涉及全国境内的地域分析，例如，农业手工业的地域分布和商业财政的地域特点，均系从开封府逐渐向外辐射，不仅遵照先北后南、先中央后地方的原则，而且突出先特殊后普遍的具体分析理念，如第四章在宋代各地商业及物资流通中探索区域市场的结构及特点时不仅借鉴漆侠先生《宋代经济史》中对宋代市场布局的结论，又在论述中着重突出国家财政政策对区域市场的影响，以先北后南的逻辑顺序展开论述，体现了地理与历史、经济、政治相结合的考察视角，更切合本书探讨的终极问题，即宋代南北方经济水平的对比与经济重心南移的可能性。标题概括的深化几乎顾及每一小节，全书更有条理，配合改进的地名对照表，更方便读者检索并迅速抓住论述重点。此外新增数个表格，更重量化的作用。如对比各地盐业生产地位时，作者在旧版基础上增加各地产盐量的名次，并额外撰文说明数据来源不包含民间自发的小规模生产，剔除了分析的干扰性因素，客观得出"东南地区是宋代盐业生产重心"的结论。普遍性与特殊性相结合，打破了学界以往单一层面的宋代区域史研究，凸显本书的结构特色。

二，迎新。紧跟时代潮流，与时俱进。旧版全书共参考 1200 余条史料，已甚为翔实，而增订本共参考 2100 余条史料，引用 2400 余次，几乎是旧版的两倍，对书中大量论述补充了更为严谨、可靠的佐证。例如，总论考察宋代地域经济总体特征时，考察的地域与作为得出结论重要依据的佐证有明显增多，添加"京西襄州"等地作为"宋代中南部地区的经济与前代相比有整体下降"结论的依据。作者广泛搜罗出版界近三十年的史料出版成果，充分参考各种正史、方志、文集、笔记小说、金石志、墓志铭、碑刻等史料，对两宋地域的经济面貌反复打磨，刻画得细致科学，尤其是对北方地区琐碎的材料加以精细筛选，得出客观结论，避免了史料不足或叙述片面引发的断章取义等问题。此外还引用了 20 世纪 30 年代至今宋代区域经济研究的 50 余种重要相关成果并逐一考察、分类，较旧版有了更为开阔的视野并从中获取启迪，将著作论述的重心、难点放在两宋北方地区经济状况的梳理与定性上，同时对已有的区域经济史成果进行研究方法与抽象结论的反思。

三，拓深。注重理论高度，树立问题意识。本书的最终目的在于通过对宋代南北经济全面、系统的考察，分析经济重心南移的具体进程与宋代的经济地位。增订本的结论没有颠覆性改动，依旧认为北宋经济重心南移仍未完成，南方的朝阳与北方的落日分庭抗礼，经济发展呈独特的盘状形态。近年来，部分学者对该结论提出质疑，如华伦、梁庚尧先生都认为作者在书中对北方经济地位有所拔高，史料的处理稍显武断，并不能得出"南宋经济衰退"的结论。该书对这些质疑逐一回应，既从琐碎的北方史料中精拣数百条提升说服力，又在数据和表格的处理上充分参考众多影响因素，如对比南北赋税额时慎重考量优惠政策的影响，论述社会生产的历史背景与时代环境时也紧扣中心，以"北方颠簸、南方改善"的客观结论代替原先北强南弱的说法等。作者从史料基础出发，拓宽视野、提高视角，地理分析与历史背景相结合，结论更加令人信服。

四，增订本与旧版最大的区别——方法论的改良。20 世纪 90 年代以前，中国学界对宋代经济史的研究稍显薄弱，主要集中在生产力方向。漆侠先生的《宋代经济史》是新中国成立后第一部大型断代经济史，在中国古代史学界产生了尤为深远的影响，其以马克思主义为主要指导理论，掀起了宋史学者耕耘经济史的热潮。作者师从漆侠先生，《宋代地域经济》也处处体现着史学研究的严谨与理论应用的科学性。时隔 30 多年，这部专著除继承旧版漆侠治史的相关方法论外，又结合国内外的最新成果与相关理论武装新著，推陈出新。其中不仅包括对法国年鉴学派方法论的参考与对现代经济地理学、社会地理学、经济人类学、社会心理学等社会科学的应用，还对国际上的相关成果加以辨别，广泛吸收不同学者对区域经济史的研究方法。旧版探索各地收入所反映的经济状况及地位，系通过具体税收与户数对比进行大致排名，离奇的是部分地区的排名似乎与研究者的一贯印象相悖，例如，被称为"陆海"的成都府路，其物产丰饶且转运使地位仅次于西北三路，具备市场与财政的双重优势，但是"赋税户数比"仅居全国倒数第三。这样特殊的例子更具备探讨的意义，而旧版未做深入发掘，只是在解释部分北方地区数据不合理时以"剥削率高于南方"作为结论。增订本则以官方财经政策、人民生活水平与当地人口压力三个社会科学的方向予以论述，未被具体数字迷惑。最后，总结宋朝地域经济的四种形态，除得出量化的概念外，本书也有了新的抽象化理解，将四种形态概括为"隐形发展"、"显形发展"、"缓性增长"与"静态保持"，这在宋代经济史研究中应属创举。

全书采用传统历史分析与经济地理学相结合的研究方法，既有实证考察，也有抽象高度，凸显强烈的问题意识。然而在21世纪以来多种理论、多种视角与多种史料的运用下，作者始终坚持"回归历史本身"，即"历史问题必须历史对待"，既没有硬套理论的微过细故，也没有忽视新见的闭门造车，用逻辑缜密的实证分析与融会贯通的史料功底排除"以今度古"的惯性思维，不仅将30多年来积累的问题一一展现，又在反复打磨后将结论和问题意识上升到全新的高度，可谓是中国区域经济史研究的承上启下之作。

Commentary on Cheng Minsheng's "Regional Economy of the Song Dynasty (Revised Edition)"

Chen Bowei

Abstract: The study of regional economic history has become a trend in the past two decades, but there have been few achievements in grasping and sorting out the overall regional context of the Song Dynasty in the last century. Professor Cheng Minsheng's representative work "Regional Economy of the Song Dynasty" from the School of History and Culture at Henan University was published three times in 1993, 1995, and 1996, becoming a representative work in the study of regional economy in the Song Dynasty. With the construction of historical theories and the influence of various social science methodologies, "Regional Economy of the Song Dynasty (Revised Edition)" continues to improve on the basis of inheriting the advantages of old works. It is now included in the "People's Library" published by People's Publishing House and will be reprinted in 2023, bringing new contributions to the study of regional economic history in the Song Dynasty.

Keywords: Song Dynasty; Regional; Regional Economic History

（编辑：吴红兵）

图书在版编目（CIP）数据

周秦汉唐文化研究 . 第十二辑／陈峰，李军主编 .
北京：社会科学文献出版社，2025.5. --ISBN 978-7
-5228-5161-7

Ⅰ . K220. 3-53

中国国家版本馆 CIP 数据核字第 2025QC8911 号

周秦汉唐文化研究 第十二辑

主　　编／陈　峰 李　军

出 版 人／冀祥德
组稿编辑／王玉霞
责任编辑／李　淼
责任印制／岳　阳

出　　版／社会科学文献出版社·生态文明分社（010）59367143
　　　　　地址：北京市北三环中路甲 29 号院华龙大厦　邮编：100029
　　　　　网址：www.ssap.com.cn
发　　行／社会科学文献出版社（010）59367028
印　　装／三河市尚艺印装有限公司

规　　格／开　本：787mm×1092mm　1/16
　　　　　印　张：17　字　数：287 千字
版　　次／2025 年 5 月第 1 版　2025 年 5 月第 1 次印刷
书　　号／ISBN 978-7-5228-5161-7
定　　价／98.00 元

读者服务电话：4008918866